Y. 5545
Z. o. a. 15.

Ⓒ

à couper

Yf 469

THÉATRE COMPLET

DE M.

EUGÈNE SCRIBE.

THÉATRE COMPLET

DE M.

UGÈNE SCRIBE,

MEMBRE DE L'ACADÉMIE FRANÇAISE.

Seconde Édition,

ORNÉE

D'UNE VIGNETTE POUR CHAQUE PIÈCE.

TOME QUINZIÈME.

PARIS,
AIMÉ ANDRÉ, LIBRAIRE-ÉDITEUR,
RUE CHRISTINE, N. 1.

M DCCC XXXV.

BERTRAND ET RATON,

ou

L'ART DE CONSPIRER,

COMÉDIE EN CINQ ACTES ET EN PROSE,

Représentée pour la première fois, à Paris, sur le Théâtre-Français, le 14 novembre 1833.

PERSONNAGES.

MARIE-JULIE, reine douairière, belle-mère de Christian VII, roi de Danemarck.

LE COMTE BERTRAND DE RANTZAU, membre du conseil sous Struensée, premier ministre.

FALKENSKIELD, ministre de la guerre, membre du conseil sous Struensée.

FRÉDÉRIC DE GOELHER, neveu du ministre de la marine.

CHRISTINE, fille de Falkenskield.

KOLLER, colonel.

RATON BURKENSTAFF, marchand de soieries.

MARTHE, sa femme.

ÉRIC, son fils.

JEAN, son garçon de boutique.

JOSEPH, domestique de Falkenskield.

UN SEIGNEUR DE LA COUR. (Berghen.)

LE PRÉSIDENT DE LA COUR SUPRÊME.

La scène se passe à Copenhague, en janvier 1772.

RATON.

VA T'EN AU DIABLE!....

Bertrand et Raton, Acte II. Sc. II.

BERTRAND ET RATON,

ou

L'ART DE CONSPIRER.

ACTE PREMIER.

Une salle du palais du roi Christian, à Copenhague. A gauche, les appartemens du roi; à droite, ceux de Struensée.

SCÈNE PREMIÈRE.

KOLLER, ASSIS A DROITE ; DU MÊME CÔTÉ, DES GRANDS DU ROYAUME, DES MILITAIRES, DES EMPLOYÉS DU PALAIS, DES SOLLICITEURS, AVEC DES PÉTITIONS A LA MAIN, ATTENDANT LE RÉVEIL DE STRUENSÉE.

KOLLER, regardant à gauche.

Quelle solitude dans les appartemens du roi!... (Regardant à droite.) Et quelle foule à la porte du favori! En vérité, si j'étais poète satirique, ce serait une belle place que la mienne! capitaine des gardes dans un palais où un médecin est premier ministre, où une femme est roi, et où le roi n'est rien! Mais patience! (Prenant un journal qui est sur la table à côté de lui.) Quoi qu'en dise la Gazette de la cour, qui trouve cette combinaison admirable. (Lisant bas.) Ah! ah! encore un nouvel édit.

(Lisant.) « Copenhague, 14 janvier 1772. Nous, Chris-
« tian IV, par la grâce de Dieu roi de Danemarck et
« de Norwége, avons confié par les présentes à son
« excellence le comte Struensée, premier ministre et
« président du conseil, le sceau de l'état, ordonnant
« que tous les actes émanés de lui soient valables
« et exécutoires dans tout le royaume sur sa seule
« signature, même quand la nôtre ne s'y trouverait
« pas! » Je conçois alors les nouveaux hommages qui
ce matin entourent le favori : le voilà roi de Danemarck; l'autre a tout-à-fait abdiqué; car, non content d'enlever à son souverain son autorité, son pouvoir, sa couronne, Struensée ose encore... Allons, l'u-
surpation est complète. (Entre Berghen.) Ah! c'est vous,
mon cher Berghen.

BERGHEN.

Oui, colonel. Vous voyez quelle foule dans l'antichambre!

KOLLER.

Ils attendent le réveil du maître.

BERGHEN.

Qui du matin jusqu'au soir est accablé de visites.

KOLLER.

C'est trop juste! il en a tant fait autrefois, quand
il était médecin, qu'il faut bien qu'on lui en rende à
présent qu'il est ministre. Vous avez lu la Gazette de
ce matin?

BERGHEN.

Ne m'en parlez pas. Tout le monde en est révolté;
c'est une horreur, une infamie.

UN HUISSIER, sortant de l'appartement à droite.

Son excellence le comte Struensée est visible.

BERGHEN, à Koller.

Pardon !

(Il s'élance vivement avec la foule et entre dans l'appartement à droite.)

KOLLER.

Et lui aussi ! il va solliciter ! Voilà les gens qui obtiennent toutes les places, tandis que nous autres nous avons beau nous mettre sur les rangs; aussi, morbleu ! plutôt mourir que de rien leur devoir ! je suis trop fier pour cela. On m'a refusé quatre fois, à moi, le colonel Koller, ce grade de général que je mérite, je puis le dire, car voilà dix ans que je le demande; mais ils s'en repentiront, ils apprendront à me connaître, et ces services qu'ils n'ont pas voulu acheter, je les vendrai à d'autres. (Regardant au fond du théâtre.) C'est la reine mère, Marie-Julie; reine douairière, à son âge, c'est de bonne heure, c'est terrible, et plus que moi encore elle a raison de leur en vouloir.

SCÈNE II.

LA REINE, KOLLER.

LA REINE.

Ah ! c'est vous, Koller.

(Elle regarde autour d'elle avec inquiétude.)

KOLLER.

Ne craignez rien, madame, nous sommes seuls; ils

sont tous en ce moment aux pieds de Struensée ou de la reine Mathilde... Avez-vous parlé au roi?

LA REINE.

Hier, comme nous en étions convenus; je l'ai trouvé seul, dans un appartement retiré, triste et pensif; une grosse larme coulait de ses yeux: il caressait cet énorme chien, son fidèle compagnon, le seul de ses serviteurs qui ne l'ait pas abandonné! — Mon fils, lui ai-je dit, me reconnaissez-vous? —Oui, m'a-t-il répondu, vous êtes ma belle-mère... non, non, a-t-il ajouté vivement, mon amie, ma véritable amie car vous me plaignez! vous venez me voir, vous!... Et il m'a tendu la main avec reconnaissance.

KOLLER.

Il n'est donc pas, comme on le dit, privé de la raison.

LA REINE.

Non, mais vieux avant l'âge, usé par les excès de tout genre; toutes ses facultés semblent anéanties: sa tête est trop faible pour supporter ou le moindre travail ou la moindre discussion; il parle avec peine, avec effort; mais en vous écoutant, ses yeux s'animent et brillent encore d'une expression singulière; en ce moment ses traits ne respiraient que la souffrance et il me dit avec un sourire douloureux : Vous le voyez, mon amie, ils m'abandonnent tous.; et Mathilde que j'aimais tant, Mathilde, ma femme, où est-elle?

KOLLER.

Il fallait profiter de l'occasion, lui faire connaître la vérité.

LA REINE.

C'est ce que j'ai fait avec ménagement, avec adresse, lui rappelant successivement le temps de son voyage en Angleterre et en France, à la cour de Georges et de Louis XV, lorsque Struensée, l'accompagnant comme médecin, gagna d'abord sa confiance et son amitié; puis je le lui ai montré plus tard, à son retour en Danemarck, présenté par lui à la jeune reine et, pendant la longue maladie de son fils, admis dans son intimité, la voyant à toute heure. Je lui ai peint une princesse de dix-huit ans, écoutant sans défiance les discours d'un homme jeune, beau, aimable, ambitieux; ne prenant bientôt que lui pour guide et pour conseil; se jetant par ses avis dans le parti qui demandait la réforme, et plaçant enfin à la tête du ministère ce même Struensée, parvenu audacieux, favori insolent, qui par les bontés de son roi et de sa souveraine élevé successivement au rang de gouverneur du prince royal, de conseiller, de comte, de premier ministre enfin, osait maintenant, parjure à la reconnaissance et à l'honneur, oublier ce qu'il devait à son bienfaiteur et à son roi, et ne craignait pas d'outrager la majesté du trône!... A ce mot, un éclair d'indignation a brillé dans les yeux du monarque déchu; sa figure pâle et souffrante s'est animée d'une subite rougeur; puis avec une force dont je ne l'aurais pas cru capable, il a appelé, il s'est écrié : La reine!... la reine! qu'elle vienne! je veux lui parler!

KOLLER.

O ciel!

LA REINE.

Quelques instans après, a paru Mathilde, avec cet air que vous lui connaissez... cet air d'amazone; la tête haute, le regard superbe, et laissant tomber sur moi un sourire de triomphe et de dédain. Je suis sortie et j'ignore quelles armes elle a employées pour sa défense ; mais ce matin elle et Struensée sont plus puissans que jamais; et cet édit qu'elle a arraché au faible monarque, cet édit que publie aujourd'hui la Gazette royale, donne au premier ministre, à notre ennemi mortel, toutes les prérogatives de la royauté.

KOLLER.

Pouvoir dont Mathilde va se servir contre vous, et je ne doute pas que dans sa vengeance...

LA REINE.

Il faut donc la prévenir. Il faut, aujourd'hui même... (S'arrêtant.) Qui vient là ?

KOLLER, regardant au fond.

Des amis de Struensée! le neveu du ministre de la marine, Frédéric de Gœlher... puis M. de Falkenskield, le ministre de la guerre; sa fille est avec lui!

LA REINE.

Une demoiselle d'honneur de la reine Mathilde... Silence devant elle!

SCÈNE III.

GOELHER, CHRISTINE, FALKENSKIELD, LA REINE, KOLLER.

GOELHER, entrant en donnant la main à Christine.

Oui, mademoiselle, je dois accompagner la reine dans sa promenade; une cavalcade magnifique! et si vous voyiez comme sa majesté se tient à cheval! c'est une princesse bien remarquable; ce n'est pas une femme!...

LA REINE, à Koller.

C'est un colonel de chevau-légers.

CHRISTINE, à Falkenskield.

La reine-mère! (Elle salue ainsi que son père et Gœlher.) Je me rendais chez vous, madame.

LA REINE, avec étonnement.

Chez moi!

CHRISTINE.

J'avais auprès de votre majesté une mission...

LA REINE.

Dont vous pouvez vous acquitter ici.

FALKENSKIELD.

Je vous laisse, ma fille; j'entre chez le comte de Struensée, chez le premier ministre.

GOELHER.

Je vous suis; je vais lui présenter mes hommages et ceux de mon oncle, qui est ce matin légèrement indisposé.

FALKENSKIELD.

Vraiment!

GOELHER.

Oui; hier soir il avait accompagné la reine Mathilde sur son yacht royal.... et la mer lui a fait mal.

LA REINE.

A un ministre de la marine!

GOELHER.

Ce ne sera rien.

FALKENSKIELD, apercevant Koller.

Ah! bonjour, colonel Koller, vous savez que je me suis occupé de votre demande.

LA REINE, bas à Koller.

Vous leur demandiez...

KOLLER, de même.

Pour éloigner leurs soupçons.

FALKENSKIELD.

Il n'y a pas moyen dans ce moment; la reine Mathilde nous avait recommandé un jeune officier de dragons...

GOELHER.

Charmant cavalier, qui au dernier bal a dansé la hongroise d'une manière ravissante.

FALKENSKIELD.

Mais plus tard nous verrons; il est à croire que vous serez de la première promotion de généraux, en continuant à nous servir avec le même zèle.

LA REINE.

Et en apprenant à danser!

FALKENSKIELD, souriant.

Sa majesté est ce matin d'une humeur charmante! elle partage, je le vois, la satisfaction que nous donne à tous la nouvelle faveur de Struensée. J'ai l'honneur de lui présenter mes respects.

(Il entre à droite avec Gœbler.)

SCÈNE IV.

CHRISTINE, LA REINE, KOLLER.

LA REINE, à qui Koller a approché un fauteuil à droite.

Eh bien! mademoiselle, parlez. Vous venez...

CHRISTINE.

De la part de la reine...

LA REINE.

De Mathilde!... (Se tournant vers Koller.) Qui déjà, sans doute, dans sa vengeance...

CHRISTINE.

Vous invite à vouloir bien honorer de votre présence le bal qu'elle donne demain soir en son palais.

LA REINE, étonnée.

Moi!... (Cherchant à se remettre.) Ah!... il y a demain à la cour... un bal...

CHRISTINE.

Qui sera magnifique.

LA REINE.

Sans doute pour célébrer aussi son nouveau triomphe... Et elle m'invite à y assister!

CHRISTINE.

Que répondrai-je, madame?

LA REINE.

Que je refuse!

CHRISTINE.

Et pour quelle raison?

LA REINE, se levant.

Eh mais, ai-je besoin de vous le dire? Quiconque se respecte et n'a pas encore renoncé à sa propre estime peut-il approuver par sa présence le scandale de ces fêtes, l'oubli de tous les devoirs, le mépris de toutes les bienséances?... Ma place n'est pas où président Mathilde et Struensée, ni la vôtre non plus, mademoiselle, et vous vous en seriez aperçue déjà, si, en vous laissant, dans l'intérêt de son ambition, comme demoiselle d'honneur dans une pareille cour, M. de Falkenskield, votre père, ne vous avait ordonné sans doute de baisser les yeux et de ne rien voir!

CHRISTINE.

J'ignore, madame, qui peut motiver la sévérité et la rigueur dont paraît s'armer votre majesté. Je n'entrerai point dans une discussion à laquelle mon âge et ma position me rendent étrangère. Soumise à mes devoirs, j'obéis à mon père, je respecte ma souveraine, je n'accuse personne, et si l'on m'accuse, je laisserai à ma seule conduite le soin de me défendre! (Faisant la révérence.) Pardon, madame.

LA REINE.

Eh quoi! me quitter déjà pour courir auprès de votre reine...

CHRISTINE.

Non, madame; mais d'autres soins...

LA REINE.

C'est juste... je l'oubliais; je sais qu'il y a aujourd'hui aussi une fête chez votre père; il y en a partout. Un grand dîner, je crois, où doivent assister tous les ministres?

CHRISTINE.

Oui, madame.

KOLLER.

Dîner politique!

LA REINE.

Qui a aussi un autre but; vos fiançailles...

CHRISTINE, troublée.

O ciel!

LA REINE.

Avec Frédéric de Gœlher que nous venons de voir, le neveu du ministre de la marine. Est-ce que vous l'ignoriez? Est-ce que je vous l'apprends?

CHRISTINE.

Oui, madame.

LA REINE.

Je suis désolée... car cette nouvelle a vraiment l'air de vous contrarier.

CHRISTINE.

En aucune façon, madame; mon devoir et mon plus ardent désir seront toujours d'obéir à mon père.

(Elle fait la révérence et sort.)

SCÈNE V.

LA REINE, KOLLER.

LA REINE, la regardant sortir.

Vous l'avez entendu; Koller... ce soir à l'hôtel du comte de Falkenskield... Ce dîner où doivent se trouver réunis et Struensée et tous ses collègues, c'est ce que j'allais vous apprendre quand on est venu nous interrompre.

KOLLER.

Eh bien, qu'importe?

LA REINE, à demi-voix.

Ce qu'il importe! C'est le ciel qui nous livre ainsi tous nos ennemis à la fois. Il faut nous en emparer ou nous en défaire!

KOLLER.

Que dites-vous?

LA REINE, de même.

Le régiment que vous commandez est cette semaine de garde au palais; et les soldats dont vous pouvez disposer suffisent pour une pareille expédition qui ne demande que de la promptitude et de la hardiesse.

KOLLER.

Vous croyez...

LA REINE.

D'après ce que j'ai vu hier, le roi est trop faible pour prendre aucun parti, mais il approuvera tous ceux qu'on aura pris. Une fois Struensée renversé, les preuves ne manqueront pas contre lui et contre la reine. Mais renversons-le! ce qui est facile, si j'en crois cette liste que vous m'avez confiée et que je vous rends! C'est le seul moyen de ressaisir le pouvoir, d'arriver à la régence et de gouverner sous le nom de Christian VII.

KOLLER, prenant le papier.

Vous avez raison, un coup de main, c'est plus tôt fait; cela vaut mieux que toutes les menées diplomatiques, auxquelles je n'entends rien. Dès ce soir je vous livre les ministres morts ou vifs. Point de grâce; Struensée d'abord, Gœlher, Falkenskield et le comte Bertrand de Rantzau!...

LA REINE.

Non, non, je demande qu'on épargne celui-ci.

KOLLER.

Lui moins que tout autre, car je lui en veux personnellement; ses plaisanteries continuelles contre les militaires qui ne sont pas soldats et qui gagnent leurs grades dans les bureaux, ces intrigans en épaulettes, comme il les appelle...

LA REINE.

Que vous importe?

KOLLER.

C'est moi qu'il désigne par là, je le sais, et je m'en vengerai.

LA REINE.

Pas maintenant!... Nous avons besoin de lui! il nous est nécessaire pour nous rallier le peuple et la cour. Son grand nom, sa fortune, ses talens personnels, peuvent seuls donner de la consistance à notre parti... qui n'en a pas; car tous les noms que vous m'avez donnés là sont sans influence au dehors, et il ne suffit pas de renverser Struensée, il faut prendre sa place; il faut s'y maintenir surtout.

KOLLER.

Je le sais!... Mais chercher des alliés parmi nos ennemis...

LA REINE.

Rantzau ne l'est pas, j'en ai des preuves; il aurait pu me perdre, il ne l'a pas fait; et souvent même il m'a avertie indirectement des dangers auxquels mon imprudence allait m'exposer; enfin je suis certaine que Struensée, son collègue, le redoute et voudrait s'en défaire; que lui de son côté déteste Struensée, qu'il le verrait avec plaisir tomber du rang qu'il occupe; et de là à nous y aider... il n'y a qu'un pas.

KOLLER.

C'est possible; mais je ne peux pas souffrir ce Bertrand de Rantzau; c'est un malin petit vieillard qui n'est l'ennemi de personne, c'est vrai, mais il n'a d'ami que lui. S'il conspire, c'est à lui tout seul et à son bénéfice; en un mot, un conspirateur égoïste avec lequel il n'y a rien à gagner, et, partant, rien à faire.

LA REINE.

C'est ce qui vous trompe... (Regardant vers la coulisse à gauche.) Tenez, le voyez-vous dans cette galerie, causant avec le grand-chambellan? il se rend sans doute au conseil; laissez-nous; avant de l'attirer dans notre parti, avant de lui rien découvrir de nos projets, je veux savoir ce qu'il pense.

KOLLER.

Vous aurez de la peine!... En tout cas je vais toujours répandre dans la ville des gens dévoués qui prépareront l'opinion publique. Herman et Christian sont des conspirateurs secondaires qui s'y entendent à merveille; pour cela il ne s'agit que de les payer... Je l'ai fait, et maintenant à ce soir; comptez sur moi et sur le sabre de mes soldats... En fait de conspiration, c'est ce qu'il y a de plus positif.

(Il sort par le fond en saluant Rantzau qui entre par la gauche.)

SCÈNE VI.

Le comte DE RANTZAU, LA REINE.

LA REINE, à Rantzau qui la salue.

Et vous aussi, monsieur le comte, vous venez au palais présenter vos félicitations à votre très puissant et très heureux collègue...

RANTZAU.

Et qui vous dit, madame, que je n'y viens pas pour faire ma cour à votre majesté?

LA REINE.

C'est généreux... c'est digne de vous, du reste, au moment où plus que jamais je suis en disgrâce... où je vais être exilée peut-être.

RANTZAU.

Croyez-vous qu'on l'oserait?

LA REINE.

Eh! mais, c'est à vous que je le demanderai; vous, Bertrand de Rantzau, ministre influent... vous, membre du conseil.

RANTZAU.

Moi! j'ignore ce qui s'y passe... je n'y vais jamais. Sans désirs, sans ambition, n'aspirant qu'à me retirer des affaires, que voulez-vous que j'y fasse? si ce n'est parfois y prendre la défense de quelques amis imprudens... ce qui pourrait bien m'arriver aujourd'hui.

LA REINE.

Vous qui prétendiez ne rien savoir... vous connaissez donc...

RANTZAU.

Ce qui s'est passé hier chez le roi... certainement; et convenez que c'est une singulière prétention à vous de vouloir absolument lui prouver... Mais en pareil cas un bourgeois lui-même, un bourgeois de Copenhague ne le croirait pas! et vous espériez le persuader à un front couronné!... Votre majesté devait avoir tort.

LA REINE.

Ainsi vous me blâmez d'être fidèle à Christian, à un roi malheureux!... Vous prétendez qu'on a tort quand on veut démasquer des traîtres!

RANTZAU.

Et qu'on n'y réussit pas... oui, madame.

LA REINE, avec mystère.

Et si je réussissais, pourrais-je compter sur votre aide, sur votre appui?

RANTZAU, souriant.

Mon appui! à moi... qui en pareil cas, au contraire, réclamerais le vôtre.

LA REINE, avec force.

Il vous serait assuré, je vous le jure... M'en jurerez-vous autant, je ne dis pas avant, mais après le danger?

RANTZAU.

Vraiment!... Il y en a donc?

LA REINE.

Puis-je me fier à vous?

RANTZAU.

Eh! mais... il me semble que je possède déjà quelques secrets qui auraient pu perdre votre majesté, et que jamais...

LA REINE, vivement.

Je le sais. (A demi-voix.) Vous avez ce soir chez le ministre de la guerre, le comte de Falkenskield, un grand dîner où assisteront tous vos collègues?...

RANTZAU.

Oui, madame, et demain un grand bal où ils assisteront également. C'est ainsi que nous traitons les affaires. Je ne sais pas si le conseil marche, mais il danse beaucoup.

LA REINE, avec mystère.

Eh bien! si vous m'en croyez, restez chez vous.

RANTZAU, la regardant avec finesse.

Ah! vous vous méfiez du dîner... il ne vaudra rien.

LA REINE.

Oui... que cela vous suffise.

RANTZAU, souriant.

Des demi-confidences! Prenez garde! je peux trahir quelquefois les secrets que je devine... jamais ceux que l'on me confie.

LA REINE.

Vous avez raison; j'aime mieux tout vous dire. Des soldats qui me sont dévoués cerneront l'hôtel de Falkenskield, s'empareront de toutes les issues...

RANTZAU, d'un air d'incrédulité.

D'eux-mêmes et sans chef?

LA REINE.

Koller les commande; Koller, qui ne reçoit d'ordres que de moi, se précipitera avec eux dans les rues de Copenhague en criant : Les traîtres ne sont plus! vive le roi! vive Marie-Julie! De là nous marchons au palais, où, si vous nous secondez, le roi et les grands du royaume se déclarent pour nous, me proclament régente; et dès demain c'est moi, ou plutôt c'est vous et Koller qui dicterez des lois au Danemarck... Voilà mon plan, mes desseins; vous les connaissez; voulez-vous les partager?

RANTZAU, froidement.

Non, madame; je veux même les ignorer entièrement, et je jure ici à votre majesté que, quoi qu'il arrive, les projets qu'elle vient de me confier mourront avec moi.

LA REINE.

Vous me refusez, vous, qui en secret aviez toujours pris ma défense, vous en qui j'espérais!...

RANTZAU.
Pour conspirer!... Votre majesté avait grand tort.
LA REINE.
Et pour quelles raisons?
RANTZAU, cherchant ses mots.
Tenez... à vous parler franchement...
LA REINE.
Vous allez me tromper.
RANTZAU, froidement.
Moi! dans quel but? depuis long-temps je suis revenu des conspirations, et voici pourquoi. J'ai remarqué que ceux qui s'y exposaient le plus étaient très rarement ceux qui en profitaient; ils travaillaient presque toujours pour d'autres qui venaient après eux récolter sans danger ce qu'ils avaient semé avec tant de périls. Une telle chance est bonne à courir pour des jeunes gens, des fous, des ambitieux qui ne raisonnent pas. Mais moi, je raisonne; j'ai soixante ans, j'ai quelque pouvoir, quelque richesse... et j'irais compromettre tout cela, risquer ma position, mon crédit!... Pourquoi, je vous le demande?
LA REINE.
Pour arriver au premier rang; pour voir à vos pieds un collègue, un rival, qui lui-même cherche à vous renverser... Oui... je sais, à n'en pouvoir douter, que Struensée et ses amis veulent vous écarter du ministère.
RANTZAU.
C'est ce que tout le monde dit, et je ne puis le croire. Struensée est mon protégé, ma créature, c'est

par moi qu'il est arrivé aux affaires... (Souriant.) Il l'a quelquefois oublié, j'en conviens; mais dans sa position il est si difficile d'avoir de la mémoire!... A cela près, il faut le reconnaître, c'est un homme de talent, un homme supérieur, qui a pour le bonheur et la prospérité du royaume des vues dont on ne peut méconnaître la haute portée ; c'est un homme enfin avec qui l'on peut s'honorer de partager le pouvoir... Mais un Koller, un soldat inconnu, dont l'épée sédentaire n'est jamais sortie du fourreau; un agent d'intrigues qui a vendu tous ceux qui l'ont acheté...

LA REINE.

Vous en voulez à Koller !

RANTZAU.

Moi !... je n'en veux à personne... mais je me dis souvent : Qu'un homme de cour, qu'un diplomate soit fin, adroit et même quelque chose de plus... c'est son état; mais qu'un militaire, qui, par le sien même, doit professer la loyauté et la franchise, troque son épée contre un poignard!... Un militaire qui trahit, un traître en uniforme... c'est la pire espèce de toutes! et dès aujourd'hui, peut-être, vous-même vous repentirez de vous être fiée à lui.

LA REINE.

Qu'importent les moyens, si l'on arrive au but ?

RANTZAU.

Mais vous n'y arriverez pas ! On ne verra là-dedans que les projets d'une vengeance ou d'une ambition particulière. Et qu'importe à la multitude que vous vous vengiez de la reine Mathilde, votre rivale,

ACTE I, SCÈNE V

et que par suite de cette discussion de famille, M. Koller obtienne une belle place? qu'est-ce que c'est qu'une intrigue de cour, à laquelle le peuple ne prend point de part? Il faut, pour qu'un pareil mouvement soit durable, qu'il soit préparé ou fait par lui; et pour cela il faut que ses intérêts soient en jeu... qu'on le lui persuade du moins! Alors il se lèvera, alors vous n'aurez qu'à le laisser faire; il ira plus loin que vous ne voudrez. Mais quand on n'a pas pour soi l'opinion publique, c'est-à-dire la nation... on peut susciter des troubles, des complots, on peut faire des révoltes, mais non pas des révolutions!... c'est ce qui vous arrivera.

LA REINE.

Eh bien! quand il serait vrai... quand mon triomphe ne devrait durer qu'un jour, je me serai vengée du moins de tous mes ennemis!

RANTZAU, souriant.

En vérité! Eh bien! voilà encore qui vous empêchera de réussir. Vous y mettez de la passion, du ressentiment... Quand on conspire, il ne faut pas de haine, cela ôte le sang-froid. Il ne faut détester personne, car l'ennemi de la veille peut être l'ami du lendemain... et puis, si vous daignez en croire les conseils de ma vieille expérience, le grand art est de ne se livrer à personne, de n'avoir que soi pour complice; et moi qui vous parle, moi qui déteste les conspirations, et qui par conséquent ne conspirerai pas... si cela m'arrivait jamais, fût-ce pour vous et en votre faveur... je déclare ici à votre majesté qu'elle-même n'en saurait rien et ne s'en douterait pas.

LA REINE.

Que voulez-vous dire?

RANTZAU.

Voici du monde!...

SCÈNE VII.

RANTZAU, LA REINE; ÉRIC, PARAISSANT A LA PORTE DU FOND ET CAUSANT AVEC LES HUISSIERS DE LA CHAMBRE.

LA REINE.

Eh! mais! c'est le fils de mon marchand de soieries, monsieur Éric Burkenstaff... Approchez... approchez... que me voulez-vous? parlez sans crainte! (Bas à Rantzau.) Il faut bien essayer de se rendre populaire!

ÉRIC.

J'ai accompagné au palais mon père qui apportait des étoffes à la reine Mathilde, ainsi qu'à vous, madame; et pendant qu'il attend audience... je venais... c'est bien téméraire à moi... solliciter de votre majesté une faveur...

LA REINE.

Et laquelle?

ÉRIC.

Ah!... je n'ose... c'est si terrible de demander... surtout lorsque, ainsi que moi, l'on n'a aucun droit!

RANTZAU.

Voilà le premier solliciteur que j'entende parler ainsi; et plus je vous regarde, plus il me semble, jeune homme, que nous nous sommes déjà rencontrés.

LA REINE.

Dans les magesins de son père... au Soleil d'Or... Raton Burkenstaff... le plus riche négociant de Copenhague.

RANTZAU.

Non... ce n'est pas là... mais dans les salons de mon farouche collègue, M. de Falkenskield, ministre de la guerre...

ÉRIC.

Oui, monseigneur... j'ai été pendant deux ans son secrétaire particulier ; mon père l'avait voulu ; mon père, par ambition pour moi, avait obtenu cette place par le crédit de mademoiselle de Falkenskield, qui venait souvent dans nos magasins ; et au lieu de me laisser continuer mon état qui m'aurait mieux convenu sans doute...

RANTZAU, l'interrompant.

Non pas! car j'ai plus d'une fois entendu M. de Falkenskield lui-même, qui est difficile et sévère, parler avec éloge de son jeune secrétaire.

ÉRIC, s'inclinant.

Il est bien bon ! (Froidement.) Il y a quinze jours qu'il m'a destitué, qu'il m'a renvoyé de ses bureaux et de son hôtel.

LA REINE.

Et pourquoi donc?

ÉRIC, froidement.

Je l'ignore. Il était le maître de me congédier, il a usé de son droit, je ne me plains pas. C'est si peu de chose que le fils d'un marchand, qu'on ne lui doit même pas compte des affronts qu'on lui fait. Mais je voudrais seulement...

LA REINE.

Une autre place... où vous la doit.

RANTZAU, souriant.

Certainement ; et puisque le comte a eu la maladresse de se priver de vos services... Nous autres diplomates profitons volontiers des fautes de nos collègues, et je vous offre chez moi ce que vous aviez chez lui.

ÉRIC, vivement.

Ah! monseigneur, ce serait retrouver cent fois plus que je n'ai perdu; mais je ne suis pas assez heureux pour pouvoir accepter.

RANTZAU.

Et pourquoi donc?

ÉRIC.

Pardon, je ne puis le dire... mais je voudrais être officier... je voudrais... et je ne peux m'adresser pour cela à M. de Falkenskield. (A la reine.) Je venais donc supplier votre majesté de vouloir bien solliciter pour moi une lieutenance, n'importe dans quelle arme, dans quel régiment. Je jure que la personne à qui je devrai une pareille faveur n'aura jamais à s'en repentir, et que les jours qui me restent lui seront dévoués...

LA REINE, vivement.

Dites-vous vrai?... Ah! s'il ne tenait qu'à moi, dès aujourd'hui, avant ce soir, vous seriez nommé; mais j'ai en ce moment peu de crédit; je suis aussi dans la disgrâce.

ÉRIC.

O ciel! est-il possible!... alors je n'ai plus qu'à mourir.

####### RANTZAU, passant près de lui.

Ce serait grand dommage, surtout pour vos amis;
et comme d'aujourd'hui je suis de ce nombre...

####### ÉRIC.

Qu'entends-je?

####### RANTZAU.

J'essaierai, à ce titre, d'obtenir de mon sévère
collègue...

####### ÉRIC, avec transport.

Ah! monseigneur, je vous devrai plus que la vie!
(Avec joie.) Je pourrai donc me servir de mon épée...
comme un gentilhomme!... Je ne serai plus le fils d'un
marchand; et si l'on m'insulte, j'aurai le droit de me
faire tuer.

####### RANTZAU, avec reproche.

Jeune homme!

####### ÉRIC, vivement.

Ou plutôt c'est à vous que je dois compte de mon
sang, c'est à vous d'en disposer; et tant qu'il en restera une goutte dans mes veines, vous pouvez la réclamer; je ne suis pas un ingrat.

####### RANTZAU.

Je vous crois, mon jeune ami, je vous crois.
(Lui montrant la table à droite.) Écrivez votre demande; je la
ferai approuver tout à l'heure par Falkenskield, que
je trouverai au conseil. (A la reine, pendant qu'Éric s'est mis à
la table.) Voilà un cœur chaud et généreux, une tête
capable de tout!

####### LA REINE.

Vous croyez donc à celui-là?

RANTZAU.

Je crois à tout le monde... jusqu'à vingt ans... Passé cet âge-là, c'est différent.

LA REINE.

Et pourquoi?

RANTZAU.

Parce qu'alors ce sont des hommes!

LA REINE.

Vous pensez donc qu'on peut compter sur lui, et que pour soulever le peuple, par exemple, ce serait l'homme qu'il faudrait?...

RANTZAU.

Non... il y a dans cette tête-là autre chose que de l'ambition; et à votre place... mais, après cela, votre majesté fera ce qu'elle voudra. Notez bien que je ne vous conseille pas, que je ne conseille rien.

(Éric a achevé sa pétition et la présente au comte de Rantzau. En ce moment on entend Raton crier en dehors.)

RATON.

C'est inconcevable... c'est inouï!

ÉRIC.

Ciel! la voix de mon père!...

RANTZAU.

Cela se trouve à merveille.

ÉRIC.

Non, monseigneur, non, je vous en conjure, qu'il n'en sache rien.

(Pendant ce temps la reine a traversé le théâtre à gauche, et Rantzau lui avance un fauteuil.)

SCÈNE VIII.

RANTZAU ; LA REINE, assise ; RATON, ÉRIC.

RATON, entrant, en colère.

C'est-à-dire que si je n'étais pas dans le palais du roi, et si je ne savais pas le respect qu'on lui doit, ainsi qu'à ses huissiers...

ÉRIC, allant au-devant de lui et lui montrant la reine.

Mon père...

RATON.

Dieu ! la reine !...

LA REINE.

Qu'avez-vous donc, messire Raton Burkenstaff?

RATON.

Pardon, madame, je suis désolé; confus, car je sais que l'étiquette défend de se mettre en colère dans une résidence royale, et surtout devant votre majesté; mais, après l'affront que l'on vient de faire dans ma personne à tout le commerce de Copenhague, que je représente...

LA REINE.

Comment cela ?

RATON.

Me faire attendre deux heures un quart dans une antichambre, moi et mes étoffes !... moi, Raton de Burkenstaff, syndic des marchands !... pour m'envoyer dire par un huissier : Revenez un autre jour, mon cher; la reine ne peut pas voir vos étoffes, elle est indisposée.

RANTZAU.

Est-il possible?

RATON.

Si c'eût été vrai, rien de mieux, j'aurais crié : Vive la reine !... (A demi-voix) Mais apprenez... et je peux, je crois, m'exprimer sans crainte devant votre Majesté?

LA REINE.

Certainement.

RATON.

Apprenez qu'en ce moment, de la fenêtre de l'antichambre où j'étais et qui donnait sur le parc intérieur, j'apercevais la reine se promenant gaîment, appuyée sur le bras du comte Struensée...

LA REINE.

Vraiment?...

RATON.

Et riant avec lui aux éclats... de moi, sans doute.

RANTZAU, avec un grand sérieux.

Oh! non, non; par exemple, je ne puis pas croire cela!

RATON.

Si, monsieur le comte! j'en suis sûr; et, au lieu de railler un syndic, un bourgeois respectable qui paie exactement à l'état sa patente et ses impôts, le ministre et la reine feraient mieux de s'occuper, l'un des affaires du royaume, et l'autre de celles de son ménage, qui ne vont pas déjà si bien.

ÉRIC.

Mon père... au nom du ciel...

RATON.

Je ne suis qu'un marchand; c'est vrai ! mais tout

ce qui se fabrique chez moi m'appartient; mon fils d'abord, que voilà; car ma femme Ulrique Marthe, fille de Gelastern, l'ancien bourgmestre, est une honnête femme qui a toujours marché droit, ce qui est cause que je marche le front levé; et il y a bien des princes qui n'en peuvent pas dire autant.

RANTZAU, avec dignité.

Monsieur Burkenstaff...

RATON.

Je ne nomme personne... Dieu protége le roi! mais pour la reine et pour le favori...

ÉRIC.

Y pensez-vous! si l'on vous entendait?

RATON.

Qu'importe? je ne crains rien! je dispose de huit cents ouvriers... Oui, morbleu, je ne suis pas comme mes confrères, qui font venir leurs étoffes de Paris ou de Lyon; je fabrique moi-même, ici, à Copenhague, où mes ateliers occupent tout un faubourg; et si l'on voulait me faire un mauvais parti, si l'on m'osait toucher un cheveu de la tête... jour de Dieu!... il y aurait une révolte dans la ville!

RANTZAU, vivement.

Vraiment! (A part.) C'est bon à savoir. (Pendant qu'Éric prend son père à l'écart et tâche de le calmer, Rantzau, qui est debout à gauche, près du fauteuil de la reine, lui dit à demi-voix, en lui montrant Raton.) Tenez, voilà l'homme qu'il vous faut pour chef.

LA REINE.

Y pensez-vous! un important, un sot!

RANTZAU.

Tant mieux! un zéro bien placé a une grande valeur; c'est une bonne fortune qu'un homme pareil à mettre en avant : et si je m'en mêlais, si j'exploitais ce négociant-là, il me rapporterait cent pour cent de bénéfice.

LA REINE, à demi-voix.

Vous croyez? (Se levant et s'adressant à Raton.) Monsieur Raton Burkenstaff...

RATON, s'inclinant.

Madame!

LA REINE.

Je suis désolée que l'on ait manqué d'égards envers vous; j'honore le commerce, je veux le favoriser; et si à vous personnellement je puis rendre quelques services...

RATON.

C'est trop de bontés; et puisque votre majesté daigne m'y encourager, il est une faveur que je sollicite depuis long-temps, le titre de marchand de soieries de la couronne.

ÉRIC, le tirant par son habit.

Mais ce titre appartient déjà à maître Revanlow, votre confrère.

RATON.

Qui n'exerce pas, qui se retire des affaires, qui n'est plus assorti... et quand ce serait un passe-droit, une faveur, tu as entendu que sa majesté voulait favoriser le commerce, et j'ose dire que j'y ai des droits; car, par le fait, c'est moi qui suis le fournisseur de la cour. Je vends depuis long-temps à votre majesté, je vendais à la reine Mathilde... quand elle n'était pas indiposée ; j'ai vendu ce matin à son excellence M. le comte de Falkenskield, ministre de la guerre, pour le prochain mariage de sa fille...

ÉRIC, vivement.

De sa fille !... elle se marie !

RANTZAU, le regardant.

Oui, sans doute ! au neveu du comte de Gœlher, notre collègue.

ÉRIC.

Elle se marie !

RATON.

Qu'est-ce que cela te fait ?

ÉRIC.

Rien !... j'en suis content pour vous.

RATON.

Certainement, une belle fourniture; d'abord les robes de noces et tout l'ameublement, en lampas, en quinze-seize, façon de Lyon, le tout sortant de nos fabriques ; c'est fort, c'est moëlleux, c'est brillant....

RANTZAU.

J'aperçois Falkenskield, il se rend au conseil.

LA REINE.

Ah! je ne veux pas le voir. Adieu, comte; adieu, monsieur Burkenstaff; vous aurez bientôt de mes nouvelles.

RATON.

Je serai nommé... Je cours chez moi l'apprendre à ma femme; viens-tu, Éric ?

RANTZAU.

Non, pas encore!... J'ai à lui parler. (A Éric, pendant que Raton sort par la porte du fond.) Attendez là, (il lui montre la coulisse à gauche.) dans cette galerie, vous saurez sur-le-champ la réponse du comte.

ÉRIC, s'inclinant.

Oui, monseigneur.

SCÈNE IX.

RANTZAU; FALKENSKIELD, SORTANT DE LA PORTE A DROITE.

FALKENSKIELD, entrant en rêvant.

Struensée a tort! il est trop haut maintenant pour avoir rien à craindre, et il peut tout oser. (Apercevant Rantzau.) Ah! c'est vous, mon cher collègue; voilà de l'exactitude!

RANTZAU.

Contre mon ordinaire... car j'assiste rarement au conseil.

FALKENSKIELD.

Et nous nous en plaignons.

RANTZAU.

Que voulez-vous! à mon âge...

FALKENSKIELD.

C'est celui de l'ambition, et vous n'en avez pas assez.

RANTZAU.

Tant d'autres en ont pour moi!... De quoi s'agit-il aujourd'hui?

FALKENSKIELD.

La reine présidera le conseil, et l'on s'occupera d'un sujet assez délicat. Il règne dans ce moment un laisser-aller, une licence...

RANTZAU.

A la cour?

FALKENSKIELD.

Non, à la ville. Chacun parle tout haut sur la reine, sur le premier ministre. Moi, je serais pour des moyens forts et énergiques. Struensée a peur; il craint des troubles, des soulèvemens, qui ne peuvent exister; et en attendant, l'audace redouble : il circule des chansons, des pamphlets, des caricatures.

RANTZAU.

Il me semble cependant qu'attaquer la reine est un crime de lèse-majesté, et dans ce cas-là la loi vous donne des pouvoirs...

FALKENSKIELD.

Dont il faut user. Vous avez raison.

RANTZAU.

Mon Dieu! un bon exemple, et tout le monde se taira. Vous avez entre autres un mécontent, un bavard, homme de tête et d'esprit, et d'autant plus dangereux, que c'est l'oracle de son quartier.

FALKENSKIELD.

Et qui donc?

RANTZAU.

On me l'a cité; mais je me brouille avec les noms... Un marchand de soieries... au *Soleil-d'Or*.

FALKENSKIELD.

Raton Burkenstaff?

RANTZAU.

C'est cela même!... Après cela, est-ce vrai? je n'en sais rien, ce n'est pas moi qui l'ai entendu...

FALKENSKIELD.

N'importe, les renseignemens qu'on vous a donnés ne sont que trop exacts; et je ne sais pas pourquoi ma fille prend toujours chez lui toutes ses étoffes.

RANTZAU, vivement.

Bien entendu qu'il ne faudrait lui faire aucun mal... un ou deux jours de prison...

FALKENSKIELD.

Mettons-en huit.

RANTZAU, froidement.

Comme vous voudrez.

FALKENSKIELD.

C'est une bonne idée.

RANTZAU.

Qui vient de vous; et je ne veux pas auprès de la reine vous en ôter l'honneur.

FALKENSKIELD.

Je vous en remercie, cela terminera tout. Un service à vous demander...

RANTZAU.

Parlez.

FALKENSKIELD.

Le neveu du comte de Goëlher, notre collègue, va épouser ma fille, et je le propose aujourd'hui pour une place assez belle qui lui donnera entrée au conseil. J'espère que de votre part sa nomination ne souffrira aucune difficulté.

RANTZAU.

Et comment pourrait-il y en avoir?

FALKENSKIELD.

On pourrait objecter qu'il est bien jeune...

RANTZAU.

C'est un mérite à présent... c'est la jeunesse qui règne, et la reine ne peut lui faire un crime d'un tort qu'elle-même aura si long-temps encore à se reprocher.

FALKENSKIELD.

Ce mot seul la décidera; et l'on a bien raison de dire que le comte Bertrand de Rantzau est l'homme d'état le plus aimable, le plus conciliant, le plus désintéressé...

RANTZAU, tirant un papier.

J'ai une petite demande à vous faire, une lieutenance qu'il me faut...

FALKENSKIELD.

Je l'accorde à l'instant.

RANTZAU, lui montrant le papier.

Voyez auparavant...

FALKENSKIELD, passant à gauche.

N'importe pour qui, dès que vous le recommandez. (Lisant.) O ciel!... Éric Burkenstaff!... Cela ne se peut...

RANTZAU, froidement et prenant du tabac.

Vous croyez? et pourquoi?

FALKENSKIED, avec embarras.

C'est le fils de ce séditieux, de ce bavard.

RANTZAU.

Le père, oui, mais le fils ne parle pas; il ne dit

rien, et ce sera au contraire une excellente politique de placer une faveur à côté d'un châtiment.

FALKENSKIELD.

Je ne dis pas non; mais donner une lieutenance à un jeune homme de vingt ans!...

RANTZAU.

Comme nous le disions tout à l'heure, c'est la jeunesse qui règne à présent.

FALKENSKIELD.

D'accord; mais ce jeune homme, qui a été dans les magasins de son père et puis dans mes bureaux, n'a jamais servi dans le militaire.

RANTZAU.

Pas plus que votre gendre dans l'administration. Après cela, si vous croyez que ce soit un obstacle, je n'insiste plus; je respecte vos avis, mon cher collègue, et je les suivrai en tout... (Avec intention.) Et ce que vous ferez, je le ferai.

FALKENSKIELD, à part.

Morbleu! (Haut et cherchant à cacher son dépit.) Vous faites de moi ce que vous voulez, et j'examinerai, je verrai.

RANTZAU, d'un air dégagé.

Quand il vous conviendra, aujourd'hui, ce matin, tenez avant le conseil, vous pouvez m'en faire expédier le brevet.

FALKENSKIELD.

Nous n'avons pas le temps... il est deux heures...

RANTZAU, tirant sa montre.

Moins un quart.

FALKENSKIELD.

Vous retardez...

RANTZAU, causant avec lui en remontant le théâtre.

Non pas, et la preuve c'est que j'ai toujours su arriver à l'heure.

FALKENSKIELD, souriant.

Je m'en aperçois. (D'un air aimable.) Nous vous verrons ce soir... chez moi, à dîner?

RANTZAU.

Je n'en sais rien encore, je crains que mes maux d'estomac ne me le permettent pas, mais en tout cas je serai exact au conseil, et vous m'y retrouverez.

FALKENSKIELD.

J'y compte.

(Il sort par la porte du fond.)

SCÈNE X.

ÉRIC, RANTZAU.

(Éric s'est montré à gauche pendant que Rantzau et Falkenskield remontaient le théâtre.)

ÉRIC.

Eh! bien, monsieur le comte?... je sèche d'impatience...

RANTZAU, froidement.

Vous êtes nommé, vous êtes lieutenant.

ÉRIC.

Est-il possible!

RANTZAU.

A la sortie du conseil j'irai chez votre père choisir quelques étoffes, et je vous porterai moi-même votre brevet.

ÉRIC.

Ah!... c'est trop de bontés.

RANTZAU.

Un avis encore que je vous donne, à vous, sous le sceau du secret. Votre père est imprudent... il parle trop haut... cela pourrait lui attirer de fâcheuses affaires...

ÉRIC.

O ciel! en voudrait-on à sa liberté?

RANTZAU.

Je n'en sais rien, mais ce n'est pas impossible. En tout cas, vous voilà avertis... vous et vos amis, veillez sur lui... et surtout du silence.

ÉRIC.

Ah! l'on me tuerait plutôt que de m'arracher un mot qui pourrait vous compromettre. (Prenant la main de Rantzau.) Adieu... adieu, monseigneur.

(Il sort.)

RANTZAU.

Brave jeune homme!... qu'il y a là de générosité, d'illusions et de bonheur! (Avec tristesse.) Ah! que ne peut-on rester toujours à vingt ans! (Souriant en lui-même.) Après tout, c'est bien vu!... on serait trop aisé à tromper... Allons au conseil!

(Il sort.)

FIN DU PREMIER ACTE.

ACTE DEUXIÈME.

La boutique de Raton Burkenstaff. Au fond, des portes vitrées qui donnent sur la rue, et devant lesquelles sont suspendues des pièces d'étoffes en étalage. A gauche, un bel escalier qui conduit à ses magasins. Sous l'escalier, la porte d'un caveau. Du même côté, un petit comptoir; et derrière, des livres de caisse et des livres d'échantillon. A droite, des étoffes et une porte donnant dans l'intérieur de la maison.

SCÈNE PREMIÈRE.

RATON, MARTHE.

(Raton est devant son comptoir; sa femme est debout près de lui, tenant à la main plusieurs lettres.)

MARTHE.

Voici des commandes pour Lubeck et pour Altona : quinzes pièce de satin et autant de Florence.

RATON, avec impatience.

C'est bien, ma femme, c'est bien.

MARTHE.

Des lettres de nos correspondans, auxquelles il faut répondre.

RATON.

Tu vois bien que je suis occupé.

MARTHE.

Il faut en même temps écrire à ce riche tapissier de Hambourg.

RATON, avec colère.

Un tapissier!

MARTHE.

Une de nos meilleures pratiques.

RATON.

Écrire à un tapissier!... quand je suis là à écrire à une reine !

MARTHE.

Toi !

RATON.

A la reine-mère! une pétition que je lui adresse au nom de mes confrères, parce que la reine-mère n'a rien à me refuser. Si tu avais vu, ma femme, comme elle m'a accueilli ce matin et en quelle estime je suis auprès d'elle !...

MARTHE.

Et qu'est-ce qu'il te reviendra de cela ?

RATON.

Ce qu'il m'en reviendra ! tu parles bien comme une femme, comme une marchande de soie qui n'entend rien aux affaires... Ce qu'il m'en reviendra ! (Il se lève et sort de son comptoir.) du crédit, de la considération... on devient un homme influent dans son quartier, dans la ville, dans l'état... on devient quelque chose, enfin.

MARTHE.

Et tout cela pour être fournisseur breveté de la couronne ! il te faut des titres ! tu n'as jamais eu d'autres rêves, d'autres désirs.

ACTE II, SCÈNE II.

RATON.

Laisse-moi donc tranquille... il s'agit bien d'être fournisseur de la couronne !... (A demi-voix.) Il s'agit d'être prévôt des marchands, et peut-être même bourgmestre de la ville de Copenhague... oui, femme, oui, tout cela est possible... avec la popularité dont je jouis, et la faveur de la cour.

SCÈNE II.

JEAN, RATON, MARTHE.

JEAN, portant des étoffes sous son bras.

Me voici, notre maître... je viens de chez la baronne de Molke.

RATON, brusquement.

Eh bien ! qu'est-ce que ça me fait ? qu'est-ce que tu me veux ?

JEAN.

Le velours noir ne lui convient pas, elle l'aime mieux vert, et vous prie de lui en porter vous-même des échantillons.

RATON, allant au comptoir.

Va-t'en au diable !... Vous allez voir que je vais me déranger de mes affaires !... Il est vrai que la baronne de Molke est une femme de la cour... Tu iras, ma femme, ce sont des affaires du magasin, cela te regarde.

JEAN.

Et puis voici...

RATON.

Encore! il n'en finira pas.

JEAN, lui présentant un sac.

L'argent que j'ai touché pour ces vingt-cinq aunes de taffetas gorge de pigeon...

RATON, prenant le sac.

Dieu! que c'est humiliant d'avoir à s'occuper de ces détails-là! (Lui rendant le sac.) Porte cela là-haut à mon caissier, et qu'on me laisse tranquille. (Il se remet à écrire.) « Oui, madame, c'est à votre majesté... »

JEAN, passant à droite et pesant le sac.

Humiliant... pas tant, et je m'accommoderais bien de ces humiliations-là.

MARTHE, l'arrêtant par le bras au moment où il va monter l'escalier.

Écoutez ici, monsieur Jean. Vous avez été bien long-temps dehors, pour deux courses que vous aviez à faire.

JEAN, à part.

Ah! diable!... elle s'aperçoit de tout, celle-là! elle n'est pas comme le bourgeois. (Haut.) C'est que, voyez-vous, madame, je m'arrêtais de temps en temps dans les rues ou dans la promenade à écouter des groupes qui parlaient.

MARTHE.

Et sur quoi?

JEAN.

Ah! madame, je ne sais pas, sur un édit du roi...

MARTHE.

Et lequel?

RATON, d'un air important et toujours au comptoir.

Vous ne savez pas cela, vous autres : l'ordonnance qui a paru ce matin et qui remet le pouvoir royal entre les mains de Struensée.

JEAN.

Ça m'est égal, je n'y ai rien compris ; mais tout ce que je sais, c'est qu'on parlait vivement et avec des gestes : et ça s'échauffait... et il pourrait bien y avoir du bruit.

RATON, d'un air important.

Certainement, c'est très grave.

JEAN, avec joie.

Vous croyez ?

MARTHE, à Jean.

Et qu'est-ce que ça te fait ?

JEAN.

Ça me fait plaisir, parce que, quand il y a du bruit on ferme les boutiques, on ne fait plus rien, on a congé ; et pour les garçons de magasins, c'est un dimanche de plus dans la semaine ; et puis, c'est si amusant de courir les rues et de crier avec les autres !...

MARTHE.

De crier... quoi ?

JEAN.

Est-ce que je sais ? on crie toujours !

MARTHE.

Il suffit ; remontez là-haut et restez-y ; vous ne sortirez plus d'aujourd'hui.

JEAN, sortant.

Quel ennui!......il n'y a jamais de profits dans cette maison-ci!

MARTHE, se retournant et voyant Raton qui pendant ce temps a pris son chapeau et s'est glissé derrière elle.

Eh bien! toi qui étais si occupé, où vas-tu donc?

RATON.

Je vais voir ce que c'est.

MARTHE.

Et toi aussi?

RATON.

N'as-tu pas déjà peur?... les femmes sont terribles! Je veux seulement savoir ce qui se passe, me mêler parmi les groupes des mécontens, et glisser quelques mots en faveur de la reine-mère.

MARTHE.

Et qu'as-tu besoin d'elle, ou de sa protection?... Quand on a de l'argent dans sa caisse, et nous en avons, on peut se passer de tout le monde; on n'a que faire des grands seigneurs, on est libre, indépendant, on est roi dans son magasin; reste dans le tien... c'est ta place!

RATON.

C'est-à-dire que je ne suis bon à rien qu'à auner du quinze-seize? c'est-à-dire que tu déprécies le commerce?

MARTHE.

Moi, déprécier le commerce! moi, fille et femme de fabricant! moi, qui trouve que c'est l'état le plus utile au pays, la source de sa richesse et de sa prospérité! moi, enfin, qui ne vois rien de plus honorable et de plus estimable qu'un commerçant qui est commerçant!... Mais si lui-même rougit de son état, s'il quitte son comptoir pour les antichambres, ce n'est plus ça... et quand tu dis des bêtises comme homme de cour, je ne peux plus t'honorer comme marchand d'étoffes.

RATON.

A merveille, madame Raton Burkenstaff! Depuis que notre reine mène son mari, chaque femme du royaume se croit le droit de régenter le sien... et vous qui blâmez tant la cour, vous faites comme elle.

MARTHE.

Eh! mordi! ne songez pas à la cour, qui ne songe pas à vous, et pensez un peu plus à ce qui vous entoure. Etes-vous donc si las d'être heureux? N'avez-vous pas un commerce qui prospère, des amis qui vous chérissent, une femme qui vous gronde, mais qui vous aime, un fils que tout le monde nous envierait, un fils qui est notre orgueil, notre gloire, notre avenir?

RATON.

Ah! si tu te mets sur ce chapitre.

MARTHE.

Eh bien oui!... voilà mon ambition, à moi, mon affaire d'état; je ne m'informe pas de ce qui se passe ailleurs; peu m'importe que la reine ait un favori, ou n'en ait pas! que ce soit tel ambitieux qui règne, ou bien tel autre! Ce qu'il m'importe de savoir, c'est si tout va bien chez moi, si l'ordre règne dans ma maison, si mon mari se porte bien, si mon fils est heureux; moi, je ne m'occupe que de vous, de votre bien-être; c'est mon devoir. Que chacun fasse le sien..... chacun son métier, comme on dit; et... voilà!

RATON, avec impatience.

Eh! qui te dit le contraire?

MARTHE.

Toi, qui à chaque instant me donnes des inquiétudes mortelles; qui es toujours à pérorer sur le pas de ta boutique, à blâmer tout ce qu'on fait, ce qu'on ne fait pas; toi, à qui tes idées ambitieuses font négliger nos meilleurs amis... Michelson, qui t'a invité tant de fois à aller le dimanche à sa campagne.

RATON.

Que veux-tu?... un marchand de draps qui n'est rien dans l'état... car enfin, qu'est-ce qu'il est?

MARTHE.

Il est notre ami; mais il te faut de la grandeur, de l'éclat. C'est encore par ambition que tu n'as pas voulu garder notre fils auprès de nous, où il aurait été si bien! et que tu l'as fait entrer auprès d'un grand seigneur, où il n'a éprouvé que des chagrins, dont il nous cache une partie.

RATON.

Est-il possible!... notre enfant!... notre fils unique!... il est malheureux!

MARTHE.

Et tu ne t'en es pas aperçu?... tu ne t'en doutais pas?

ACTE II, SCÈNE III.

RATON.

Ce sont là des affaires de ménage... moi, je ne m'en mêlais pas; je comptais sur toi; j'ai tant d'occupations!... Et qu'est-ce qu'il veut? qu'est-ce qu'il lui faut? Est-ce de l'argent? Demande-lui combien... ou plutôt... tiens, voilà la clé de ma caisse; donne-la-lui.

MARTHE.

Taisez-vous, le voici.

SCÈNE III.

MARTHE, ÉRIC, RATON.

ÉRIC, entrant vivement.

Ah! c'est vous, mon père... je craignais que vous ne fussiez sorti. Il y a quelque agitation dans la ville.

RATON.

C'est ce qu'on dit; mais je ne sais pas encore de quoi il s'agit, car ta mère n'a pas voulu me laisser aller. Raconte-moi cela, mon garçon.

ÉRIC.

Ce n'est rien, mon père, rien du tout, mais il y a des momens où, même sans motifs, il vaut mieux agir avec prudence. Vous êtes le plus riche négociant du quartier, vous y êtes influent; vous ne craignez pas d'exprimer tout haut votre opinion sur la reine Mathilde et sur le favori. Ce matin encore, au palais...

MARTHE.

Est-il possible?

ÉRIC.

Ils pourraient finir par le savoir !

RATON.

Qu'est-ce que ça me fait ? Je ne crains rien; je ne suis pas un bourgeois obscur, inconnu, et ce n'est pas un homme comme Raton Burkenstaff du Soleil-d'Or qu'on oserait jamais arrêter. Ils le voudraient, qu'ils n'oseraient pas !

ÉRIC, à demi-voix.

C'est ce qui vous trompe, mon père; je crois qu'ils oseront.

RATON, effrayé.

Hein ! qu'est-ce que tu me dis là?... ce n'est pas possible.

MARTHE.

J'en étais sûre, je le lui répétais encore tout à l'heure. Mon Dieu ! mon Dieu ! qu'est-ce que nous allons devenir ?

ÉRIC.

Rassurez-vous, ma mère, et ne vous effrayez pas.

RATON, tremblant.

Sans doute, tu es là à nous effrayer... à t'effrayer sans raison... ça vous trouble, ça vous déconcerte, on ne sait plus ce qu'on fait : et dans un moment où l'on a besoin de son sang-froid... Voyons, mon garçon, qui t'a dit cela ? d'où le tiens-tu ?

ÉRIC.

D'une source certaine, d'une personne qui n'est que trop bien instruite, et que je ne puis vous nommer; mais vous pouvez me croire.

RATON.

Je te crois, mon enfant; et d'après les renseignemens positifs que tu me donnes là, qu'est-ce qu'il faut faire?

ÉRIC.

L'ordre n'est pas encore signé; mais d'un instant à l'autre il peut l'être; et ce qu'il y a de plus simple et de plus prudent, c'est de quitter sans bruit votre maison, de vous tenir caché pendant quelques jours...

MARTHE.

Et où cela?

ÉRIC.

Hors de la ville, chez quelque ami.

RATON, vivement.

Chez Michelson, le marchand de draps.... ce n'est pas là qu'on ira me chercher... un brave homme... inoffensif... qui ne se mêle de rien... que de son commerce.

MARTHE.

Vous voyez donc bien qu'il est bon quelquefois de se mêler de son commerce!

ÉRIC, d'un air suppliant.

Eh! ma mère...

MARTHE.

Tu as raison! j'ai tort; ne songeons qu'à son départ.

ÉRIC.

Il n'y a pas le moindre danger; mais n'importe, mon père, je vous accompagnerai.

RATON.

Non, il vaut mieux que tu restes; car enfin, tantôt quand ils viendront et qu'ils ne me trouveront plus, s'il y avait du bruit, du tumulte, tu imposeras à ces gens-là, tu veilleras à la sûreté de nos magasins, et puis tu rassureras ta mère, qui est toute tremblante.

MARTHE.

Oui, mon fils, reste avec moi.

ÉRIC.

Comme vous voudrez. (Apercevant Jean qui descend l'escalier.) Et au fait, il suffira de Jean pour accompagner mon père jusque chez Michelson. Jean, tu vas sortir.

JEAN.

Est-il possible? quel bonheur! Madame le permet?

MARTHE.

Sans doute; tu sortiras avec ton maître.

JEAN.

Oui, madame.

ÉRIC.

Et tu ne le quitteras pas?

JEAN.

Oui, monsieur Éric.

RATON.

Et surtout de la discrétion; pas de bavardage, pas de curiosité.

JEAN.

Oui, notre maître; il y a donc quelque chose?

RATON, à Jean, à demi-voix.

La cour et le ministère sont furieux contre moi; on veut m'arrêter, m'incarcérer, m'emprisonner, peut-être pire...

JEAN.

Ah, bien, par exemple! je voudrais bien voir cela! Il y aurait un fameux bruit dans le quartier, et vous m'y verriez, notre maître; vous verriez quel tapage! madame m'entendra crier.

RATON.

Taisez-vous, Jean, vous êtes trop vif.

MARTHE.

Vous êtes un tapageur.

ÉRIC.

Et du reste, ta bonne volonté sera inutile; car il n'y aura rien.

JEAN, tristement et à part.

Il n'y aura rien... Tant pis! moi qui espérais déjà du bruit et des carreaux cassés!

RATON, qui pendant ce temps a embrassé sa femme et son fils.

Adieu!... adieu!...

(Il sort avec Jean par la porte du fond; Marthe et Éric l'ont reconduit jusqu'à la porte de la boutique, et le suivent encore quelque temps des yeux quand il est dans la rue.)

SCÈNE IV.

MARTHE, ÉRIC.

MARTHE.

Tu m'assures que dans quelques jours nous le reverrons?

ÉRIC.

Oui, ma mère. Il y a quelqu'un qui daigne s'intéresser à nous, et qui, j'en suis sûr, emploiera son crédit à faire cesser les poursuites et à nous rendre mon père.

MARTHE.

Que je serai heureuse alors, quand nous serons réunis, quand rien ne nous séparera plus!... Eh bien! qu'as-tu donc? d'où viennent cet air sombre et ces regards si tristes?

ÉRIC, avec embarras.

Je crains... que pour moi du moins vos vœux ne se réalisent pas... je serai bientôt obligé de vous quitter, et pour long-temps peut-être.

MARTHE.

O ciel!

ÉRIC, avec plus de fermeté.

Je voulais d'abord ne pas vous en prévenir, et vous épargner ce chagrin; mais ce qui arrive aujourd'hui... et puis, partir sans vous embrasser, c'était impossible, je n'en aurais jamais eu le courage.

MARTHE.

Partir!... l'ai-je bien entendu! et pourquoi donc?

ÉRIC.

Je veux être militaire; j'ai demandé une lieutenance.

MARTHE.

Toi! mon Dieu! et que t'ai-je donc fait pour me quitter, pour fuir la maison paternelle? Est-ce que nous t'avons rendu malheureux? est-ce que nous t'avons causé du chagrin? Pardonne-le-moi, mon fils;

ce n'est pas ma faute, c'est sans le vouloir, et je réparerai mes torts.

ÉRIC.

Vos torts... vous qui êtes la meilleure et la plus tendre des mères... Non, je n'accuse que moi seul... Mais, voyez-vous, je ne peux rester en ces lieux.

MARTHE.

Et pourquoi? Y a-t-il quelque endroit, dans le monde, où l'on t'aimera comme ici? Que te manque-t-il? Veux-tu briller dans le monde, éclipser les plus riches seigneurs? Nous le pouvons. (Lui donnant la clé.) Tiens, tiens, dispose de nos richesses, ton père y consent; moi, je te le demande et je t'en remercierai, car c'est pour toi que nous amassons et que nous travaillons tous les jours; cette maison, ces magasins, c'est ton bien, cela t'appartient!

ÉRIC.

Ne parlez pas ainsi; je n'en veux pas, je ne veux rien; je ne suis pas digne de vos bontés. Si je vous disais que cette fortune, fruit de vos travaux, je suis tenté de la repousser; que cet état, que vous exercez avec tant d'honneur et de probité, cet état, dont j'étais fier autrefois, est aujourd'hui ce qui fait mon tourment et mon désespoir, ce qui s'oppose à mon bonheur, à ma vengeance, à tout ce que j'ai de passions dans le cœur!

MARTHE.

Et comment cela, mon Dieu?

ÉRIC.

Ah! je vous dirai tout; ce secret-là me pèse depuis

long-temps; et à qui confier ses chagrins, si ce n'est à sa mère?... Mettant tout votre bonheur dans un fils qui vous a causé tant de peines, vous l'aviez fait élever avec trop de soin, trop de tendresse peut-être...

MARTHE.

Comme un seigneur, comme un prince! et s'il y avait eu quelque chose de mieux ou de plus cher, tu l'aurais eu.

ÉRIC.

Vous n'avez pas alors voulu me laisser dans ce comptoir, où était ma vraie place!

MARTHE.

Ce n'est pas moi! c'est ton père, qui t'a fait nommer secrétaire particulier de M. de Falkenskield.

ÉRIC.

Pour mon malheur; car, admis dans son intimité, passant mes jours près de Christine, sa fille unique, mille occasions se présentaient de la voir, de l'entendre, de contempler ses traits charmans, qui sont le moindre des trésors qu'on voit briller en elle... Ah! si vous aviez pu l'apprécier chaque jour comme je l'ai fait, si vous l'aviez vue si séduisante à la fois de raison et de grâce, si simple et si modeste, qu'elle seule semblait ignorer son esprit et ses talens; et une ame si noble, un caractère si généreux!... Ah! si vous l'aviez vue ainsi, ma mère, vous auriez fait comme moi, vous l'auriez adorée.

MARTHE.

O ciel!

ACTE II, SCÈNE IV.

ÉRIC.

Oui, depuis deux ans cet amour-là fait mon tourment, mon bonheur, mon existence. Et ne croyez pas que, méconnaissant mes devoirs et les droits de l'hospitalité, je lui aie laissé voir ce qui se passait dans mon cœur, ni que jamais j'aie eu l'idée de lui déclarer une passion que j'aurais voulu me cacher à moi-même... Non, je n'aurais plus été digne de l'aimer... Mais ce secret, dont elle ne se doute pas et qu'elle ignorera toujours, d'autres yeux plus clairvoyants l'ont sans doute deviné ; son père se sera aperçu de mon embarras, de mon trouble, de mon émotion ; car à sa vue je m'oubliais moi-même, j'oubliais tout, mais j'étais heureux... elle était là ! Hélas ! ce bonheur, on m'en a privé... Vous savez comment le comte m'a congédié sans me faire connaître les motifs de ma disgrâce, comment il m'a banni de son hôtel, et comment depuis ce jour il n'y a plus pour moi ni repos, ni joie, ni plaisir.

MARTHE.

Hélas! oui.

ÉRIC.

Mais ce que vous ne savez pas, c'est que tous les soirs, tous les matins, j'errais autour de ses jardins pour apercevoir de plus près Christine ou plutôt les fenêtres de son appartement ; et dernièrement je ne sais quel délire, quelle fièvre s'était emparée de moi... ma raison m'avait abandonné, et, sans savoir ce que je faisais, j'avais pénétré dans le jardin.

MARTHE.

Quelle imprudence!

ÉRIC.

Oh! oui, ma mère, car je ne devais pas la voir... sans cela, et au prix de tout mon sang... mais rassurez-vous; il était onze heures du soir; personne ne m'avait aperçu, personne, qu'un jeune fat qui, suivi de deux domestiques, traversait une allée pour se rendre chez lui... c'était le baron Frédéric de Gœlher, neveu du ministre de la marine, qui tous les soirs, à ce qu'il paraît, venait faire sa cour.... Oui, ma mère, c'est son prétendu, celui qui doit l'épouser... Je n'en savais rien alors... mais je le devinais déjà à la haine que j'éprouvais pour lui; et quand il me cria, d'un ton impertinent et hautain : Où allez-vous ainsi? qui êtes-vous? l'insolence de ma réponse égala celle de la demande, et alors... ah! ce souvenir ne s'effacera jamais de ma mémoire, il ordonna à ses gens de me châtier, et l'un d'eux leva la main sur moi; oui, ma mère, oui, il m'a frappé, non pas deux fois, car à la première je l'avais étendu à mes pieds; mais il m'avait frappé, il m'avait fait affront; et quand je courus à son maître, quand je lui en demandai satisfaction : « Volontiers, me dit-il, qui êtes-vous? » Je lui dis mon nom. « Burkenstaff! s'écria-t-il avec dédain; je ne me bats pas avec le fils d'un marchand. Si vous étiez noble ou officier, je ne dis pas!... »

MARTHE, effrayée.

Grand Dieu!

ÉRIC.

Noble! je ne puis jamais l'être, c'est impossible! mais officier...

MARTHE, vivement.

Tu ne le seras pas! tu n'obtiendras pas ce grade, où tu n'as pas de droit; non, tu n'en as pas... Ta place est ici, dans cette maison, près de ta mère qui perd tout aujourd'hui; car te voilà comme ton père; vous voilà tous deux prêts à m'abandonner, à exposer vos jours; et pourquoi? parce que vous ne savez pas être heureux, parce qu'il vous faut des désirs ambitieux, parce que vous regardez au-dessus de votre état. Moi, je ne regarde que vous, je n'aime que vous! Je ne demande rien aux puissances du jour, ni aux grands seigneurs, ni à leurs filles. Je ne veux que mon mari, mon fils... mais je les veux... (Serrant son fils dans ses bras.) Ça m'appartient, c'est mon bien, et on ne me l'ôtera pas!

SCÈNE V.

MARTHE, JEAN, ÉRIC.

JEAN, avec joie et regardant la cantonade.

C'est ça! à merveille!... continuez comme ça.

ÉRIC.

Eh quoi! déjà de retour!... est-ce que mon père est chez Michelson?

JEAN, avec joie.

Mieux que cela.

MARTHE, avec impatience.

Enfin il est en sûreté?

JEAN, d'un air de triomphe.

Il a été arrêté.

MARTHE.

Ciel!

JEAN.

Ne vous effrayez pas! ça va bien, ça prend une bonne tournure.

ÉRIC, avec colère.

T'expliqueras-tu?

JEAN.

Je traversais avec lui la rue de Stralsund, quand nous rencontrons deux soldats aux gardes qui nous examinent... nous suivent... puis s'adressant à votre père : Maître Burkenstaff, lui dit l'un d'eux, en ôtant son chapeau, au nom de son excellence le comte Struensée, je vous invite à nous suivre; il désire vous parler.

ÉRIC.

Eh bien?

JEAN.

Voyant un air si doux et si honnête, votre père répond : Messieurs, je suis prêt à vous accompagner. Et tout cela s'était passé si tranquillement que personne dans la rue ne s'en était aperçu; mais moi, pas si bête... je me mets à crier de toutes mes forces : A moi! au secours! on arrête mon maître... Raton Burkenstaff... à moi les amis!

ÉRIC.

Imprudent!

JEAN.

Pas du tout; car j'avais aperçu un groupe d'ouvriers qui se rendaient à l'ouvrage : ils accourent à ma voix; en les voyant courir, les femmes et les enfans font comme eux, on ne peut plus passer, les voitures s'arrêtent, les marchands sont sur les pas de leurs portes et les bourgeois se mettent aux fenêtres. Pendant ce temps, les ouvriers avaient entouré les deux soldats aux gardes, délivré votre père, et l'emmenaient en triomphe suivi de la foule qui grossissait toujours; mais en passant rue d'Altona, où sont nos ateliers, ça a été un bien autre tapage!... le bruit s'était déjà répandu qu'on avait voulu assassiner notre bourgeois, qu'il y avait eu un combat acharné avec les troupes; toute la fabrique s'était soulevée et le quartier aussi, et ils marchent au palais en criant : Vive Burkenstaff! qu'on nous le rende!

ÉRIC.

Quelle folie!

MARTHE.

Et quel malheur!

ÉRIC.

D'une affaire qui n'était rien, faire une affaire sérieuse qui va compromettre mon père et justifier les mesures qu'on prenait contre lui.

JEAN.

Mais du tout... n'ayez donc pas peur... il n'y a plus rien à craindre! ça a gagné les autres quartiers. On casse déjà les réverbères et les croisées des hôtels... ça va bien, c'est amusant. On ne fait de mal à personne; mais tous les gens de la cour que l'on rencontre, on leur jette de la boue à eux et à leur voiture! ça approprie les rues... et tenez... tenez... entendez-vous ces cris?... voyez-vous ce beau carrosse arrêté près de notre boutique et qu'on essaie de renverser?

ÉRIC.

Qu'ai-je vu? les armes du comte de Falkenskield!... Dieu! si c'était...

(Il s'élance dans la rue.)

SCÈNE VI.

JEAN, MARTHE.

MARTHE, voulant retenir Éric.

Mon fils! mon fils! S'il allait s'exposer!...

JEAN.

Laissez-le donc... lui!... le fils de notre maître... il ne risque rien, il ne court aucun danger... que d'être porté en triomphe, s'il veut! (Regardant au fond.) Voyez-vous d'ici comme il parle aux messieurs qui entourent la voiture? des jeunes gens de la rue, je les connais tous... ils s'en vont... ils s'éloignent.

MARTHE.

A la bonne heure!... Mais mon mari... je veux savoir ce qu'il devient... je cours le rejoindre...

JEAN, voulant l'empêcher de sortir.

Y pensez-vous?

MARTHE, le repoussant et s'élançant dans la rue à droite.

Laisse-moi, te dis-je, je le veux... je le veux.

ACTE II, SCÈNE VII.

JEAN.

Impossible de la retenir. (Appelant à gauche dans la rue.) Monsieur Éric!... monsieur Éric!... (Regardant.) Tiens, qu'est-ce qu'il fait donc là?... il aide à descendre de la voiture une jeune dame, qui est bien belle, ma foi, et bien élégante... Eh! mais, est-ce qu'elle serait évanouie! (Redescendant le théâtre.) Elle a eu peur de ça... est-elle bonne!

ÉRIC, rentrant et portant dans ses bras Christine qui est évanouie, et qu'il dépose sur un fauteuil à gauche.

Vite des secours... ma mère...

JEAN.

Elle vient de sortir pour avoir des nouvelles de notre bourgeois.

ÉRIC, regardant Christine.

Elle revient à elle. (A Jean qui la regarde aussi.) Qu'est-ce que tu fais là? va-t'en!

JEAN.

Je ne demande pas mieux. (A part.) Je vais retrouver les autres et les aider à crier.

(Il sort par le fond.)

SCÈNE VII.

CHRISTINE, ÉRIC.

CHRISTINE, revenant à elle.

Ces cris... ces menaces... cette multitude furieuse qui m'entourait... que leur ai-je fait?... et où suis-je?

ÉRIC, timidement.

Vous êtes en sûreté; ne craignez rien!

CHRISTINE, avec émotion.

Cette voix... (Se retournant.) Éric... c'est vous!

ÉRIC.

Oui, c'est moi qui vous revois et qui suis le plus heureux des hommes... car j'ai pu vous défendre... vous protéger et vous donner asile.

CHRISTINE.

Où donc?

ÉRIC.

Chez moi, chez ma mère; pardon de vous recevoir en des lieux si peu dignes de vous; ces magasins, ce comptoir, sont bien différens des brillans salons de votre père; mais nous sommes si peu de chose, nous ne sommes que des marchands!

CHRISTINE.

Ce serait déjà un titre à la considération de tous; mais auprès de moi et auprès de mon père vous en avez d'autres encore, et le service que vous venez de me rendre...

ÉRIC.

Un service! ah! ne prononcez pas ce mot-là.

CHRISTINE, toujours assise.

Et pourquoi donc?

ÉRIC.

Parce qu'il va encore m'imposer silence, parce qu'il va de nouveau m'enchaîner par des liens que je veux rompre enfin. Oui, tant que je fus accueilli par votre père, tant que j'étais admis par lui sous son toit hospitalier, j'aurais cru manquer à la probité, à l'honneur, à tous les devoirs, en trahissant un secret dont ses affronts me dégagent; je ne lui dois plus rien, nous sommes quittes; et avant de mourir je veux parler, je veux, dussiez-vous m'accabler de votre dédain et de votre colère, que vous sachiez une fois ce que j'ai éprouvé de tourmens, et ce que mon cœur renferme de douleur et de désespoir.

CHRISTINE, se levant.

Éric, au nom du ciel!

ÉRIC.

Vous le saurez!

CHRISTINE.

Ah! malheureux! croyez-vous que je l'ignore?

ÉRIC, transporté de joie.

Christine!...

CHRISTINE, effrayée, lui imposant silence.

Taisez-vous! taisez-vous! croyez-vous donc mon cœur si peu généreux qu'il n'ait pas compris la générosité du vôtre, qu'il ne vous ait pas tenu compte de votre dévouement et surtout de votre silence? (Mouvement de joie d'Éric.) Que ce soit aujourd'hui la dernière fois que vous ayez osé le rompre; demain je suis destinée à un autre, mon père l'exige, et soumise à mes devoirs...

ÉRIC.

Vos devoirs...

CHRISTINE.

Oui, je sais ce que je dois à ma famille, à ma naissan à des distinctions que je n'eusse pas désirées peut-être, mais que le ciel m'a imposées et dont je serai digne. (s'avançant vers lui.) Et vous, Éric, (timidement.)

5

je n'ose dire mon ami, ne vous abandonnez pas au désespoir où je vous vois : dites-vous bien que la honte ou l'honneur ne vient pas du rang qu'on occupe, mais de la manière dont on en remplit les devoirs ; et vous ferez comme moi, vous subirez le vôtre avec courage et sans vous plaindre. Adieu pour toujours ; demain je serai la femme du baron de Gœlher.

ÉRIC.

Non pas tant que je vivrai, et je vous jure ici... Dieu ! l'on vient !

SCÈNE VIII.

CHRISTINE, ÉRIC, RANTZAU, MARTHE.

MARTHE, à Rantzau.

Si c'est à mon fils que vous voulez parler, le voici. (A part.) Impossible de rien apprendre.

CHRISTINE, l'apercevant.

O ciel !

MARTHE et RANTZAU, saluant.

Mademoiselle de Falkenskield !...

ÉRIC, vivement.

A qui nous avons eu le bonheur d'offrir un refuge, car sa voiture avait été arrêtée.

RANTZAU.

Eh ! mais, vous avez l'air de vous justifier d'un trait qui vous fait honneur.

ÉRIC, troublé.

Moi, monsieur le comte !

ACTE II, SCÈNE VIII.

MARTHE, à part.

Un comte!... (Avec mauvaise humeur.) C'est fini, notre boutique est maintenant le rendez-vous des grands seigneurs.

RANTZAU, qui pendant ce temps a jeté un regard pénétrant sur Christine et sur Éric, qui tous deux baissent les yeux.

C'est bien!... c'est bien... (Souriant.) Une belle dame en danger, un jeune chevalier qui la délivre; j'ai vu des romans qui commençaient ainsi.

ÉRIC, voulant changer la conversation.

Mais vous-même, monsieur le comte, vous êtes bien hardi de sortir ainsi à pied dans les rues.

RANTZAU.

Pourquoi cela? Dans ce moment, les gens à pied sont des puissances; ce sont eux qui éclaboussent; et puis, moi, je n'ai qu'une parole; je vous avais promis, en venant ici faire quelques emplettes, de vous apporter votre brevet de lieutenant... (Le tirant de sa poche et le lui présentant.) Le voici!

ÉRIC.

Quel bonheur! je suis officier!

MARTHE.

C'est fait de moi... (Montrant Rantzau.) J'avais raison de me défier de celui-là.

RANTZAU, se tournant vers elle.

Je vous fais compliment, madame, sur la faveur dont vous jouissez en ce moment.

MARTHE.

Que voulez-vous dire?

RANTZAU.

Ignorez-vous donc ce qui se passe?

MARTHE.

Je viens de nos ateliers, où il n'y avait plus personne.

RANTZAU.

Il sont tous dans la grande place; votre mari est devenu l'idole du peuple. De tous les côtés on rencontré des bannières sur lesquelles flottent ces mots: Vive Burkenstaff, notre chef! Burkenstaff pour toujours!... Son nom est devenu un cri de ralliement.

MARTHE.

Ah! le malheureux!

RANTZAU.

Les flots tumultueux de ses partisans entourent le palais, et ils crient tous de bon cœur : A bas Struensée! (Souriant.) Il y en a même quelques-uns qui crient : A bas les membres de la régence!

ÉRIC.

O ciel! et vous ne craignez pas...

RANTZAU.

Nullement : je me promène incognito, en amateur; d'ailleurs, s'il y avait quelque danger, je me réclamerais de vous!

ÉRIC, vivement.

Et ce ne serait pas en vain, je vous le jure!

RANTZAU, lui prenant la main.

J'y ai compté.

MARTHE, remontant le théâtre.

Ah! mon Dieu! entendez-vous ce bruit?

RANTZAU, à part, et prenant la droite.

C'est bien! cela marche! et si cela continue ainsi, on n'aura pas besoin de s'en mêler.

SCÈNE IX.

CHRISTINE, ÉRIC, JEAN, MARTHE, RANTZAU.

JEAN, accourant tout essoufflé.

Victoire!... victoire!... nous l'emportons!...

MARTHE, ÉRIC ET RANTZAU.

Parle vite, parle donc!

JEAN.

Je n'en peux plus, j'ai tant crié!... Nous étions dans la grande place, devant le palais, sous le balcon, trois ou quatre mille! et nous répétions : Burkenstaff! Burkenstaff! qu'on révoque l'ordre qui le condamne; Burkenstaff!!! Alors, la reine a paru au balcon, et Struensée à côté d'elle, en grand costume, du velours bleu magnifique, et un bel homme, une belle voix! Il a parlé et on a fait silence : « Mes amis, de faux « rapports nous avaient abusés; je révoque toute es- « pèce d'arrestation, et je vous jure ici, au nom de « la reine et au mien, que M. Burkenstaff est libre et « n'a plus rien à craindre. »

MARTHE.

Je respire!...

CHRISTINE.

Quel bonheur!...

ÉRIC.

Tout est sauvé!

RANTZAU, à part.

Tout est perdu!

JEAN.

Alors, c'étaient des cris de : Vive la reine! vive Struensée! vive Burkenstaff! Et quand j'ai eu dit à mes voisins : C'est pourtant moi qui suis Jean, son garçon de boutique, ils ont crié : Vive Jean! et ils m'ont déchiré mon habit, en m'élevant sur leurs bras pour me montrer à la multitude. Mais ce n'est rien encore; les voilà tous qui s'organisent, les chefs des métiers en tête, pour venir ici complimenter notre maître et le porter en triomphe à la maison commune.

MARTHE, à part.

Un triomphe! il en perdra la tête!

RANTZAU, à part.

Quel dommage! une révolte qui commençait si bien!... A qui se fier à présent!

SCÈNE X.

CHRISTINE, ÉRIC, AU FOND; BURKENSTAFF ET PLUSIEURS NOTABLES QUI L'ENTOURENT; MARTHE, JEAN, RANTZAU.

BURKENSTAFF, prenant plusieurs pétitions.

Oui, mes amis, oui, je présenterai vos réclamations à la reine et au ministre, et il faudra bien qu'on y fasse droit; je serai là d'ailleurs, je parlerai. Quant au triomphe que le peuple me décerne et que ma modestie m'ordonne de refuser...

MARTHE, à part.

A la bonne heure !

BURKENSTAFF.

Je l'accepte ! dans l'intérêt général et pour le bon effet. J'attendrai ici le cortége, qui peut venir me prendre quand il voudra. Quant à vous, mes chers confrères, les notables de notre corporation, j'espère bien que tantôt, au retour du triomphe, vous viendrez souper chez moi ; je vous invite tous.

TOUS, criant en sortant.

Vive Burkenstaff ! vive notre chef.

BURKENSTAFF.

Notre chef !... vous l'entendez ! quel honneur !... (A Éric.) Quelle gloire, mon fils, pour notre maison ! (A Marthe.) Eh bien ! ma femme, que te disais-je ? je suis une puissance... un pouvoir... rien n'égale ma popularité, et tu vois ce que j'en peux faire.

MARTHE.

Vous en ferez une maladie ; reposez-vous... car vous n'en pouvez plus !

BURKENSTAFF, s'essuyant le front.

Du tout ! la gloire ne fatigue pas... Quelle belle journée ! tout le monde s'incline devant moi, s'adresse à moi et me fait la cour. (Apercevant Christine et Rantzau qui sont près du comptoir à gauche, et qui étaient masqués par Éric.) Que vois-je ? mademoiselle de Falkenskield et monsieur de Rantzau chez moi ! (A Rantzau, d'un air protecteur et avec emphase.)

Qu'y a-t-il, monsieur le comte? Que puis-je pour votre service? que me demandez-vous?...

RANTZAU, froidement.

Quinze aunes de velours pour un manteau.

BURKENSTAFF, déconcerté.

Ah!... c'est cela, pardon... mais pour ce qui est du commerce, je ne puis pas; si c'était toute autre chose... (Appelant.) Ma femme!... vous sentez qu'au moment d'un triomphe... ma femme... montez dans les magasins, servez monsieur le comte.

RANTZAU, donnant un papier à Marthe.

Voici ma note.

BURKENSTAFF, criant à sa femme qui est déjà sur l'escalier.

Et puis, tu songeras au souper, un souper digne de notre nouvelle position; du bon vin, entends-tu?... (Montrant la porte qui est sous l'escalier.) Le vin du petit caveau.

MARTHE, remontant l'escalier.

Est-ce que j'ai le temps de tout faire?

BURKENSTAFF.

Eh bien! ne te fâche pas... (A Rantzau.) J'irai moi-même... (Marthe remonte l'escalier et disparaît.) Mille pardons encore, monsieur le comte; mais, voyez-vous, j'ai tant d'occupations, tant d'autres soins... (A Christine, d'un ton protecteur.) Mademoiselle de Falkenskield, j'ai appris par Jean, mon garçon de... (Se reprenant.) mon commis... le manque de respect qu'on avait eu pour votre voiture et pour vous; croyez bien que j'ignorais... je ne peux pas être partout. (D'un ton d'importance.) Sans cela, j'aurais interposé mon autorité; je vous promets d'en témoigner tout mon mécontentement, et je veux avant tout...

RANTZAU.

Faire reconduire mademoiselle à l'hôtel de son père.

BURKENSTAFF.

C'est ce que j'allais dire, vous m'y faites penser... Jean, que l'on rende à mademoiselle son carrosse... Vous direz que je l'ordonne, moi, Raton de Burkenstaff... et pour escorter mademoiselle...

ÉRIC, vivement.

Je me charge de ce soin, mon père.

BURKENSTAFF.

A la bonne heure!... (à Éric.) S'il vous arrivait quelque chose, si on vous arrêtait... tu diras : Je suis Éric de Burkenstaff, fils de messire...

JEAN.

Raton de Burkenstaff... c'est connu.

RANTZAU, saluant Christine.

Adieu, mademoiselle... adieu, mon jeune ami.

(Éric a offert sa main à Christine et sort avec elle, suivi de Jean.)

SCÈNE XI.

RANTZAU, RATON.

(Rantzau s'est assis près du comptoir, et Raton de l'autre côté, à droite.)

RATON.

On vous a fait attendre, et j'en suis désolé.

RANTZAU.

J'en suis ravi... je reste plus long-temps avec vous; et l'on aime à voir de près les personnages célèbres.

RATON.

Célèbre!... vous êtes trop bon. Du reste, c'est une chose inconcevable... ce matin personne n'y pensait, ni moi non plus... et c'est venu en un instant.

RANTZAU.

C'est toujours ainsi que cela arrive; (A part.) et que cela s'en va. (Haut.) Je suis seulement fâché que cela n'ait pas duré plus long-temps.

RATON.

Mais ça n'est pas fini... Vous l'avez entendu... ils vont venir me prendre pour me mener en triomphe. Pardon, je vais m'occuper de ma toilette, car, si je les faisais attendre, ils seraient inquiets; ils croiraient que la cour m'a fait disparaître.

RANTZAU, souriant.

C'est vrai, et cela recommencerait.

RATON.

Comme vous dites... ils m'aiment tant!... Aussi, ce soir, ce souper que je donne aux notables sera, je crois, d'un bon effet, parce que dans un repas on boit...

RANTZAU.

On s'anime.

RATON.

On porte des toasts à Burkenstaff, au chef du peuple, comme ils m'appellent... Vous comprenez... Adieu, monsieur le comte..

ACTE II, SCÈNE XI.

RANTZAU, souriant et le rappelant.

Un instant, un instant... pour boire à votre santé il faut du vin, et ce que vous disiez tout à l'heure à votre femme...

RATON, se frappant le front.

C'est juste... je l'oubliais... (Il passe derrière Rantzau et derrière le comptoir, et montre la porte qui est sous l'escalier.) J'ai là le caveau secret, le bon endroit où je tiens cachés mes vins du Rhin et mes vins de France... Il n'y a que moi et ma femme qui en ayons la clé.

RANTZAU, à Raton qui ouvre la porte.

C'est prudent. J'ai cru d'abord que c'était là votre caisse.

RATON.

Non vraiment, quoiqu'elle y fût en sûreté. (Frappant sur la porte.) Six pouces d'épaisseur; doublée en fer; et il y a une seconde porte exactement pareille. (Prêt à entrer.) Vous permettez, monsieur le comte?

RANTZAU.

Je vous en prie... je monte au magasin. (Raton est descendu dans le caveau; Rantzau s'avance vers la porte, la ferme et revient tranquillement au bord du théâtre, en disant: C'est un trésor qu'un homme pareil, et les trésors... (Montrant la clé qu'il tient.) il faut les mettre sous clé.

(Il monte par l'escalier qui conduit aux magasins et disparaît.)

SCÈNE XII.

JEAN, MARTHE.

JEAN, paraissant au fond, à la porte de la boutique pendant que le comte monte l'escalier.

Les voici, les voici... c'est superbe à voir, un cortége magnifique... les chefs des corporations avec leurs bannières, et puis de la musique. (*On entend une marche triomphale, et l'on voit paraître la tête du cortége, qui se range au fond du théâtre, dans la rue, en face de la boutique.*) Où est donc notre maître? là-haut, sans doute. (*Courant à l'escalier.*) Notre maître, descendez donc?... on vient vous chercher... m'entendez-vous?

MARTHE, paraissant sur l'escalier avec deux garçons de boutique.

Et qu'est-ce que tu as encore à crier?

JEAN.

Je crie après notre maître.

MARTHE.

Il est en bas.

JEAN.

Il est en haut.

MARTHE.

Je te dis que non.

TOUT LE PEUPLE, *en dehors.*

Vive Burkenstaff! vive notre chef!

JEAN.

Et il n'est pas là... et on va crier sans lui...

(*Aux deux garçons de boutique qui sont descendus.*)

Voyez, vous autres... parcourez la maison...

ACTE II, SCÈNE XII.

LE PEUPLE, en dehors.

Vive Burkenstaff!... qu'il paraisse!... qu'il paraisse!

JEAN, à la porte de la boutique et criant.

Dans l'instant... on a été le chercher, on va vous le montrer. (Parcourant le théâtre.) Ça me fait mal... ça me fait bouillir le sang...

PLUSIEURS GARÇONS, rentrant par la droite.

Nous ne l'avons pas trouvé.

D'AUTRES GARÇONS, redescendant le magasin.

Ni moi non plus... il n'est pas dans la maison.

LE PEUPLE, en dehors, avec des murmures.

Burkenstaff!... Burkenstaff!...

JEAN.

Voilà qu'on s'impatiente, qu'on murmure; et après avoir crié pour lui, on va crier après lui... Où peut-il être?

MARTHE.

Est-ce qu'on l'aurait arrêté de nouveau?

JEAN.

Laissez donc! après les promesses qu'on nous a faites. (Se frappant le front.) Ah! mon Dieu!... ces soldats que j'ai vus rôder autour de la maison... (Courant au fond.) Et la musique du triomphe qui va toujours!... Taisez-vous donc... Il me vient une idée... c'est une horreur... une infamie!...

MARTHE.

Qu'est-ce qui lui prend donc?

JEAN, s'adressant à une douzaine de gens du peuple.

Oui, mes amis, oui, on s'est emparé de notre maître... on s'est assuré de sa personne; et pendant qu'on vous trompait par de belles paroles... il était arrêté.... emprisonné de nouveau.... A nous, mes amis !

LE PEUPLE, se précipitant dans la boutique en brisant les vitrages du fond.

Nous voici !... Vive Burkenstaff !... notre chef... notre ami...

MARTHE.

Votre ami... et vous brisez sa boutique !

JEAN.

Il n'y a pas de mal ! c'est de l'enthousiasme ! et des carreaux cassés... Courons au palais !

TOUS.

Au palais ! au palais !

RANTZAU, paraissant au haut de l'escalier et regardant ce qui se passe.

A la bonne heure, au moins... cela recommence.

TOUS, agitant leurs bannières et leurs bonnets.

A bas Struensée ! Vive Burkenstaff ! qu'on nous le rende ! Burkenstaff pour toujours !

(Tout le peuple sort en désordre avec Jean. Marthe tombe désespérée dans le fauteuil qui est près du comptoir, et Rantzau descend lentement l'escalier en se frottant les mains de satisfaction.)

FIN DU DEUXIÈME ACTE.

ACTE TROISIÈME.

Un appartement dans l'hôtel du comte de Falkenskield. A gauche, un balcon donnant sur la rue. Porte au fond, deux latérales. A gauche, sur le premier plan, une table, des livres, et ce qu'il faut pour écrire.

SCÈNE PREMIÈRE.

CHRISTINE, LE BARON DE GOELHER.

CHRISTINE.

Eh! mais, monsieur le baron, qu'est-ce que cela signifie? qu'y a-t-il donc encore de nouveau?

GOELHER.

Rien, mademoiselle.

CHRISTINE.

Le comte de Struensée vient de s'enfermer dans le cabinet de mon père; ils ont envoyé chercher M. de Rantzau. A quoi bon cette réunion extraordinaire? il y a déjà eu conseil ce matin, et tantôt ces messieurs doivent se trouver ici à dîner.

GOELHER.

Je l'ignore... mais il n'y a rien d'important, rien de sérieux... sans cela j'en aurais été prévenu! ma nouvelle place de secrétaire du conseil m'oblige d'assister à toutes les délibérations.

CHRISTINE.

Ah! vous êtes nommé?

GOELHER.

De ce matin!... sur la proposition de votre père: et la reine a déjà confirmé ce choix. Je viens de la voir ainsi que toutes ces dames, encore un peu troublées de l'algarade de ces bons bourgeois... On craignait d'abord que cela ne dérangeât le bal de demain; grâce au ciel, il n'en est rien; il m'est même venu là-dessus quelques plaisanteries assez heureuses qui ont obtenu l'approbation de sa majesté, et elle a fini par rire de la manière la plus aimable.

CHRISTINE.

Ah! elle a ri!

GOELHER.

Oui, mademoiselle, tout en me félicitant de ma nomination et de mon mariage... et elle m'a dit à ce sujet des choses... (Souriant avec fatuité.) qui donneraient beaucoup à penser à ma vanité, si j'en avais... (A part.) car enfin Struensée ne sera pas éternel... (Haut.) Mais je n'y pense plus... Me voilà lancé dans les affaires d'état, les affaires sérieuses, pour lesquelles j'ai toujours eu du goût... Oui, mademoiselle, il ne faut pas croire, parce que vous me voyez léger et frivole, que je ne puisse pas aussi bien que tout autre... mon Dieu! on peut traiter tout cela en se jouant, en plaisantant... Que j'arrive seulement au pouvoir, et l'on verra!

CHRISTINE.

Vous au pouvoir!...

GOELHER.

Certainement, je puis vous le dire, à vous, en confidence, cela ne tardera peut-être pas. Il faut que le Danemarck se rajeunisse, c'est l'avis de la reine, de Struensée, de votre père... et si l'on peut éliminer ce vieux comte de Rantzau, qui n'est plus bon à rien, et que l'on garde parce que son ancienne réputation d'habilité impose encore aux cours étrangères... j'ai la promesse formelle d'être nommé à sa place, et vous sentez que M. de Falkenskield et moi... le beau-père et le gendre à la tête des affaires... nous mènerons cela autrement... Ce matin par exemple, je les voyais tous effrayés, cela me faisait sourire: si l'on m'avait laissé faire, je vous réponds bien qu'en un instant...

CHRISTINE, écoutant.

Taisez-vous!

GOELHER.

Qu'est-ce donc?

CHRISTINE.

Il m'avait semblé entendre dans le lointain des cris confus.

GOELHER.

Vous vous trompez.

CHRISTINE.

C'est possible.

GOELHER.

Des gens du peuple qui se disputent... ou se battent dans la rue; ne voulez-vous pas les priver de ce plaisir-là? ce serait cruel, ce serait tyrannique; et nous avons à parler de choses bien plus importantes, de notre mariage, dont je n'ai pas encore pu vous dire un mot, et du bal de demain, et de la corbeille, qui ne sera peut-être pas achevée... car je ne vois que cela de terrible dans les émeutes et les révoltes, c'est que les ouvriers nous font attendre, et que rien n'est prêt.

CHRISTINE.

Ah! vous n'y voyez que cela de fâcheux... vous êtes bien bon... moi qui ce matin me suis trouvée au milieu du tumulte...

GOELHER.

Est-il possible !

CHRISTINE.

Oui, monsieur, et sans le courage et la générosité de M. Éric Burkenstaff qui m'a protégée et reconduite jusqu'ici.

GOELHER.

M. Éric !... et de quoi se mêle-t-il? et depuis quand lui est-il permis de vous protéger?... voilà à coup sûr une prétention encore plus étrange que celle de monsieur son père.

JOSEPH, entrant et restant au fond.

Une lettre pour monsieur le baron.

GOELHER.

De quelle part?

JOSEPH.

Je l'ignore... celui qui l'a apportée est un jeune militaire, un officier, qui attend en bas la réponse.

CHRISTINE.

C'est quelque rapport sur ce qui se passe.

GOELHER,

Probablement... (Lisaut.) « Je porte une épaulette; « monsieur le baron de Gœlher ne peut plus me refu- « ser une satisfaction qu'il me faut à l'instant. Quoi- « que insulté, je lui laisse le choix des armes et l'at- « tends aux portes de ce palais avec des pistolets et « une épée. — ÉRIC BURKENSTAFF, lieutenant au 6ᵉ d'infanterie. » (A part.) Quelle insolence !

CHRISTINE.

Eh bien ! qu'y a-t-il ?

GOELHER.

Ce n'est rien. (Au domestique.) Laissez-nous... dites que plus tard... je verrai... (A part.) Encore une leçon à donner.

CHRISTINE.

Vous voulez me le cacher... il y a quelque chose... il y a du danger... j'en suis sûre à votre trouble,

GOELHER.

Moi, troublé !

CHRISTINE.

Eh bien ! montrez-moi ce billet et je vous croirai.

GOELHER.

Impossible, vous dis-je !

CHRISTINE, se retournant et apercevant Koller.

Le colonel Koller ! il sera moins discret, je l'espère, et je saurai par lui...

SCÈNE II.

CHRISTINE, GOELHER, KOLLER.

CHRISTINE.

Parlez, colonel; qu'y-a-t-il?

KOLLER.

Que l'insurrection que l'on croyait apaisée recommence avec plus de force que jamais.

CHRISTINE, à Goelher.

Vous le voyez... (A Koller.) Et comment cela?

KOLLER.

On accuse la cour, qui avait promis la liberté de Burkenstaff, de l'avoir fait disparaître pour s'exempter de tenir cette promesse.

GOELHER.

Eh! mais, ce ne serait pas déjà si maladroit!

CHRISTINE.

Y pensez-vous?

(Elle court à la croisée, qu'elle ouvre, et regarde, ainsi que Goelher.)

KOLLER, à part et seul sur le devant.

En attendant, nous en avons profité pour soulever le peuple. Herman et Christian, mes deux émissaires, se sont chargés de ce soin, et j'espère que la reine-mère sera contente. Nous voilà sûrs de réussir sans que ce maudit comte de Rantzau y soit pour rien.

CHRISTINE, regardant à la fenêtre.

Voyez, voyez là-bas! la foule se grossit et s'augmente, ils entourent le palais, dont on vient de fermer les portes... Ah! cela me fait peur!

(Elle referme la fenêtre.)

GOELHER.

C'est-à-dire que c'est inouï... Et vous, colonel, vous restez là?

KOLLER.

Je viens prendre les ordres du conseil, qui m'a fait appeler et j'attends.

GOELHER.

Mais c'est qu'on devrait se hâter... La reine et toutes ces dames vont être effrayées, j'en suis certain... et l'on ne pense à rien... on devrait prendre des mesures.

CHRISTINE.

Et lesquelles?

GOELHER, troublé.

Lesquelles?... Il doit y en avoir... il est impossible qu'il n'y en ait pas!

CHRISTINE.

Mais enfin, vous, monsieur, que feriez-vous?

GOELHER, perdant la tête.

Moi!... Écoutez donc... vous me demandez là à l'improviste... Je ne sais pas.

CHRISTINE.

Mais vous disiez tout à l'heure...

GOELHER.

Certainement... si j'étais ministre... mais je ne le suis pas... je ne le suis pas encore... cela ne me regarde pas; et il est inconcevable que les gens qui sont à la tête des affaires, des gens qui devraient gouverner... Que diable! dans ce cas-là, on ne s'en mêle pas... Voilà mon avis... c'est le seul, et si j'étais de la reine, je leur apprendrais...

SCÈNE III.

CHRISTIN, GOELHER, RANTZAU, ENTRANT PAR LA PORTE DU FOND; KOLLER.

GOELHER, courant à lui avec empressement.

Ah! monsieur le comte, venez rassurer mademoiselle, qui est dans un effroi... j'ai beau lui répéter que ce ne sera rien... elle est tout émue, toute troublée.

RANTZAU, froidement et le regardant.

Et vous partagez bien vivement ses peines... cela doit être... un amant bien épris. (Apercevant Koller.) Ah vous voilà, colonel?

KOLLER.

Je viens prendre les ordres du conseil.

GOELHER, vivement.

Qu'a-t-il décidé?

RANTZAU, froidement.

On a beaucoup parlé, délibéré; Struensée voulait qu'on entrât en arrangement avec le peuple.

GOELHER, vivement et avec approbation.

Il a raison! pourquoi l'a-t-on mécontenté?

RANTZAU.

M. de Falkenskield, qui est pour l'énergie, voulait d'autres argumens; il voulait faire avancer de l'artillerie.

GOELHER, de même.

Au fait! c'est le moyen d'en finir; il n'y a que celui-là.

RANTZAU.

Moi, j'étais d'un avis qui a d'abord été généralement repoussé, et qui forcément a fini par prévaloir.

KOLLER, CHRISTINE ET GOELHER.

Et quel est-il?

RANTZAU, froidement.

De ne rien faire... c'est ce qu'ils font.

GOELHER.

Ils n'ont peut-être pas tort, parce que enfin, quand le peuple aura bien crié...

RANTZAU.

Il se lassera.

GOELHER.

C'est ce que j'allais dire.

KOLLER.

Il fera comme ce matin.

RANTZAU, s'asseyant.

Oh! mon Dieu, oui.

GOELHER, se rassurant.

N'est-il pas vrai?... Il brisera les vitres, et voilà tout.

KOLLER.

C'est ce qu'ils ont déjà fait à tous les hôtels des ministres, (A Goelher.) ainsi qu'au vôtre, monsieur.

GOELHER.

Eh bien! par exemple!

RANTZAU.

Quant au mien, je suis tranquille; je les en défie bien.

GOELHER.

Et pourquoi cela?

RANTZAU.

Parce que, depuis la dernière émeute, je n'ai pas fait remettre un seul carreau aux fenêtres de mon hôtel. Je me suis dit: Ça servira pour la première fois.

CHRISTINE, écoutant près de la fenêtre.

Cela se calme, cela s'apaise un peu.

GOELHER.

J'en étais sûr! Il ne faut pas s'effrayer de toutes ces clameurs-là. Et qu'en dit mon oncle, le ministre de la marine?

RANTZAU, froidement.

Nous ne l'avons pas vu. (Avec ironie.) Son indisposition, qui n'était que légère, a pris depuis les derniers troubles un caractère assez grave. C'est comme une fatalité; dès qu'il y a émeute, il est au lit, il est malade!

GOELHER, avec intention.

Et vous, vous vous portez bien?

RANTZAU, souriant.

C'est peut-être ce qui vous fâche. Il y a des gens que ma santé met de mauvaise humeur et qui voudraient me voir à l'extrémité.

GOELHER.

Eh! qui donc?

ACTE III, SCÈNE III.

RANTZAU, toujours assis et d'un air goguenard.

Eh! mais, par exemple, ceux qui espèrent hériter de moi.

GOELHER.

Il y en a qui pourraient hériter de votre vivant.

RANTZAU, le regardant froidement.

Monsieur de Gœlher, vous qui, en qualité de conseiller, avez fait votre droit, avez-vous lu l'article 302 du Code danois?

GOELHER.

Non, monsieur.

RANTZAU, de même.

Je m'en doutais. Il dit qu'il ne suffit pas qu'une succession soit ouverte, il faut encore être apte à succéder.

GOELHER.

Et à qui s'adresse cet axiome?

RANTZAU, de même.

A ceux qui manquent d'aptitude.

GOELHER.

Monsieur, vous le prenez bien haut!

RANTZAU, se levant et sans changer de ton.

Pardon!... Allez-vous demain au bal de la reine?

GOELHER, avec colère.

Monsieur!...

RANTZAU.

Dansez-vous avec elle?... Les quadrilles sont-ils de votre composition?

GOELHER.

Je saurai ce que signifie ce persifflage.

RANTZAU.

Vous m'accusiez de le prendre trop haut !... Je descends ; je me mets à votre portée.

GOELHER.

C'en est trop !

CHRISTINE, près de la croisée.

Taisez-vous donc ! je crois que cela recommence.

GOELHER, avec effroi et remontant le théâtre.

Encore ! Est-ce que cela n'en finira pas ?... c'est insupportable !

CHRISTINE.

Ah ! mon Dieu ! tout est perdu !... Ah ! mon père !...

SCÈNE IV.

KOLLER, A L'EXTRÉMITÉ DU THÉATRE, A GAUCHE ; GOELHER, CHRISTINE, FALKENSKIELD, RANTZAU, A L'EXTRÉMITÉ, A DROITE.

FALKENSKIELD.

Rassurez-vous ! ces cris que l'on entend dans le lointain n'ont plus rien d'effrayant.

GOELHER.

Je le disais bien... cela ne pouvait pas durer !

CHRISTINE.

Tout est donc terminé ?

FALKENSKIELD.

Pas encore ! mais cela va mieux.

RANTZAU et KOLLER, chacun à part, et d'un air fâché.

Ah ! mon Dieu !...

FALKENSKIELD.

On avait beau répéter à la multitude que l'on n'avait pas attenté à la liberté de Burkenstaff, que lui-même, sans doute par prudence ou par modestie, avait voulu se dérober aux honneurs qu'on lui préparait, et se soustraire à tous les regards...

RANTZAU.

Au moment d'un triomphe, ce n'est guère vraisemblable.

FALKENSKIELD.

Je ne dis pas non ; aussi on aurait eu peut-être de la peine à convaincre ses partisans, sans l'arrivée d'un régiment d'infanterie, sur lequel nous ne comptions pas, et qui, pour se rendre à sa nouvelle garnison, traversait Copenhague tambour battant et enseignes déployées. Sa présence inattendue a changé la disposition des esprits; on a commencé à s'entendre, et, sur les assurances réitérées qu'on ne négligerait rien pour rechercher et découvrir Raton Burkenstaff, chacun s'est retiré chez soi, excepté quelques individus qui semblaient prendre à tâche d'exciter et de continuer le désordre.

KOLLER, à part.

Ce sont les nôtres!

FALKENSKIELD.

On s'en est emparé.

KOLLER, à part.

O ciel!

FALKENSKIELD.

Et comme, cette fois, il faut en finir...

GOELHER.

C'est ce que je répète depuis ce matin.

FALKENSKIELD.

Comme il ne faut plus que de pareilles scènes se renouvellent, nous sommes décidés à prendre des mesures sévères.

RANTZAU.

Quels sont ceux qu'on est parvenu à saisir?

FALKENSKIELD.

Des gens obscurs, inconnus...

KOLLER.

Sait-on leurs noms?

FALKENSKIELD.

Herman et Christian.

KOLLER, à part.

Les maladroits!

FALKENSKIELD.

Vous comprenez que ces misérables n'agissaient pas d'eux-mêmes, qu'ils avaient reçu des instructions et de l'argent; et ce qu'il nous importe de savoir, ce sont les gens qui les font agir.

RANTZAU, regardant Koller.

Les nommerons-ils?

FALKENSKIELD.

Sans doute!... leur grâce s'ils parlent, et fusillés s'ils se taisent. (A Rantzau.) Je viens vous prendre pour les interroger et arriver par-là à la découverte d'un complot...

KOLLER, s'avançant vers Falkenskield.

Dont je crois tenir déjà quelques ramifications.

ACTE III, SCÈNE IV.

FALKENSKIELD.

Vous, Koller!...

KOLLER.

Oui, monseigneur. (A part.) Il n'y a que ce moyen de me sauver.

RANTZAU.

Et pourquoi ne pas nous avoir fait part plus tôt de vos lumières à ce sujet?

KOLLER.

Je n'ai de certitude que d'aujourd'hui, et je m'étais empressé d'accourir. J'attendais la fin du conseil pour parler au comte Struensée; mais, puisque vous voilà, messeigneurs...

FALKENSKIELD.

C'est bien... nous sommes prêts à vous entendre.

CHRISTINE, qui était au fond avec Gœlher, a redescendu le théâtre de quelques pas.

Je me retire, mon père.

FALKENSKIELD.

Oui, pour quelques instans.

CHRISTINE.

Messieurs.

(Elle leur fait la révérence, sort par la porte à gauche; Gœlher la reconduit par la main jusque-là, et se dispose à sortir par le fond.)

SCÈNE V.

KOLLER, GOELHER, FALKENSKIELD, RANTZAU.

FALKENSKIELD, à Gœlher qui veut se retirer.

Restez, mon cher; comme secrétaire du conseil, vous avez droit d'assister à cette séance.

RANTZAU, gravement.

Où vos talens et votre expérience nous seront d'un grand secours... (À part et regardant Koller.) Notre homme a l'air assez embarrassé; en tout cas, veillons sur lui et tâchons qu'il se tire de là sans compromettre ni la reine-mère, ni des amis qui plus tard peuvent servir.

(Pendant cet aparté, Gœlher et Falkenskield ont pris des chaises et se sont assis à droite du théâtre.)

FALKENSKIELD.

Parlez, colonel... donnez-nous toujours les renseignemens qui sont en votre pouvoir et que plus tard nous communiquerons au conseil.

(Koller est debout à gauche, puis Gœhler; Falkenskield et Rantzau sont assis à droite.)

KOLLER, cherchant ses phrases.

Depuis long-temps, messieurs, je soupçonnais contre la reine Mathilde et les membres de la régence un complot que plusieurs indices me faisaient pressentir, mais dont je ne pouvais obtenir aucune preuve réelle. Pour y parvenir, j'ai tâché de gagner la confiance de quelques-uns des principaux chefs; je me suis plaint, j'ai fait le mécontent, je leur ai laissé voir que je n'étais pas éloigné de conspirer; je leur ai même proposé de le faire...

GOELHER.

C'est ce qui s'appelle de l'adresse...

RANTZAU, froidement.

Oui, ça peut s'appeler comme cela... si on veut!

KOLLER, à Falkenskield.

Ma ruse a obtenu le succès que je désirais, car ce matin on est venu me proposer d'entrer dans un complot qui aura lieu ce soir même... pendant le dîner que vous devez donner aux ministres, vos collègues.

GOELHER.

Voyez-vous cela!...

KOLLER.

Les conjurés doivent s'introduire dans l'hôtel, sous divers déguisemens, et, pénétrant dans la salle à manger, s'emparer de tout ce qu'ils y trouveront.

FALKENSKIELD.

Est-il possible?

GOELHER.

Même de ceux qui ne sont pas ministres?... quelle horreur!... (A Rantzau.) Et vous ne frémissez point!...

RANTZAU, froidement.

Pas encore. (A Koller.) Êtes-vous bien sûr, colonel, de ce que vous nous dites là?

KOLLER.

J'en suis sûr... c'est-à-dire... je suis sûr qu'on me l'a proposé... et je m'empressais de vous en prévenir...

RANTZAU, cherchant à l'aider.

C'est bien... mais vous ne connaissez pas les gens qui vous ont fait cette proposition ?

KOLLER.

Si vraiment... Ce sont Herman et Christian, ceux-là même que l'on vient d'arrêter... et qui ne manqueront pas de s'en défendre... ou de m'accuser... mais, par bonheur... j'ai là des preuves; cette liste écrite... sous leur dictée.

FALKENSKIELD, la prenant vivement.

La liste des conjurés.

(Il la parcourt.)

RANTZAU, avec compassion et à part.

D'honnêtes conspirateurs sans doute... pauvres gens !... Fiez-vous donc à des lâches comme celui-là... qui au premier danger vous livrent pour se sauver.

FALKENSKIELD, lui remettant la liste.

Tenez... Eh bien ! qu'en dites-vous ?

RANTZAU.

Je dis que je ne vois dans tout cela rien encore de bien positif. Tout le monde peut faire une liste de conjurés; cela ne prouve pas qu'il y ait conspiration ! Il faut en outre un but ; il faut un chef.

FALKENSKIELD.

Et ne voyez-vous pas que le chef... c'est la reine-mère, c'est Marie-Julie ?

RANTZAU.

Rien ne le démontre; et à moins que le colonel... (appuyant) n'ait des preuves... positives... personnelles...

ACTE III, SCÈNE V.

KOLLER.

Non, monseigneur.

RANTZAU, à part.

C'est bien heureux!... voilà la première fois que cet imbécile-là m'a compris!

GOELHER.

Alors cela devient très délicat.

RANTZAU.

Sans doute. (Montrant la liste.) Il y a là des gens de distinction, des gens de naissance... Les condamnerez-vous de confiance et sur parole, parce qu'il a plu à messieurs Herman et Christian de faire une confidence à monsieur Koller... confidence, du reste, fort bien placée... Mais enfin, et monsieur le baron, qui connaît les lois, vous dira comme moi, que là (avec intention.) où il n'y a point commencement d'exécution, il n'y a pas de coupable.

GOELHER.

C'est juste!

FALKENSKIELD se lève vivement, Rantzau en fait autant.

Eh bien!... laissons-leur exécuter leur complot... Que rien ne transpire, colonel, de l'aveu que vous venez de nous faire; que rien ne soit changé à ce repas, qu'il ait toujours lieu; que des soldats soient cachés dans l'hôtel, dont les portes resteront ouvertes...

RANTZAU, à part.

Et allons donc!... on a bien de la peine à lui faire arriver une idée.

FALKENSKIELD.

Et dès qu'un des conjurés se présentera, qu'on le laisse entrer, et qu'un instant après l'on s'en empare. Sa présence chez moi à une pareille heure, les armes dont il sera muni, seront, j'espère, des preuves irrécusables.

RANTZAU.

A la bonne heure!

GOELHER, avec finesse.

Je comprends votre idée... mais maintenant que nous les tenons, si par malheur ils ne venaient pas?...

RANTZAU.

C'est qu'on aura trompé le colonel; c'est qu'il n'y avait ni conjuration, ni conjurés.

FALKENSKIELD, haussant les épaules.

Laissez donc!

(Il va à la table à gauche et écrit pendant que Koller remonte le théâtre et se tient au milieu un peu au fond.)

RANTZAU, à part.

Et il n'y en aura pas; faisons prévenir la reine-mère qu'ils aient à rester chez eux. Encore une conspiration tombée dans l'eau! (Regardant Koller.) C'est lui qui les trahit, et c'est moi qui les sauve! (Haut.) Adieu, messieurs, je retourne près de Struensée.

FALKENSKIELD, qui pendant ce temps s'est assis à la table et écrit un ordre.

(A Gœlher.) Cet ordre au gouverneur... (A Rantzau.) Vous nous revenez... je l'espère?

RANTZAU.

Je le crois bien; je ne peux plus maintenant dîner ailleurs que chez vous, j'y suis engagé d'honneur; je vais seulement rendre compte à son excellence de la belle conduite du colonel Koller; car enfin, si ces braves gens-là ne sont pas arrêtés, ce n'est pas sa faute... il aura fait tout ce qu'il fallait pour cela, et on lui doit une récompense.

FALKENSKIELD.

Qu'il aura.

RANTZAU, avec intention.

S'il y a une justice sur terre... je m'en chargerais plutôt.

KOLLER, s'inclinant.

Monsieur le comte, quels remerciemens...

RANTZAU, avec mépris.

Oui, vous m'en devriez peut-être, mais je vous en dispense.

(Il sort.)

KOLLER, à part, redescendant le théâtre.

Mandit homme! on ne sait jamais s'il est pour ou contre vous. (Saluant.) Messieurs...

GOELHER.

Je vous suis, colonel. (A Falkenskield.) Cet ordre au gouverneur, et je cours raconter à la reine ce que nous avons décidé et ce que nous avons fait.

(Il sort avec Koller par la porte du fond.)

SCÈNE VI.

FALKENSKIELD, SEUL, RIANT EN LUI-MÊME.

Tous ces gens-là sont faibles, irrésolus; et si on n'avait pas de l'énergie pour eux, si on ne les menait pas... ce comte de Rantzau surtout, ne voyant de coupables nulle part, et n'osant condamner personne; flottant, indécis, bon homme du reste, qui nous cédera volontiers sa place dès qu'il nous la faudra pour mon gendre... et ce ne sera pas long.

SCÈNE VII.

CHRISTINE, SORTANT DE LA PORTE A GAUCHE, FALKENSKIELD.

CHRISTINE.

Descendez-vous au salon, mon père?

FALKENSKIELD.

Oui, dans l'instant.

CHRISTINE.

A la bonne heure; car vos convives vont arriver; et quand vous me laissez seule pour faire les honneurs, c'est si pénible! aujourd'hui surtout, où je ne me sens pas bien.

FALKENSKIELD.

Et pourquoi?

CHRISTINE.

Sans doute les émotions de la journée.

FALKENSKIELD.

S'il en est ainsi, rassure-toi; je te dispense de descendre au salon, et même d'assister à ce dîner.

CHRISTINE.

Dites-vous vrai?

FALKENSKIELD.

Je l'aime mieux, parce qu'il pourrait arriver tel évènement... et au milieu de tout cela une femme s'effraie, se trouve mal...

CHRISTINE.

Que voulez-vous dire?

FALKENSKIELD.

Rien; tu n'as pas besoin de savoir...

CHRISTINE.

Parlez, parlez sans crainte... je devine... ce repas avait pour but de célébrer des fiançailles, qui seront différées, qui peut-être même n'auront pas lieu; et si c'est là ce que vous redoutez de m'apprendre...

FALKENSKIELD, froidement.

Du tout, le mariage aura lieu.

CHRISTINE.

O ciel!

FALKENSKIELD, lentement et la regardant.

Rien n'est changé; et à ce sujet, ma fille, un mot..

CHRISTINE, baissant les yeux.

Je vous écoute, monsieur.

FALKENSKIELD.

Les affaires d'état n'absorbent pas tellement mes

pensées que je n'aie encore le loisir d'observer ce qui se passe chez moi ; et, il y a quelque temps, j'ai cru m'apercevoir qu'un jeune homme sans naissance, un homme de rien, à qui mes bontés avaient donné accès dans cette maison, osait en secret vous aimer... (Mouvement de Christine.) Le saviez-vous, Christine ?

CHRISTINE.

Oui, mon père.

FALKENSKIELD.

Je l'ai congédié ; et, quels que soient ses talens, son mérite personnel, que je vous ai entendue élever beaucoup trop haut... je vous déclare ici, et vous savez si mes résolutions sont fortes et énergiques, que, mon existence dût-elle en dépendre, je ne consentirais jamais...

CHRISTINE.

Rassurez-vous, mon père ; je sais que l'idée seule d'une mésalliance ferait le malheur de votre vie, et, je vous le promets, ce n'est pas vous qui serez malheureux.

FALKENSKIELD prend la main de sa fille, puis, après un instant de silence, lui dit :

Voilà le courage que je te voulais... Je te laisse... je t'excuserai près de ces messieurs ; je leur dirai que tu es souffrante, indisposée, et je crains que ce ne soit la vérité ; reste là dans ton appartement ; et, quoi qu'il arrive ce soir, quelque bruit que tu puisses entendre, garde-toi d'en sortir... Adieu.

(Il sort.)

SCÈNE VIII.

CHRISTINE, SEULE, LAISSANT ÉCLATER SES LARMES.

Ah!... il est parti!... je peux enfin pleurer!... pauvre Éric! tant de dévouement, tant d'amour, c'est ainsi qu'il en sera récompensé!... l'oublier! et pour qui? Mon Dieu! que le ciel est injuste! pourquoi ne lui a-t-il pas donné le rang et la naissance dont il était digne? alors il m'eût été permis d'aimer les vertus qui brillent en lui, alors on eût approuvé mon choix... tandis que maintenant y penser même est un crime!... mais ce jour du moins m'appartient encore, je ne me suis pas donnée, je suis libre; et puisque je ne dois plus le revoir...

SCÈNE IX.

CHRISTINE; ÉRIC, ENVELOPPÉ D'UN MANTEAU ET ENTRANT PAR LA PORTE A DROITE.

ÉRIC, entrant vivement.

Ils ont perdu mes traces.

CHRISTINE.

O ciel!

ÉRIC, se retournant.

Ah! Christine!

CHRISTINE.

Qui vous amène? d'où vous vient tant d'audace?

et de quel droit, monsieur, osez-vous pénétrer jusqu'ici?

ÉRIC.

Pardon! pardon mille fois!... tout à l'heure, au moment où, couvert de ce manteau, je me glissais dans l'hôtel, des gens que je ne crois pas être de la maison se sont élancés sur moi; je me suis dégagé de leurs mains; et, connaissant mieux qu'eux les détours de cet hôtel, je suis arrivé jusqu'à cet escalier, d'où je n'ai plus entendu le bruit de leurs pas.

CHRISTINE.

Mais dans quel dessein vous introduire ainsi dans la maison de mon père? pourquoi ce mystère? ce manteau... ces armes que j'aperçois? parlez, monsieur, je le veux... je l'exige.

ÉRIC.

Demain je pars; le régiment où je sers quitte le Danemarck... J'ai adressé à M. de Gœlher un billet qui demandait une prompte réponse; et comme elle n'arrivait pas, je suis venu la chercher.

CHRISTINE.

O ciel!... un défi... j'en suis sûre! le délire vous égare! vous allez vous perdre!

ÉRIC.

Qu'importe! si j'empêche votre mariage! Je ne connais que ce moyen, je n'en ai pas d'autre.

CHRISTINE.

Éric!... si j'ai sur vous quelque pouvoir, vous ne repousserez pas ma prière, vous renoncerez à votre projet, vous n'irez pas insulter M. de Gœlher et provoquer un éclat terrible pour vous... et pour moi, monsieur!... oui, c'est ma réputation que je vous confie, que je remets sous la sauvegarde de votre honneur... Ai-je tort d'y compter?

ÉRIC.

Ah! que me demandez-vous?... de vous sacrifier tout... jusqu'à ma vengeance!... et vous seriez à un autre!... et vous appartiendriez à celui que j'aurais épargné!...

CHRISTINE.

Non, je vous le jure!

ÉRIC.

Que dites-vous?

CHRISTINE.

Que si vous vous rendez à mes prières, je refuserai ce mariage, je resterai libre; je veux l'être... oui, je vous le jure ici, je n'appartiendrai ni à M. de Gœlher, ni à vous.

ÉRIC.

Christine!

CHRISTINE.

Vous connaissez maintenant tout ce qui se passe dans mon cœur; nous ne nous verrons plus, nous serons séparés; mais vous saurez du moins que vous n'êtes pas seul à souffrir, et que, ne pouvant être à vous, je ne serai à personne.

ÉRIC, avec joie.

Ah! je ne puis y croire encore.

CHRISTINE.

Partez maintenant... depuis trop long-temps déjà

vous êtes en ces lieux; n'exposez pas les seuls biens qui me restent, mon honneur, ma réputation; je n'ai plus que ceux-là, et, s'il fallait les perdre ou les voir compromis... j'aimerais mieux mourir!

ÉRIC.

Et moi, plutôt perdre la vie que de vous exposer au moindre soupçon; ne craignez rien, je m'éloigne. (Il ouvre la porte à droite par laquelle il est entré.) O ciel! il y a des soldats au bas de cet escalier.

CHRISTINE.

Des soldats!

ÉRIC, montrant la porte du fond.

Mais par ici du moins...

CHRISTINE, le retenant.

Non pas, entendez-vous ce bruit? (Écoutant près de la porte du fond.) On monte... c'est la voix de mon père,.. plusieurs voix lui répondent... ils viennent tous... et si l'on vous trouve ici, seul avec moi, je suis perdue!...

ÉRIC.

Perdue!... oh non! je vous en réponds aux dépens de mes jours (Montrant la porte à gauche.) Là.

CHRISTINE.

O ciel! mon appartement!

(La porte s'est refermée; Christine entend monter par la porte du fond; elle s'élance vers la table à gauche, y prend un livre et s'assied.)

SCÈNE X.

CHRISTINE, GOELHER, FALKENSKIELD; KOLLER
UN PEU AU FOND, AVEC QUELQUES SOLDATS; RANTZAU,
PLUSIEURS SEIGNEURS ET DAMES; DES SOLDATS QUI RESTENT
AU FOND, EN DEHORS.

FALKENSKIELD.

Cet endroit de l'hôtel est le seul qu'on n'ait pas visité; ils ne peuvent être qu'ici.

CHRISTINE.

Eh! mon Dieu, qu'y a-t-il?

GOELHER.

Un complot tramé contre nous.

FALKENSKIELD.

Et dont je voulais t'éviter la connaissance; un homme s'est introduit dans l'hôtel.

GOELHER.

Les gardes qui étaient postés dans la première cour disent en avoir vu se glisser trois.

RANTZAU.

D'autres disent en avoir vu sept!... de sorte qu'il pourrait bien n'y avoir personne.

FALKENSKIELD.

Il y en avait au moins un et il était armé; témoin le pistolet qu'il a laissé tomber dans la seconde cour en s'enfuyant; du reste, et si, comme je le pense, il a cherché asile dans ce pavillon, il n'a pu y pénétrer que par cet escalier dérobé, et je suis étonné que tu ne l'aies pas vu.

CHRISTINE, avec émotion.

Non, vraiment.

FALKENSKIELD.

Ou que du moins tu n'aies rien entendu.

CHRISTINE, dans le plus grand trouble.

Tout à l'heure, en effet, et pendant que j'étais à lire, j'ai cru entendre traverser cette pièce; on se dirigeait vers le salon, et c'est là sans doute...

GOELHER.

Impossible, nous en venons; et s'il n'y avait pas des soldats au bas de cet escalier, je croirais qu'il y est encore.

FALKENSKIELD.

Peut-être bien !... voyez, Koller.

(Faisant signe à deux soldats, qui ouvrent la porte à droite et disparaissent avec Koller.)

RANTZAU, à part sur le devant du théâtre à droite.

Quelque maladroit, quelque conspirateur en retard qui n'aura pas reçu contre-ordre et qui sera venu seul au rendez-vous?

KOLLER, entrant et restant au fond.

Personne !

RANTZAU, à part.

Tant mieux !

KOLLER.

Et je ne conçois pas par quel hasard ils ont changé de plan.

RANTZAU, à part, souriant.

Le hasard! les sots y croient tous !

FALKENSKIELD, à Gœlher et à quelque soldats, montrant l'appartement à gauche.

Il n'y a plus que cet appartement.

CHRISTINE.

Le mien! y pensez-vous?

FALKENSKIELD.

N'importe, entrez-y!

(Gœlher, Koller et quelques soldats se présentent à la porte de la chambre, qui s'ouvre tout à coup, et Éric paraît.)

SCÈNE XI.

CHRISTINE, À GAUCHE SUR LE DEVANT DU THÉATRE ET S'APPUYANT SUR LA TABLE QUI EST PRÈS D'ELLE; ÉRIC, QUI VIENT D'OUVRIR LA PORTE A GAUCHE; GOELHER, KOLLER, AU MILIEU ET UN PEU AU FOND; FALKENSKIELD ET RANTZAU, SUR LE DEVANT, A DROITE.

TOUS, apercevant Éric.

O ciel!

CHRISTINE.

Je me meurs!

ÉRIC.

Me voici, je suis celui que vous cherchez.

FALKENSKIELD, avec colère.

Éric Burkenstaff dans l'appartement de ma fille!

GOELHER.

Au nombre des conjurés!

ÉRIC, regardant Christine qui est près de se trouver mal.

Oui, j'étais des conjurés! (Avec force et s'avançant au milieu du théâtre.) Oui, je conspirais!

TOUS.

Est-il possible!

KOLLER, redescendant le théâtre.

Je n'en savais rien!...

RANTZAU.

Et lui aussi!

KOLLER, à part.

Il sait tout; s'il parle, je suis compromis.

(Pendant cet aparté Falkenskield a fait signe à Gœlber de se mettre à la table à gauche et d'écrire. Il se retourne alors vers Éric, qu'il interroge.)

FALKENSKIED.

Où sont vos complices? quels sont-ils?

ÉRIC.

Je n'en ai pas.

KOLLER, bas à Éric.

C'est bien!

(Il s'éloigne vivement. Éric le regarde avec étonnement et se rapproche du Rantzau.)

RANTZAU, fait à Éric un geste de tête approbatif et dit à part.

Ce n'est pas un lâche, celui-là.

FALKENSKIELD, à Gœlber.

Vous avez écrit? *(Se retournant vers Éric.)* Point de complices?... c'est impossible; les troubles dont votre père a été aujourd'hui la cause ou le prétexte, les armes que vous portiez, prouvent un projet dont nous avions déjà la connaissance; vous vouliez attenter à la liberté des ministres, à leurs jours peut-être: et ce projet, vous ne pouviez l'exécuter seul.

ÉRIC.

Je n'ai rien à répondre et vous ne saurez rien de

moi, sinon que je conspirais contre vous; oui, je voulais briser le joug honteux sous lequel gémissent le roi et le Danemarck; oui, il est parmi vous des gens indignes du pouvoir; des lâches que j'ai défiés en vain.

GOELHER, toujours à table.

Je donnerai là-dessus des explications au conseil.

FALKENSKIELD.

Silence, Gœlher! et puisque monsieur Éric convient qu'il était d'une conspiration...

ÉRIC, avec force.

Oui!

CHRISTINE, à Falkenskield.

Il vous trompe, il vous abuse.

ÉRIC.

Non, mademoiselle; ce que je dis, je dois le dire; je suis trop heureux de l'avouer tout haut, (avec intention et la regardant.) et de donner au parti que je sers ce dernier gage de dévouement.

KOLLER, bas à Rantzau.

C'est un homme perdu et son parti aussi.

RANTZAU, à part et seul à la droite du spectateur.

Pas encore! c'est le moment, je crois, de délivrer Burkenstaff; maintenant qu'il s'agit de son fils, il faudra bien qu'il se montre de nouveau, et cette fois enfin...

(Il se retourne vers Falkenskield et Gœlher qui se sont approchés de lui.)

FALKENSKIELD, donnant à Rantzau le papier que lui a remis Gœlber, et s'adressant à Éric.

Telle est décidément votre déclaration?

ÉRIC.

Oui, j'ai conspiré, oui, je suis prêt à le signer de mon sang; vous ne saurez rien de plus.

(Gœlher, Falkenskield et Rantzau semblent à ce mot délibérer tous trois ensemble à droite. Pendant ce temps Christine, qui est à gauche près d'Éric lui dit à voix basse.)

CHRISTINE.

Vous vous perdez, il y va de vos jours.

ÉRIC, de même.

Qu'importe? vous ne serez pas compromise, et je vous l'avais juré.

FALKENSKIELD, cessant de causer avec ses collègues, et s'adressant à Koller et aux soldats qui sont derrière lui, leur dit en montrant Éric:

Assurez-vous de lui.

ÉRIC.

Marchons !

RANTZAU, à part.

Pauvre jeune homme ! (Prenant une prise de tabac.) Tout va bien.

(Des soldats emmènent Éric par la porte du fond; la toile tombe.

FIN DU TROISIÈME ACTE.

ACTE QUATRIÈME.

L'appartement de la reine-mère dans le palais de Christianborg. Deux portes latérales. Porte secrète à gauche. A droite, un guéridon couvert d'un riche tapis.

SCÈNE PREMIÈRE.

LA REINE, SEULE A DROITE ASSISE PRÈS DU GUÉRIDON.

Personne! personne encore! Je suis d'une inquiétude que chaque instant redouble, et je ne conçois rien à ce billet adressé par une main inconnue. (Lisant.) « Malgré le contre-ordre donné par vous, un des con-« jurés a été arrêté hier soir dans l'hôtel de Falkens-« kield. C'est le jeune Éric Burkenstaff. Voyez son « père et faites-le agir, il n'y a pas de temps à per-« dre. » Éric Burkenstaff arrêté comme conspirateur! Il était donc des nôtres! Pourquoi alors Koller ne m'en a-t-il pas prévenu? Depuis hier je ne l'ai pas vu; je ne sais pas ce qu'il devient. Pourvu que lui aussi ne soit pas compromis; lui le seul ami sur lequel je puisse compter; car je viens de voir le roi; je lui ai parlé, espérant m'en faire un appui; mais sa tête est plus faible que jamais : à peine s'il a pu me comprendre ou me reconnaître. Et si ce jeune homme, intimidé par leurs menaces, nomme les chefs de la conspiration, s'il me trahit... Oh! non; il a du cœur, du courage. Mais son père! son père qui ne vient pas et qui maintenant est mon seul espoir! Je lui ai fait dire de m'apporter les étoffes que je lui avais commandées, et il a dû me comprendre; car à présent notre sort, nos intérêts sont les mêmes: c'est de notre accord que dépend le succès.

UN HUISSIER DE LA CHAMBRE, entrant.

Messire Raton Burkenstaff, le marchand, demande à présenter des étoffes à votre majesté.

LA REINE, vivement.

Qu'il entre! qu'il entre!

SCÈNE II.

LA REINE, RATON, MARTHE, PORTANT DES ÉTOFFES SOUS SON BRAS ; L'HUISSIER, QUI RESTE AU FOND.

RATON.

Tu vois, femme, on ne nous a pas fait faire antichambre un seul instant; à peine arrivés, aussitôt introduits.

LA REINE.

Venez vite, je vous attendais.

RATON.

Votre majesté est trop bonne! Vous n'aviez fait demander que moi, j'ai pris la liberté d'amener ma femme, à qui je n'étais pas fâché de faire voir le palais, et surtout la faveur dont votre majesté daigne m'honorer.

LA REINE.

Peu importe, si on peut se fier à elle. (A l'huissier.) Laissez-nous.

(L'huissier sort.)

MARTHE.

Voici quelques chantillons que je soumettrai à votre majesté...

LA REINE.

Il n'est plus question de cela. Vous savez ce qui arrive ?

RATON.

Eh! non, vraiment! je ne suis pas sorti de chez moi; par un hasard que nous ne pouvons comprendre, j'étais sous clé.

MARTHE.

Et il y serait encore sans un avis secret que j'ai reçu.

LA REINE, vivement.

N'importe... Je vous ai fait venir, Burkenstaff, parce que j'ai besoin de vos conseils et de votre appui...

RATON.

Est-il possible ! (A Marthe.) Tu l'entends.

LA REINE.

C'est le moment d'employer votre influence, de vous montrer enfin.

RATON.

Vous croyez ?

MARTHE.

Et moi, n'en déplaise à votre majesté, je crois que c'est le moment de rester tranquille; il n'a déjà été que trop question de lui.

RATON, à voix haute.

Te tairas-tu? (La reine lui fait signe de se modérer et va regarder au fond si on ne peut les entendre. Pendant ce temps Raton continue à demi-voix en s'adressant à sa femme.) Vouloir nuire à mon avancement, à ma fortune!

MARTHE, à demi-voix à son mari.

Une jolie fortune! nos meubles brisés, nos marchandises au pillage, six heures de prison dans une cave!

RATON, hors de lui.

Ma femme! j'en demande pardon à votre majesté. (A part.) Si j'avais su, je me serais bien gardé de l'amener. (Haut.) Qu'exigez-vous de moi?

LA REINE.

Que vous unissiez vos efforts aux miens pour sauver notre pays qu'on opprime et le rendre à la liberté!

RATON.

Dieu merci! on me connaît; il n'y a rien que je ne fasse pour le pays et pour la liberté.

MARTHE.

Et pour être nommé bourgmestre; car c'est là ce que tu désires maintenant.

RATON.

Ce que je désire, c'est que vous vous taisiez, ou sinon...

ACTE IV, SCÈNE II.

LA REINE, à Raton, pour le modérer.

Silence...

RATON, à demi-voix.

Parlez, madame; parlez vite!

LA REINE.

Koller, un des nôtres, vous avait instruit de nos projets d'hier?

RATON.

Du tout.

LA REINE.

Ce n'est pas possible! et cela m'étonne à un point...

RATON, avec impatience.

Moi aussi... car enfin, et puisque M. Koller est un des nôtres, il me semble que j'étais le premier avec qui l'on devait s'entendre.

LA REINE.

Surtout depuis l'arrestation de votre fils.

MARTHE, poussant un cri.

Arrêté! dites-vous? mon fils est arrêté!

RATON.

On a osé arrêter mon fils!

LA REINE.

Quoi! ne le savez-vous pas?... accusé de conspiration, il y va de ses jours, et voilà pourquoi je vous ai fait venir.

MARTHE, courant à elle.

C'est bien différent, et si j'avais su... pardon, madame.... pardonnez-moi.... (Pleurant.) Mon fils, mon pauvre enfant! (A Raton avec chaleur.) La reine a raison, il faut le sauver, il faut le délivrer.

RATON.

Certainement; il faut soulever le quartier, soulever la ville entière.

MARTHE, qui a remonté le théâtre de quelques pas, revient près de lui.

Et vous restez là tranquille; vous n'êtes pas déjà au milieu de nos amis, de nos voisins, de nos ouvriers, pour les appeler comme hier à la révolte!

LA REINE.

C'est tout ce que je vous demande.

RATON.

J'entends bien, mais encore faut-il délibérer.

MARTHE.

Il faut agir... il faut prendre les armes... courir au palais... qu'on me rende mon fils, qu'on nous le rende. (Suivant son mari qui recule de quelques pas vers la droite.) Vous n'êtes pas un homme si vous supportez un pareil affront, si vous et les citoyens de cette ville souffrez qu'on enlève un fils à sa mère, qu'on le plonge sans raison dans un cachot, qu'on fasse tomber sa tête; il y va du salut de tous; il y va de l'honneur du pays et de sa liberté!

RATON.

La liberté... t'y voilà aussi!

MARTHE, hors d'elle-même et sanglotant.

Eh! oui, sans doute! la liberté de mon fils, peu m'importe le reste; je ne vois que celle-là, mais nous l'obtiendrons.

LA REINE.

Elle est entre vos mains; je vous seconderai de tout mon pouvoir, moi et les amis attachés à ma cause;

ACTE IV, SCÈNE II.

mais agissez !... agissez de votre côté pour renverser Struensée.

MARTHE.

Oui, madame, et pour sauver mon fils; comptez sur notre dévouement.

LA REINE.

Tenez-moi au courant de ce que vous ferez, et des progrès de la sédition. (Montrant la porte à gauche.) Et tenez, tenez, par cet escalier secret qui donne sur les jardins vous pouvez, vous et vos amis, communiquer avec moi et recevoir mes ordres... On vient, partez.

RATON.

C'est très bien... mais encore, si vous me disiez ce qu'il faut...

MARTHE, l'entraînant.

Il faut me suivre... mon fils nous attend... viens, viens vite. (A la reine.) Soyez tranquille, madame, je vous réponds de lui et de la révolte !

(Elle sort en entraînant son mari par la petite porte à gauche. Au même instant et par la porte du fond paraît l'huissier.)

LA REINE.

Qu'y a-t-il? que me voulez-vous ?

L'HUISSIER.

Deux ministres qui, au nom du conseil, sont chargés, disent-ils, d'une communication importante pour votre majesté !

LA REINE, à part.

O ciel! qu'est-ce que cela signifie ? (Haut.) Qu'ils entrent, je suis prête à les recevoir.

(Elle s'assied.)

SCÈNE III.

Le comte DE RANTZAU, FALKENSKIELD; LA REINE, ASSISE A DROITE PRÈS DU GUÉRIDON.

FALKENSKIELD.

Madame, depuis hier la tranquillité de la ville a été à plusieurs reprises sérieusement troublée; des rassemblemens, des cris séditieux ont éclaté sur plusieurs points, et enfin hier soir on a tenté d'exécuter dans mon hôtel un complot dont on ignore encore les chefs; mais il nous est facile de les soupçonner.

LA REINE.

Je pense, en effet, monsieur le comte, qu'il vous est plus facile d'avoir des soupçons que des preuves.

RANTZAU, avec intention et regardant la reine.

Il est vrai qu'Éric Burkenstaff persiste à garder le silence... mais...

FALKENSKIELD.

Obstination ou générosité qui lui coûtera la vie. Mais, en attendant, par une mesure que la prudence commande, et pour prévenir dans leur origine des complots dont les auteurs ne resteront pas long-temps impunis, nous venons, au nom de la reine Mathilde et de Struensée, vous intimer l'ordre de ne point sortir de ce palais.

LA REINE, se lève.

Un pareil ordre... à moi!... et de quel droit?

FALKENSKIELD.

D'un droit que nous n'avions pas hier et que nous prenons aujourd'hui. Un complot découvert rend un gouvernement plus fort. Struensée, qui hésitait encore, s'est enfin décidé à adopter les mesures énergiques que depuis long-temps je proposais : il ne suffit pas de frapper, mais de frapper promptement. Ainsi ce n'est plus devant les cours de justice ordinaire que doivent se traduire les crimes d'état; c'est devant le conseil de régence, seul tribunal compétent; c'est là que dans ce moment se décide le sort d'Éric Burkenstaff, en attendant que nous fassions comparaître devant nous des coupables d'un rang plus élevé.

LA REINE.

Monsieur le comte !...

SCÈNE IV.

RANTZAU, a gauche, a l'écart; **GOELHER**, **FALKENSKIELD**, **LA REINE**.

(Gœlher entre par le fond, tenant plusieurs papiers à la main. Il aperçoit la reine, qu'il salue avec respect; puis s'adresse à Falkenskield, sans voir Rantzau qui est derrière lui.)

GOELHER, à Falkenskield.

Voici l'arrêt du conseil, qu'en ma qualité de secrétaire-général je viens d'expédier, et auquel il ne manque plus que deux signatures.

FALKENSKIELD.

C'est bien.

GOELHER, étourdiment et montrant plusieurs papiers qu'il tient encore.

J'ai là en même temps, et comme vous m'en aviez chargé, le projet d'ordonnance où nous proposons à la reine d'admettre à la retraite...

FALKENSKIELD, à voix basse et lui montrant Rantzau.

Taisez-vous donc!

GOELHER, à part.

C'est juste; je ne le voyais pas. (Regardant Rantzau dont la physionomie est restée immobile.) Il n'a pas entendu; il ne se doute de rien.

FALKENSKIELD, parcourant les papiers que lui a remis Goelher.

L'arrêt d'Éric Burkenstaff! (Lisant.) Il est condamné!

LA REINE, vivement.

Condamné!

FALKENSKIELD.

Oui, madame, et le même sort attend désormais quiconque serait tenté de l'imiter.

GOELHER.

J'ai rencontré aussi une députation de magistrats et de conseillers du tribunal suprême. Sur le bruit seul qu'en violation de leurs droits et priviléges le conseil de régence s'attribuait l'affaire d'Éric Burkenstaff, ils venaient porter leurs plaintes au roi, et, pour parvenir jusqu'à lui, voulaient s'adresser à madame.

FALKENSKIELD.

Vous le voyez; c'est auprès de vous, madame, que viennent se rallier tous les mécontens.

LA REINE.

Et, grâce à vous, ma cour augmente chaque jour.

FALKENSKIELD, à la reine.

Je ne veux pas alors refuser à votre majesté la vue de ses fidèles serviteurs. (A Gœlher.) Ordonnez qu'ils entrent; nous les recevrons en votre présence.

SCÈNE V.

RANTZAU ; LE PRÉSIDENT, EN HABIT NOIR ; QUATRE CONSEILLERS, ÉGALEMENT EN HABIT NOIR ET SE TENANT A QUELQUES PAS DERRIÈRE LUI ; GOELHER, AU MILIEU DU THÉATRE ; FALKENSKIELD, PLUS RAPPROCHÉ DE LA REINE, QUI SE LÈVE A L'ARRIVÉE DES MAGISTRATS ET SE RASSIED A LA MÊME PLACE A DROITE.

FALKENSKIELD.

Messieurs les conseillers, j'ai appris le motif qui vous amène : c'est pour prévenir par un châtiment rapide des scènes pareilles à celles qui nous ont dernièrement affligés, que nous nous sommes vus forcés à regret de changer les formes ordinaires de la justice.

LE PRÉSIDENT, d'une voix ferme.

Pardon, monseigneur : c'est quand l'état est en danger, c'est quand l'ordre public est troublé, qu'il faut demander à la justice et aux lois un appui contre la révolte, et non pas s'appuyer sur la révolte pour renverser la justice.

FALKENSKIELD, avec hauteur.

Quelle que soit votre opinion à ce sujet, messieurs, je dois vous prévenir que nous n'accordons pas ici, comme en France, aux parlemens et aux cours souveraines le droit de remontrance : je vous exhorte, au contraire, à user de votre influence sur le peuple pour lui conseiller la soumission, pour l'engager à ne point renouveler les désordres d'hier; sinon, qu'il ne s'en prenne qu'à lui-même des malheurs qui pourraient en résulter pour la ville. Des troupes nombreuses y sont entrées cette nuit et y sont casernées. La garde du palais est confiée au colonel Koller, qui a ordre de repousser la moindre attaque par la force; et, pour prouver à tous que rien ne saurait nous intimider, Éric Burkenstaff, fils de ce bourgeois factieux à qui déjà nous avions fait grâce, Éric Burkenstaff, convaincu par son propre aveu, de conspiration contre la reine et le conseil de régence, vient d'être condamné à mort, et c'est son arrêt que je signe. (À Rantzau.) Comte de Rantzau, il n'y manque que votre signature.

(Il s'approche de Rantzau.)

RANTZAU, froidement.

Je ne la donnerai pas.

TOUS.

O ciel!

FALKENSKIELD.

Et pourquoi?

RANTZAU.

Parce que l'arrêt me semble injuste, aussi bien que la détermination d'ôter à la cour suprême des priviléges que nous n'avons pas le droit de lui ravir.

FALKENSKIELD.

Monsieur!...

RANTZAU.

C'est mon avis, du moins. Je désapprouve toutes ces mesures; elles sont contre ma conscience, et je ne signerai pas.

FALKENSKIELD.

C'était devant le conseil qu'il fallait vous exprimer ainsi.

RANTZAU.

C'est tout haut, c'est partout qu'il faut protester contre l'injustice !

GOELHER.

Dans ces cas-là, monsieur, on donne sa démission.

RANTZAU.

Je ne le pouvais pas hier : vous étiez en danger, vous étiez menacés; aujourd'hui vous êtes tout puissans, rien ne vous résiste; je peux me retirer sans lâcheté; et cette démission, que M. Gœlher attend avec tant d'impatience, je la donne.

FALKENSKIELD.

Je la transmettrai à la reine, qui l'acceptera.

GOELHER.

Nous l'accepterons.

FALKENSKIELD.

Messieurs, vous m'avez entendu... vous pouvez vous retirer.

LE PRÉSIDENT, à Rantzau.

Nous n'attendions pas moins de vous, monsieur le comte, et le pays vous en remercie.

(Il sort, ainsi que les conseillers.)

FALKENSKIELD.

Je vais rendre compte à la reine et à Struensée d'une conduite à laquelle j'étais loin de m'attendre.

RANTZAU.

Mais qui vous enchante.

FALKENSKIELD, sortant.

Vous me suivez, Gœlher?

GOELHER.

Dans l'instant. (S'approchant de Rantzau d'un air railleur.) Je voulais auparavant...

RANTZAU.

Me remercier?... Il n'y a pas de quoi... vous voilà ministre.

GOELHER.

Je l'aurais été sans cela. (Lui montrant les papiers qu'il tient encore à la main.) J'avais pris mes précautions. Je vous avais bien dit que je vous renverserais!

RANTZAU, souriant.

C'est vrai! Alors, que je ne vous retienne pas; hâtez-vous, ministre d'un jour!

GOELHER, souriant.

Ministre d'un jour!

RANTZAU.

Qui sait?... peut-être moins encore. Aussi je serais désolé de vous faire perdre quelques instants de pouvoir; ils sont trop précieux!

GOELHER.

Comme vous dites. (Il salue la reine respectueusement et sort.)

SCÈNE VI.

LA REINE, ÉTONNÉE, LE SUIT QUELQUE TEMPS DES YEUX EN REMONTANT LE THÉATRE; RANTZAU.

RANTZAU, à part.

Ah! mes chers collègues étaient décidés à me destituer; je les ai prévenus, et maintenant nous allons voir.

LA REINE.

Je n'en puis revenir encore! Vous, Rantzau, donner votre démission!

RANTZAU.

Pourquoi pas? Il y a des occasions où l'homme d'honneur doit se montrer.

LA REINE.

Mais c'est vous perdre.

RANTZAU.

Du tout, c'est une excellente chose qu'une bonne démission donnée à propos. (A part.) C'est une pierre d'attente. (Haut.) Et puis, s'il faut vous avouer ma faiblesse, moi, homme d'état, qui me croyais à l'abri de toute émotion, je me sens là un penchant pour ce pauvre Éric Burkenstaff; je suis indigné de la conduite que l'on tient envers lui... et envers vous, madame, et c'est là surtout ce qui m'a décidé.

LA REINE.

En effet, oser me retenir en ces lieux!

RANTZAU.

Si ce n'était que cela!...

LA REINE.

O ciel!... ils ont d'autres projets!... vous les connaissez?

RANTZAU.

Oui, madame; et maintenant que je ne suis plus membre du conseil, mon amitié peut vous les révéler. Éric n'est pas le seul qu'on ait arrêté. Deux autres agens subalternes, Herman et Christian...

LA REINE.

Grand Dieu!... ils ont parlé!... Ce pauvre Koller sera compromis!

RANTZAU.

Non, madame; ce pauvre Koller est le premier qui vous ait abandonnée, qui vous ait trahie.

LA REINE.

Ce n'est pas possible!

RANTZAU.

La preuve... c'est qu'il est plus en faveur que jamais... c'est que la garde du palais lui est confiée; et quand je vous disais encore hier : Ne vous livrez point à lui... il vous vendra!...

LA REINE.

A qui donc se fier? grand Dieu!

RANTZAU.

A personne!.. et vous en ferez la triste expérience; car, en attendant le procès qu'on doit vous intenter pour la forme, on est décidé à vous jeter dans un château-fort d'où vous ne sortirez plus. C'est ce soir même qu'on doit vous y conduire, et celui qui est chargé d'exécuter cet ordre... que dis-je? celui qui l'a sollicité... c'est Koller.

LA REINE.

Quelle horreur !

RANTZAU.

Il doit se rendre ici, à la nuit tombante.

LA REINE.

Lui! Koller! une pareille audace d'ingratitude!... Mais savez-vous que j'ai de quoi le perdre, que j'ai ici des lettres de sa main?

RANTZAU, souriant.

Vraiment!...

LA REINE.

Vous allez voir.

RANTZAU.

Je comprends alors pourquoi il tenait tant à se charger seul de votre arrestation, pour saisir en même temps vos papiers et ne remettre au conseil que ceux qu'il jugerait convenable.

LA REINE, qui a ouvert son secrétaire et qui y a pris des lettres qu'elle présente à Rantzau.

Tenez... tenez!... et, si je succombe, qu'au moins j'aie le plaisir de faire tomber sa tête.

RANTZAU, prenant vivement les lettres, qu'il met dans sa poche.

Et que feriez-vous, madame, de la tête de Koller! Il ne s'agit pas ici de se venger... mais de réussir.

LA REINE.

Réussir! et comment?... Tous mes amis m'abandonnent, excepté un seul... une main inconnue, la vôtre peut-être, qui m'a conseillé de m'adresser à urkenstaff.

RANTZAU.

Moi!... Y pensez-vous ?

LA REINE, vivement.

Enfin, croyez-vous qu'il puisse parvenir à soulever le peuple?

RANTZAU.

A lui seul!... non, madame.

LA REINE.

Il l'a bien fait hier.

RANTZAU.

Raison de plus pour ne pas le faire aujourd'hui; l'autorité est avertie, elle est sur ses gardes, elle a pris ses mesures: d'ailleurs, votre Raton Burkenstaff est incapable d'agir par lui-même! c'est un instrument, une machine, un levier qui, dirigé par une main habile ou puissante, peut rendre des services, mais à la condition qu'il ne saura ni pour qui ni comment... car, s'il se mêle de comprendre, il n'est plus bon à rien!

LA REINE.

Que me reste-t-il alors?... Entourée d'ennemis ou de piéges; sans secours, sans appui, menacée dans ma liberté, dans mes jours peut-être, il faut se résigner à son sort et savoir mourir... Mathilde l'emporte... et ma cause est perdue!

RANTZAU, froidement et à demi-voix.

C'est ce qui vous trompe... elle n'a jamais été plus belle.

LA REINE.

Que dites-vous?

RANTZAU.

Hier, il n'y avait rien à faire, car vous n'aviez

pour vous qu'une poignée d'intrigans, et vous conspiriez au hasard et sans but. Aujourd'hui, vous avez pour vous l'opinion publique, les magistrats, le pays tout entier qu'on insulte, qu'on outrage, qu'on veut tyranniser, à qui l'on veut ravir ses droits... Vous les défendez! et lui, défend les vôtres. Notre roi Christian est dépouillé de son autorité contre toute justice, vous et Éric Burkenstaff êtes condamnés contre toutes les lois; le peuple se prononce toujours pour les opprimés; vous l'êtes en ce moment... grâce au ciel; c'est un avantage qu'il ne faut pas perdre et dont il faut profiter!

LA REINE.

Et comment? puisque le peuple ne peut me secourir!...

RANTZAU.

Il faut vous en passer! il faut agir sans lui, certaine, quoi qu'il arrive, de l'avoir pour allié.

LA REINE.

Et si demain Mathilde ou Struensée doivent me faire arrêter, comment les en empêcher?

RANTZAU, souriant.

En les arrêtant dès ce soir!

LA REINE, effrayée.

O ciel! vous oseriez...

RANTZAU, froidement.

Il ne s'agit pas de moi... mais de vous.

LA REINE, étonnée.

Qu'est-ce à dire?

RANTZAU.

Un mot d'abord : êtes-vous bien persuadée, comme je le suis moi-même, que dans ce moment il ne vous reste d'autre chance, d'autre alternative que la régence, ou une prison perpétuelle?

LA REINE.

Je le crois fermement.

RANTZAU.

Avec une telle certitude on peut tout oser : ce qui serait témérité ailleurs devient de la prudence! (Lentement et montrant la porte à gauche.) Cette porte conduit dans l'appartement du roi?

LA REINE.

Oui! je viens de le voir... seul, abandonné de tous, et dans ce moment presque tombé en enfance.

RANTZAU, de même et à demi-voix.

Alors, et puisque vous pouvez encore pénétrer jusqu'à lui, il vous serait facile d'obtenir...

LA REINE.

Sans doute!... mais à quoi bon? à quoi servira l'ordre d'un roi sans pouvoir?

RANTZAU, à demi-voix et avec force.

Que nous l'ayons seulement!...

LA REINE, vivement.

Et vous agirez?...

RANTZAU.

Non pas moi.

LA REINE.

Et qui donc?

RANTZAU, s'arrêtant.

On frappe.
(Montrant la petite porte à gauche.)

LA REINE, à demi-voix.

Qui vient là ?

RATON, en dehors.

Moi, Raton de Burkenstaff.

RANTZAU, à demi-voix, à la reine.

A merveille!... c'est l'homme qu'il vous faut pour exécuter vos ordres, lui et Koller.

LA REINE.

Y pensez-vous ?

RANTZAU.

Il est inutile qu'il me voie; faites-le attendre ici quelques instans et venez me retrouver.

LA REINE.

Où donc ?

RANTZAU, à demi-voix.

Là !

LA REINE.

Dans l'antichambre du roi !
(Rantzau sort par la porte à deux battans, à gauche.)

SCÈNE VII.

RATON, LA REINE.

RATON, entrant mystérieusement.

C'est moi, madame, qui n'ai rien encore à vous annoncer et qui viens à ce sujet consulter votre majesté.

LA REINE, vivement.

C'est bien!... c'est bien!... c'est le ciel qui vous envoie... Attendez ici et n'en sortez pas... attendez les ordres que je vais vous donner et que vous aurez soin d'exécuter à l'instant.

RATON, s'inclinant.

Oui, madame...

(La reine entre dans l'appartement à gauche.)

SCÈNE VIII.

RATON, SEUL.

Ça ne fera pas mal!... je ne serai pas fâché de savoir ce que j'ai à faire... car tout retombe sur moi, et je ne sais auquel entendre... Maître, où faut-il aller?... maître, qu'est-ce qu'il faut dire?... maître, qu'est-ce qu'il faut faire?... Est-ce que je sais? je leur réponds toujours : Attendez!... on ne risque rien d'attendre... il peut arriver des idées, tandis qu'en se pressant...

SCÈNE IX.

JEAN, RATON, MARTHE.

RATON, à Marthe et à Jean qui entrent par la petite porte à gauche.

Eh bien?

JEAN, tristement.

Cela va mal... tout est tranquille!

ACTE IV, SCÈNE IX.

MARTHE.

Les rues sont désertes, les boutiques sont fermées, les ouvriers que nous avons envoyés ont eu beau crier : Vive Burkenstaff! personne n'a répondu!...

RATON.

Personne!... c'est inconcevable!... des gens qui m'adoraient hier!... qui me portaient en triomphe... et aujourd'hui ils restent chez eux!

JEAN.

Et le moyen de sortir? Il y a des soldats dans toutes les rues.

RATON.

Vraiment!

JEAN.

Les portes de nos ateliers sont gardées par des piquets de cavalerie.

RATON.

Ah! mon Dieu!

MARTHE.

Et ceux des ouvriers qui ont voulu se montrer ont été arrêtés à l'instant même.

RATON, effrayé.

Voilà qui est bien différent. Écoutez donc, mes enfans, je ne savais pas cela. Je dirai à la reine-mère : Madame, j'en suis bien fâché; mais à l'impossible nul n'est tenu, et je crois que ce que nous avons de mieux à faire est de retourner chacun chez nous.

MARTHE.

Ce n'est plus possible, notre maison est envahie; des trabans de la garde y sont casernés; ils mettent tout au pillage; et si vous y paraissiez maintenant, il y a ordre de vous saisir et peut-être pire encore.

RATON.

Mais ça n'a pas de nom! c'est épouvantable! c'est d'un arbitraire! Et où nous cacher maintenant?

MARTHE.

Nous cacher! quand mon fils est en danger, quand on dit qu'il vient d'être condamné!

RATON.

Est-il possible!

MARTHE.

C'est vous qui l'avez voulu; et maintenant que nous y sommes, c'est à vous de nous en retirer; il faut agir : décidez quelque chose.

RATON.

Je ne demande pas mieux, mais quoi?

JEAN.

Les ouvriers du port, les matelots norwégiens sont en liberté; ceux-là ne reculeront pas; et en leur donnant de l'argent...

MARTHE, vivement.

Il a raison!... De l'or! de l'or! tout ce que nous avons!

RATON.

Permets donc...

MARTHE.

Vous hésiteriez?

RATON.

Du tout; je ne dis pas non, mais je ne dis pas oui.

JEAN.

Et qu'est-ce que vous dites donc?

RATON.

Je dis qu'il faut attendre.

MARTHE.

Attendre!... et qui vous empêche de prendre un parti?

JEAN.

Vous êtes le chef du peuple.

RATON, avec colère.

Certainement, je suis le chef! et on ne me dit rien, on ne me commande rien; c'est inconcevable!

SCÈNE X.

Les précédens; L'HUISSIER.

L'HUISSIER, s'adressant à Raton et lui présentant une lettre sous enveloppe.

A monsieur Raton Burkenstaff, de la part de la reine.

RATON.

De la reine! c'est bien heureux! (A l'huissier, qui se retire.) Merci, mon ami... Voilà enfin ce que j'attendais pour agir.

MARTHE ET JEAN.

Qu'est-ce donc?

RATON.

Silence! Je ne vous le disais pas, je ne disais rien; mais c'était convenu, concerté avec la reine; nous avions notre plan.

MARTHE.

C'est différent.

RATON.

Voyons un peu... d'abord ce petit mot. (Lisant à part.) « Mon cher Raton, je vous confie, comme chef du « peuple, cet ordre du roi... » Du roi! est-il possible! « Vous le remettrez vous-même à son adresse. » Je n'y manquerai pas. « Après quoi, et sans entrer dans « aucun détail ni éclaircissement, vous vous retirerez, « vous sortirez du palais, vous vous tiendrez soigneu- « sement caché. » Tout cela sera scrupuleusement exécuté. « Et demain au point du jour, si vous voyez « le pavillon royal flotter sur les tours de Christian- « borg, parcourez la ville avec tous les amis dont vous « pourrez disposer, en criant : Vive le roi ! » C'est dit. « Déchirez sur-le-champ ce billet. » (Le déchirant.) C'est fait.

MARTHE ET JEAN.

Eh bien! qu'y a-t-il?

RATON.

Taisez-vous, femme! taisez-vous! les secrets d'état ne vous regardent pas; qu'il vous suffise d'apprendre que je sais ce que j'ai à faire... Voyons un peu... (Prenant le papier cacheté.) « A Raton de Burkenstaff, pour « remettre au général Koller. »

MARTHE.

Koller!

RATON, cherchant.

Qu'est-ce que c'est que ça? (Se rappelant.) Ah! je sais... un des nôtres dont la reine nous parlait ce matin, tu ne te rappelles pas?

MARTHE.

Si vraiment!

RATON.

Il l'aura bientôt, c'est convenu. Quant à nous, mes enfans, ce qui nous reste à exécuter, c'est de sortir d'ici sans bruit, de nous tenir cachés toute la soirée...

MARTHE.

Y penses-tu?

RATON.

Silence donc! c'est dans notre plan. (A Jean.) Toi, pendant la nuit, tu rassembleras les matelots norwégiens dont tu nous parlais tout à l'heure; tu leur donneras de l'or, beaucoup d'or; on me le rendra... en honneurs et en dignités... et puis vous viendrez tous me trouver avant le point du jour, et alors...

MARTHE.

Cela sauvera-t-il mon fils?

RATON.

Belle demande!... Oui, femme, oui, cela le sauvera... et je serai conseiller, et j'aurai une belle place, et Jean aussi... une petite.

JEAN.

Laquelle?

RATON.

Je te promets quelque chose... Mais nous perdons là un temps précieux, et j'ai tant d'affaires en tête! Quand il faut penser à tout, par où commencer? Ah! cette lettre à M. Koller, c'est par là d'abord qu'il faut... Venez, suivez-moi.

(Jean et Marthe vont pour sortir par la porte à gauche; Koller paraît à la porte du fond; Raton s'arrête au milieu du théâtre.)

SCÈNE XI.

JEAN, MARTHE, RATON, KOLLER.

KOLLER, apercevant Raton.

Que vois-je! Que faites-vous ici? qui êtes-vous?

RATON.

Que vous importe? je suis chez la reine, j'y suis par son ordre. Et vous-même, qui êtes-vous pour m'interroger?

KOLLER.

Le colonel Koller.

RATON.

Koller! quelle rencontre! Et moi, je suis Raton de Burkenstaff, chef du peuple.

KOLLER.

Et vous osez venir en ce palais, quand l'ordre est donné de vous arrêter?

MARTHE.

O ciel!

RATON.

Sois donc paisible! A Koller à demi-voix.) Je sais qu'avec vous je n'ai rien à craindre; car nous sommes du même bord, nous nous entendons... vous êtes des nôtres.

KOLLER, avec mépris.

Moi!

RATON, à demi-voix.

Et la preuve, c'est que voilà un papier que je suis chargé de vous remettre, et de la part du roi.

KOLLER, vivement.

Du roi!... est-il possible!... Qu'est-ce que cela signifie? (Il ouvre la lettre, qu'il parcourt.) O ciel! un pareil ordre!...

RATON, le regardant et s'adressant à sa femme et à Jean.

Vous voyez déjà l'effet...

KOLLER.

Christian!... c'est bien sa main, c'est sa signature... Et vous m'expliquerez, monsieur, comment il se fait...

RATON, gravement.

Je n'entrerai dans aucun détail ni éclaircissement : c'est l'ordre du roi; vous savez ce qui vous reste à faire... et moi aussi... je m'en vais.

MARTHE, le retenant.

Eh! mon Dieu! qu'y a-t-il donc dans ce papier?

RATON.

Ça ne te regarde pas, et tu ne peux le savoir. (A sa femme et à Jean.) Viens, femme, partons.

JEAN.

J'aurai une place! j'espère bien qu'elle sera bonne... sans cela... Je vous suis, notre maître.

(Raton, Marthe et Jean sortent par la petite porte à gauche.)

SCÈNE XII.

RANTZAU, SORTANT DE LA PORTE A DEUX BATTANS, A GAUCHE; KOLLER, DEBOUT, PLONGÉ DANS SES RÉFLEXIONS, TENANT TOUJOURS LA LETTRE DANS SA MAIN.

KOLLER.

Grand Dieu! monsieur de Rantzau!

RANTZAU.

Monsieur le colonel me semble bien préoccupé!

KOLLER, allant à lui.

Votre présence, monsieur le comte, est ce qui pouvait m'arriver de plus heureux; et vous attesterez au conseil de régence...

RANTZAU.

Je n'en suis plus, j'ai donné ma démission.

KOLLER, avec étonnement et à part.

Sa démission!... l'autre parti va donc mal! (Haut.) Je ne m'attendais pas à un pareil évènement, pas plus qu'à l'ordre inconcevable que je reçois à l'instant.

RANTZAU.

Un ordre!... et de qui?

KOLLER, à demi-voix.

Du roi.

RANTZAU.

Pas possible!

KOLLER.

Au moment où, d'après l'ordre du conseil, je me rendais ici pour arrêter la reine-mère, le roi, qui ne se mêlait plus, depuis long-temps, ni du gouvernement ni des affaires de l'état, le roi, qui semblait avoir résigné toute son autorité entre les mains du premier ministre, m'ordonne, à moi Koller, son fidèle serviteur, d'arrêter ce soir même Mathilde et Struensée.

RANTZAU, froidement et après avoir regardé l'acte.

C'est bien la signature de notre seul et légitime souverain, Christian VII, roi de Danemarck.

KOLLER.

Qu'en pensez-vous ?

RANTZAU.

C'est ce que j'allais vous demander; car ce n'est pas à moi, c'est à vous que l'ordre est adressé.

KOLLER, avec inquiétude.

Sans doute; mais, forcé d'obéir au roi ou au conseil de régence, que feriez-vous à ma place?

RANTZAU.

Ce que je ferais !... D'abord, je ne demanderais pas de conseils.

KOLLER.

Vous agiriez; mais dans quel sens ?

RANTZAU, froidement.

Cela vous regarde. Comme en toute affaire, votre intérêt seul vous détermine, pesez, calculez, et voyez lequel des deux partis vous offre le plus d'avantage.

KOLLER.

Monsieur...

RANTZAU.

C'est là, je pense, ce que vous me demandez, et je vous engagerai d'abord à lire attentivement la suscription de cette lettre ; il y a là : Au général Koller.

KOLLER, à part.

Au général !... ce titre qu'on m'a toujours refusé. (Haut.) Moi, général !

RANTZAU, avec dignité.

C'est justice : un roi récompense ceux qui le servent, comme il punit ceux qui lui désobéissent.

KOLLER, lentement et le regardant.

Pour récompenser ou punir il faut du pouvoir; en a-t-il?

RANTZAU, de même.

Qui vous a remis cet ordre?

KOLLER.

Raton Burkenstaff, chef du peuple.

RANTZAU.

Cela prouverait qu'il y a dans le peuple un parti prêt à éclater et à vous seconder.

KOLLER, vivement.

Votre excellence peut-elle me l'assurer?

RANTZAU, froidement.

Je n'ai rien à vous dire; vous n'êtes pas mon ami, je ne suis pas le vôtre; je n'ai pas besoin de travailler à votre fortune.

KOLLER.

Je comprends. (Après un instant de silence et se rapprochant de Rantzau.) En sujet fidèle, je voudrais obéir aux ordres du roi... c'est mon devoir d'abord; mais les moyens d'exécution...

RANTZAU, lentement.

Sont faciles... La garde du palais vous est confiée, et vous commandez seul aux soldats qui y sont renfermés.

KOLLER, avec incertitude.

D'accord, mais si l'on échoue...

RANTZAU, négligemment.

Eh bien! que peut-il arriver?

ACTE IV, SCÈNE XII.

KOLLER.

Que demain Struensée me fera pendre ou fusiller.

RANTZAU, se retournant vers lui avec fermeté.

N'est-ce que cela qui vous arrête ?

KOLLER, de même.

Oui.

RANTZAU, de même.

Aucune autre considération ?

KOLLER, de même.

Aucune.

RANTZAU, froidement.

Eh bien ! alors, rassurez-vous... de toute manière cela ne peut pas vous manquer.

KOLLER.

Que voulez-vous dire ?

RANTZAU.

Que si demain Struensée est encore au pouvoir, il vous fera arrêter et condamner dans les vingt-quatre heures.

KOLLER.

Et sous quel prétexte ? pour quel crime ?

RANTZAU, lui montrant des lettres qu'il remet sur-le-champ dans sa poche.

En faut-il d'autre que ces lettres écrites par vous à la reine mère, ces lettres qui contiennent la conception première du complot qui doit éclater aujourd'hui, et où Struensée verra qu'hier même en le servant vous le trahissiez encore ?

KOLLER.

Monsieur, vous voulez me perdre !

RANTZAU.

Du tout; il ne tient qu'à vous que ces preuves de votre trahison deviennent des preuves de fidélité.

KOLLER.

Et comment ?

RANTZAU.

En obéissant à votre souverain.

KOLLER, avec fureur.

Mais vous êtes donc pour le roi ? vous agissez donc en son nom ?

RANTZAU, avec fierté.

Je n'ai pas de compte à vous rendre; je ne suis pas en votre puissance et vous êtes dans la mienne; quand je vous ai entendu hier, devant le conseil assemblé, dénoncer des malheureux dont vous étiez le complice, je n'ai rien dit, je ne vous ai pas démasqué, je vous ai protégé de mon silence : cela me convenait alors; cela ne me convient plus aujourd'hui; et, puisque vous m'avez demandé conseil, je vais vous en donner un. (D'un air impératif et à demi-voix.) C'est celui d'exécuter les ordres de votre roi, d'arrêter cette nuit, au milieu du bal qui se prépare, Mathilde et Struensée, ou sinon...

KOLLER, dans le plus grand trouble.

Eh bien ! dites-moi seulement que cette cause est désormais la vôtre, que vous êtes un des chefs, et j'accepte.

RANTZAU.

C'est vous seul que cela regarde. Ce soir la punition de Struensée, ou demain la vôtre. Demain vous serez général... ou fusillé... choisissez.

(Il fait un pas pour sortir.)

KOLLER, l'arrêtant.

Monsieur le comte !...

RANTZAU.

Eh bien ! que décidez-vous, colonel ?

KOLLER.

J'obéirai !

RANTZAU.

C'est bien ! (Avec intention.) Adieu... général !

(Il sort par la porte à gauche, et Koller par le fond.)

FIN DU QUATRIÈME ACTE.

ACTE CINQUIÈME.

Un salon de l'hôtel de Falkenskield. De chaque côté une grande porte ; une au fond, ainsi que deux croisées donnant sur des balcons. A gauche, sur le premier plan, une table et ce qu'il faut pour écrire. Sur la table, deux flambeaux allumés.

SCÈNE PREMIÈRE.

CHRISTINE, ENVELOPPÉE D'UNE MANTE, ET DESSOUS EN COS-
TUME DE BAL; FALKENSKIELD.

FALKENSKIELD, entrant en donnant le bras à sa fille.

Eh bien ! comment cela va-t-il ?

CHRISTINE.

Je vous remercie, mon père, beaucoup mieux.

FALKENSKIELD.

Votre pâleur m'avait effrayé ; j'ai vu le moment où, au milieu de ce bal, devant la reine, devant toute la cour, vous alliez vous trouver mal.

CHRISTINE.

Vous le savez, j'aurais désiré rester ici ; c'est vous qui, malgré mes prières, avez voulu que l'on me vît à cette fête.

FALKENSKIELD.

Certainement ! que n'aurait-on pas dit de votre absence !... C'est déjà bien assez qu'hier, lorsqu'on a arrêté chez moi ce jeune homme, tout le monde ait pu remarquer votre trouble et votre effroi... Ne fallait-il pas donner à penser que vos chagrins vous empêchaient de paraître à cette fête!

CHRISTINE.

Mon père!

FALKENSKIELD, reprenant d'un air détaché.

Qui du reste était superbe... Une magnificence! un éclat, et quelle foule dorée se pressait dans ces immenses salons!... Je ne veux pas d'autres preuves de l'affermissement de notre pouvoir; nous avons enfin fixé la fortune, et jamais, je crois, la reine n'avait été plus séduisante; on voyait rayonner un air de triomphe et de plaisir dans ses beaux yeux qu'elle reportait sans cesse sur Struensée... Eh! mais, à propos d'homme heureux, avez-vous remarqué le baron de Gœlher?

CHRISTINE.

Non, monsieur.

FALKENSKIELD.

Comment non? il a ouvert le bal avec la reine et paraissait plus fier encore de cette distinction que de sa nouvelle dignité de ministre, car il a été nommé... Il succède décidément à M. de Rantzau, qui, en habile homme, nous quitte et s'en va quand la fortune arrive.

CHRISTINE.

Tout le monde n'agit pas ainsi.

FALKENSKIELD.

Oui... il a toujours tenu à se singulariser; aussi nous ne lui en voulons pas; qu'il se retire, qu'il fasse place à d'autres : son temps est fini, et la reine, qui craint son esprit... a été enchantée de lui donner pour successeur...

CHRISTINE.

Quelqu'un qu'elle ne craint pas.

FALKENSKIELD.

Justement, un aimable et beau cavalier comme mon gendre.

CHRISTINE.

Votre gendre !

FALKENSKIELD, d'un air sévère, et regardant Christine.

Sans doute.

CHRISTINE, timidement.

Demain, mon père, je vous parlerai au sujet de M. de Gœlher.

FALKENSKIELD.

Et pourquoi pas sur-le-champ ?

CHRISTINE.

Il est tard, la nuit est bien avancée... et puis, je ne suis pas encore assez remise de l'émotion que j'ai éprouvée.

FALKENSKIELD.

Mais cette émotion, quelle en était la cause ?

CHRISTINE.

Oh ! pour cela, je puis vous le dire. Jamais je ne m'étais trouvée plus seule, plus isolée, qu'au milieu de cette fête ; et en voyant le plaisir qui brillait dans tous les yeux, cette foule si joyeuse, si animée, je ne pouvais croire qu'à quelques pas de là, peut-être, des infortunés gémissaient dans les fers... Pardon, mon père, c'était plus fort que moi : cette idée-là me poursuivait sans cesse. Quand monsieur d'Osten s'est approché de Struensée, qui était près de moi, et lui a parlé à voix basse, je n'entendais pas ce qu'il disait; mais Struensée témoignait de l'impatience, et, voyant la reine qui venait à lui, il s'est levé en disant : « C'est inutile, monsieur, jamais de pitié pour les « crimes de haute trahison, ne l'oubliez pas. » Le comte s'est incliné, puis, regardant la reine et Struensée, il a dit : « Je ne l'oublierai pas, monsei- « gneur, et bientôt, peut-être, je vous le rappel- « lerai. »

FALKENSKIELD.

Quelle audace!

CHRISTINE.

Cet incident avait rassemblé quelques personnes autour de nous, et j'entendais confusément murmurer ces mots : « Le ministre a raison; il faut un « exemple... — Soit, disaient les autres, mais le con- « damner à mort!... » Le condamner!!! à ce mot un froid mortel s'est glissé dans mes veines; un voile a couvert mes yeux... j'ai senti que la force m'abandonnait.

FALKENSKIELD.

Heureusement, j'étais là, près de toi.

CHRISTINE.

Oui, c'était une terreur absurde, chimérique, je le sens; mais que voulez-vous? Renfermée aujourd'hui dans mon appartement, je n'avais vu ni interrogé personne... Il est un nom, vous le savez, que je n'ose prononcer devant vous; mais lui, n'est-ce pas, il n'y a pas à trembler pour ses jours?

FALKENSKIELD.

Non... sans doute... rassure-toi.

CHRISTINE.

C'est ce que je pensais... c'est impossible; et puis, arrêté hier, il ne peut pas être condamné aujourd'hui; et les démarches, les instances de ses amis, les vôtres, mon père.

FALKENSKIELD.

Certainement; et comme tu le disais, demain, mon enfant, demain nous parlerons de cela. Je me retire, je te quitte.

CHRISTINE.

Vous retournez à ce bal?

FALKENSKIELD.

Non, j'y ai laissé Gœlher, qui nous représente à merveille, et qui dansera probablement toute la nuit. Le jour ne peut pas tarder à paraître; je ne me coucherai pas, j'ai à travailler, et je vais passer dans mon cabinet, Holà! quelqu'un! (Joseph paraît au fond, ainsi qu'un autre domestique qui va prendre sur la table à gauche un des deux flambeaux.) Allons! de la force, du courage... bonsoir, mon enfant, bonsoir.

(Il sort suivi du domestique qui porte le flambeau.)

SCÈNE II.

CHRISTINE, JOSEPH.

CHRISTINE.

Je respire! je m'étais alarmée sans motif, il était question d'un autre. Hélas! il me semble que tout le monde doit être comme moi, et ne s'occuper que de lui!...

JOSEPH, qui s'est approché de Christine.

Mademoiselle...

CHRISTINE.

Qu'y a-t-il, Joseph?

JOSEPH.

Une femme qui a l'air bien à plaindre est ici depuis long-temps. Quand elle devrait, disait-elle, passer toute la nuit à attendre, elle est décidée à ne pas quitter l'hôtel sans avoir parlé à mademoiselle en particulier.

CHRISTINE.

A moi!

JOSEPH.

Du moins elle m'a supplié de vous le demander.

CHRISTINE.

Qu'elle vienne!.... quoique bien fatiguée, je la recevrai.

JOSEPH, qui pendant ce temps a été chercher Marthe.

Entrez, madame, voilà mademoiselle et dépêchez-vous, car il est tard.

(Il sort.)

SCÈNE III.

MARTHE, CHRISTINE.

MARTHE.

Mille pardons, mademoiselle, d'oser à une pareille heure...

CHRISTINE, la regardant.

Madame Burkenstaff! (Courant à elle et lui prenant les mains.) Ah! que je suis contente de vous avoir reçue!... que je suis heureuse de vous voir! (A part avec joie et attendrissement.) Sa mère! (Haut.) Vous venez me parler d'Éric.

MARTHE.

Eh! dans le désespoir qui m'accable, puis-je parler d'autre chose que de mon fils... de mon pauvre enfant!... je viens de le voir.

CHRISTINE, vivement.

Vous l'avez vu?

MARTHE, pleurant.

Je viens de l'embrasser, mademoiselle, pour la dernière fois!

CHRISTINE.

Que dites-vous?

MARTHE.

Son arrêt lui avait été signifié cette après-midi.

CHRISTINE.

Quel arrêt?... qu'est-ce cela signifie?

MARTHE, avec joie.

Vous l'ignoriez donc!... ah! tant mieux!... sans

cela, vous n'auriez pas été à ce bal, n'est-il pas vrai ?...
Quelque grande dame que vous soyez, vous n'auriez
pas pu vous divertir quand celui qui avait tant d'affection pour vous est condamné à mort ?

CHRISTINE, poussant un cri.

Ah !... (Avec égarement.) Ils disaient donc vrai !... c'était
de lui qu'ils parlaient, et mon père m'a trompée !
(à Marthe.) Il est condamné ?

MARTHE.

Oui, mademoiselle... Struensée a signé, la reine
a signé : concevez-vous cela ? elle est mère cependant !... elle a un fils !

CHRISTINE.

Remettez-vous !... tout n'est pas perdu ; j'ai encore
de l'espoir.

MARTHE.

Et moi, je n'en ai plus qu'en vous !... Mon mari
a des projets qu'il ne veut pas m'expliquer ; je ne devrais pas vous dire cela ; mais vous, du moins, vous ne
me trahirez point ; en attendant, il n'ose se montrer,
il se tient caché ; ses amis n'arriveront pas, ou arriveront trop tard... et moi, dans ma douleur, que puis-je tenter ? que puis-je faire ?... S'il ne fallait que mourir... je ne vous demanderais rien, mon fils serait
déjà sauvé. J'ai couru hier soir à sa prison, j'ai donné
tant d'or qu'on a bien voulu me vendre le plaisir de
l'embrasser ; je l'ai serré contre mon cœur, je lui ai
parlé de mon désespoir, de mes craintes !... Hélas !...
il ne m'a parlé que de vous.

CHRISTINE.

Éric !...

MARTHE.

Oui, mademoiselle, oui, l'ingrat en me consolant pensait encore à vous. « J'espère, me disait-il, qu'elle « ignorera mon sort, qu'elle n'en saura rien... car « heureusement, c'est de grand matin, c'est au point « du jour... »

CHRISTINE.

Quoi donc?

MARTHE, avec égarement.

Eh bien! est-ce que je ne vous l'ai pas dit?... est-ce que vous ne l'avez pas deviné à mon désespoir?... C'est tout à l'heure, c'est dans quelques instans qu'il vont tuer mon fils!...

CHRISTINE.

Le tuer!...

MARTHE.

Oui, oui, c'est là, sur cette place, sous vos fenêtres, qu'ils vont le traîner... Alors, dans le délire, dans la fièvre où j'étais, je me suis arrachée de ses bras, et, loin de lui obéir, je suis accourue pour vous dire : Ils vont le tuer!... défendez-le! mais vous n'étiez pas ici... et j'attendais... Ah! quel supplice... et que j'ai souffert en comptant les instans de cette nuit que mes vœux désiraient et craignaient d'abréger!... Mais vous voilà, je vous vois; nous allons ensemble nous jeter aux pieds de votre père, aux pieds de la reine, nous demanderons la grâce de mon fils,

CHRISTINE.

Je vous le promets.

MARTHE.

Vous leur direz qu'il n'est pas coupable, il ne l'est

ACTE V, SCÈNE III.

pas, je vous le jure; il ne s'est jamais occupé de révolte ni de complots; il n'a jamais songé à conspirer; il ne songeait à rien qu'à vous aimer!...

CHRISTINE.

Je le sais, et c'est son amour qui l'a perdu; c'est pour moi, pour me sauver, qu'il marcherait à la mort!... Oh! non... ça ne se peut pas... Soyez tranquille, je réponds de ses jours.

MARTHE.

Est-il possible!

CHRISTINE.

Oui, madame, oui, il y aura quelqu'un de perdu, mais ce ne sera pas lui!

MARTHE.

Que voulez-vous dire?

CHRISTINE.

Rien!... rien!... Retournez chez vous, partez; dans quelques instans il aura sa grâce, il sera sauvé!... fiez-vous-en à mon zèle.

MARTHE, hésitant.

Mais cependant...

CHRISTINE.

A ma parole... à mes sermens.

MARTHE, de même.

Mais...

CHRISTINE, hors d'elle-même.

Eh bien!... à ma tendresse!... à mon amour!... Me croyez-vous maintenant?

MARTHE, avec étonnement.

O ciel!... oui, mademoiselle, oui, je n'ai plus peur. (Poussant un cri en montrant la croisée.) Ah!...

CHRISTINE.

Qu'avez-vous?

MARTHE.

J'avais cru voir le jour!... Non, grâce au ciel, il fait sombre encore. Dieu vous protége et vous rende tout le bonheur que je vous dois... adieu... adieu!...

(Elle sort.)

SCÈNE IV.

CHRISTINE, SEULE, MARCHANT AVEC AGITATION.

Je dirai la vérité, je dirai qu'il n'est pas coupable; je publierai tout haut qu'il s'est accusé lui-même pour ne pas me compromettre, pour sauver ma réputation. Et moi... (S'arrêtant.) Oh! moi... perdue, déshonorée à jamais... Eh bien!... eh bien! quand je penserai à tout cela... à quoi bon?... Il le faut, je ne peux pas le laisser périr. C'est par amour qu'il me donnait sa vie... et moi, par amour... je lui donnerai plus encore. (Se mettant à la table.) Oui, oui, écrivons; mais à qui me confier? à mon père?... oh! non; à Struensée? encore moins; il a dit devant moi qu'il ne pardonnerait jamais; mais à la reine! à Mathilde! elle est femme, elle me comprendra; et puis, je ne voulais pas le croire, mais si, comme on l'assure, elle est aimée, si elle aime!... O mon Dieu! fais que ce soit vrai: elle aura pitié de moi, et ne me condamnera pas. (Écrivant rapidement.) Hâtons-nous; cette déclaration solennelle ne laissera pas de doute sur son innocence...

Signé Christine de Falkenskield... (Laissant tomber la plume.) Ah!... c'est ma honte, mon déshonneur, que je signe... (Pliant vivement la lettre.) N'y pensons pas, ne pensons à rien... Les momens sont précieux... et comment, à une heure pareille...? ah!... par madame de Linsberg, la première femme de chambre de la reine... en lui envoyant Joseph, qui m'est dévoué... Oui, c'est le seul moyen de faire parvenir à l'instant cette lettre...

SCÈNE V.

CHRISTINE, FALKENSKIELD.

FALKENSKIELD, qui est entré pendant les derniers mots, se trouve en face de Christine, qui veut sortir. Il lui prend la lettre des mains.

Une lettre, et pour qui donc?

CHRISTINE, avec effroi.

Mon père!...

FALKENSKIELD, lisant.

« A la reine Mathilde. » Eh! mais, ne vous troublez pas ainsi; puisque vous tenez tant à ce que cette lettre parvienne à sa majesté, je la lui remettrai; mais j'ai le droit, je pense, de connaître ce que ma fille écrit, même à sa souveraine, et vous permettez...

(Faisant le geste d'ouvrir la lettre.)

CHRISTINE, suppliante.

Monsieur...

FALKENSKIELD, l'ouvrant.

Vous y consentez... (Lisant.) O ciel!... Éric Burkenstaff était ici pour vous, caché dans votre appartement! et c'est là qu'aux yeux de tous il a été découvert...

CHRISTINE.

Oui, oui, c'est la vérité! Accablez-moi de votre colère : non que je sois coupable ni indigne de vous, je le jure; c'est déjà trop que mon imprudence ait pu nous compromettre; aussi je ne cherche ni à me justifier, ni à éviter des reproches que j'ai mérités; mais j'apprends, et vous me l'aviez caché, qu'il est condamné à mort; que, victime de son dévouement, il va périr pour sauver mon honneur; j'ai pensé alors que c'était le perdre à jamais que de l'acheter à ce prix; j'ai voulu épargner à moi des remords... à vous un crime... j'ai écrit!

FALKENSKIELD.

Signer un tel aveu!... et par ce témoignage, qui va, qui doit devenir public, attester aux yeux de la reine, de ses ministres, de toute la cour, que la comtesse de Falkenskield, éprise d'un marchand de la Cité, a compromis pour lui son rang, sa naissance, son père, qui, déjà en butte à tous les traits de la calomnie et de la satire, va cette fois être accablé et succomber sous leurs coups! Non, cet écrit, gage de notre déshonneur et de notre ruine, ne verra pas le jour.

CHRISTINE.

Qu'osez-vous dire! ô ciel! Ne pas vous opposer à cet arrêt!

FALKENSKIELD.

Je ne suis pas le seul qui l'ait signé.

CHRISTINE.

Mais vous êtes le seul qui connaissiez son innocence; et si vous refusez d'adresser ce billet à la reine, je cours me jeter à ses pieds... Oui, monsieur, oui, pour votre honneur, pour le repos éternel de vos jours; et je lui crierai : Grâce, madame !... sauvez Éric, et surtout sauvez mon père !

FALKENSKIELD, la retenant par la main.

Non ! vous n'irez pas !... vous ne sortirez pas d'ici !

CHRISTINE, effrayée.

Vous ne voudrez pas, je pense, me retenir par la force ?

FALKENSKIELD.

Je veux, malgré vous-même, vous empêcher de vous perdre, et vous ne me quitterez pas...

(Il va fermer la porte du fond. Christine le suit pour le retenir, mais elle jette les yeux sur la croisée et pousse un cri.)

CHRISTINE.

O ciel ! voici le jour, voici l'instant de son supplice ; si vous tardez encore, il n'y a plus d'espoir de le sauver ; il ne nous restera plus rien... rien que des remords. Mon père ! au nom du ciel et par vos genoux que j'embrasse, ma lettre ! ma lettre !

FALKENSKIELD.

Laissez-moi... relevez-vous.

CHRISTINE.

Non, je ne me relèverai pas ; j'ai promis ses jours à sa mère ; et quand elle viendra me demander son fils, que vous aurez tué, et que j'aime... (Mouvement de colère de Falkenskield. Christine se relève vivement.) Non, non, je ne l'aime plus... je l'oublierai... je manquerai à mes sermens... j'épouserai Gœlher... je vous obéirai... (Poussant un cri.) Ah! ce roulement funèbre, ce bruit d'armes qui a retenti... (Courant à la croisée à gauche.) Des soldats s'avancent et entourent un prisonnier; c'est lui! il marche au supplice! ma lettre! ma lettre! il est peut-être temps encore! ma lettre!

FALKENSKIELD.

J'ai pitié de votre déraison, et voilà ma seule réponse.

(Il déchire la lettre.)

CHRISTINE.

Ah! c'en est trop! votre cruauté me détache de tous les liens qui m'attachaient à vous. Oui, je l'aime; oui, je n'aimerai jamais que lui... S'il meurt, je ne lui survivrai pas, je le suivrai... Sa mère du moins sera vengée, et comme elle vous n'aurez plus d'enfant.

FALKENSKIELD.

Christine!

(On entend du bruit en dehors.)

CHRISTINE, avec force.

Mais écoutez... écoutez-moi bien: si ce peuple qui s'indigne et murmure se soulevait encore pour le délivrer; si le ciel, le sort... que sais-je? le hasard peut-être, moins cruel que vous, venait à le soustraire à vos coups, je vous déclare ici qu'aucun pouvoir au monde, pas même le vôtre, ne m'empêchera d'être à lui; j'en fais le serment.

(On entend un roulement de tambour plus fort et des clameurs dans la rue. Christine pousse un cri et tombe sur un fauteuil la tête cachée dans ses mains. Dans ce moment on frappe à la porte du fond. Falkenskield va ouvrir.)

SCÈNE VI.

CHRISTINE, RANTZAU, FALKENSKIELD.

FALKENSKIELD, étonné.

M. de Rantzau chez moi! à une pareille heure!

CHRISTINE, courant à lui en sanglotant.

Ah! monsieur le comte, parlez... est-il donc vrai?... ce malheureux Éric...

FALKENSKIELD.

Silence! ma fille.

CHRISTINE, avec égarement.

Qu'ai-je à ménager maintenant? Oui, monsieur le comte, je l'aimais, je suis cause de sa mort, je m'en punirai.

RANTZAU, souriant.

Un instant! vous n'êtes pas si coupable que vous croyez, car Éric existe encore.

FALKENSKIELD ET CHRISTINE.

O ciel!

CHRISTINE.

Et ce bruit que nous avons entendu...

RANTZAU.

Venait des soldats qui l'ont délivré.

FALKENSKIELD, voulant sortir.

C'est impossible! et ma vue seule...

RANTZAU.

Pourrait peut-être augmenter le danger; aussi moi

qui ne suis plus rien, qui ne risque rien, j'accourais auprès de vous, mon cher et ancien collègue.

FALKENSKIELD.

Pour quelle raison?

RANTZAU.

Pour vous offrir, ainsi qu'à votre fille, un asile dans mon hôtel.

FALKENSKIELD, stupéfait.

Vous!

CHRISTINE.

Est-il possible!

RANTZAU.

Cela vous étonne! N'en auriez-vous pas fait autant pour moi?

FALKENSKIELD.

Je vous remercie de vos soins généreux, mais je veux savoir avant tout... Ah! c'est M. de Gœlher, eh bien! mon ami, qu'y a-t-il? parlez donc!

SCÈNE VII.

CHRISTINE, RANTZAU, GOELHER, FALKENSKIELD.

GOELHER.

Est-ce que je sais? c'est un désordre, une confusion. J'ai beau demander comme vous: Qu'y a-t-il? comment cela se fait-il? tout le monde m'interroge et personne ne me répond.

FALKENSKIELD.

Mais vous étiez là cependant... vous étiez au palais...

GOELHER.

Certainement, j'y étais; j'ai ouvert le bal avec la reine; et quelque temps après le départ de sa majesté, je dansais le nouveau menuet de la cour avec mademoiselle de Thornston, lorsque tout à coup, parmi les groupes occupés à nous admirer, je remarque une distraction qui n'était pas naturelle; on ne nous regardait plus, on causait à voix basse, un murmure sourd et prolongé circulait dans les salons... Qu'y a-t-il donc? Qu'est-ce que c'est? Je le demande à ma danseuse, qui ne le sait pas plus que moi, et j'apprends par un valet de pied tout pâle et tout effrayé, que la reine Mathilde vient d'être arrêtée dans sa chambre à coucher par l'ordre du roi.

FALKENSKIELD.

L'ordre du roi!... et Struensée?

GOELHER.

Arrêté aussi, comme il rentrait du bal.

FALKENSKIELD, avec impatience.

Et Koller, morbleu! Koller, qui avait la garde du palais, qui y commandait seul!

GOELHER.

Voilà le plus étonnant et ce qui me fait croire que ce n'est pas vrai. On ajoutait que cette double arrestation avait été exécutée, par qui? par Koller lui même, porteur d'un ordre du roi.

FALKENSKIELD.

Lui, nous trahir! ce n'est pas possible!

GOELHER, à Rantzau.

C'est ce que j'ai dit, ce n'est pas possible; mais en

attendant on le dit, on le répète ; la garde du palais crie : Vive le roi ! le peuple appelé aux armes par Raton Burkenstaff et ses amis crie encore plus haut ; les autres troupes, qui avaient d'abord résisté, font maintenant cause commune avec eux ; enfin je n'ai pu rentrer à mon hôtel, devant lequel j'ai aperçu un attroupement ; et j'arrive chez vous, non sans danger, encore tout en émoi et en costume de bal.

RANTZAU.

C'est moins dangereux dans ce moment qu'en costume de ministre.

GOELHER.

Je n'ai pas eu le temps depuis hier de commander le mien.

RANTZAU.

Vous pouvez vous épargner ce soin. Que vous disais-je hier ? Il n'y a pas vingt-quatre heures, et vous n'êtes plus ministre.

GOELHER.

Monsieur !

RANTZAU.

Vous l'aurez été pour danser une contredanse, et après les travaux d'un pareil ministère vous devez avoir besoin de repos ; je vous l'offre chez moi, (vivement) ainsi qu'à tous les vôtres, seul asile où vous soyez maintenant en sûreté, et vous n'avez pas de temps à perdre. Entendez-vous les cris de ces furieux ? venez, mademoiselle, venez... suivez-moi tous, et partons.

(Dans ce moment les deux croisées du fond s'ouvrent violemment. Jean et plusieurs matelots ou gens du peuple paraissent sur le balcon armés de carabines.)

SCÈNE VIII.

JEAN, EN DEHORS DU BALCON, A GAUCHE; RANTZAU, CHRISTINE, FALKENSKIELD, GOELHER.

JEAN, *les couchant en joue.*

Halte-là, messeigneurs, on ne s'en va pas ainsi.

CHRISTINE, *poussant un cri et se jetant au-devant de son père, qu'elle entoure de ses bras.*

Ah! je suis toujours votre fille! je le suis pour mourir avec vous!

JEAN.

Recommandez votre âme à Dieu!

SCÈNE IX.

JEAN, RANTZAU; ÉRIC, LE BRAS GAUCHE EN ÉCHARPE, S'ÉLANÇANT PAR LA PORTE DU FOND ET SE METTANT DEVANT CHRISTINE, FALKENSKIELD ET GOELHER.

ÉRIC, *à Jean et à ses compagnons, qui viennent de sauter du balcon dans la chambre.*

Arrêtez!... point de meurtre! point de sang répandu!... qu'ils tombent du pouvoir, c'est assez. (*Montrant Christine, Falkenskield et Goelher.*) Mais au prix de mes jours je les défendrai, je les protégerai! (*Apercevant Rantzau et courant à lui.*) Ah! mon sauveur! mon Dieu tutélaire!

FALKENSKIELD, *étonné.*

Lui! monsieur de Rantzau!

JEAN ET SES COMPAGNONS, s'inclinant.

Monsieur de Rantzau! c'est différent; c'est l'ami du peuple; il est des nôtres.

GOELHER.

Est-il possible!

RANTZAU, à Falkenskield, Gœlher et Christine.

Eh! mon Dieu, oui... ami de tout le monde! demandez plutôt au général Koller et à son digne allié, messire Raton Burkenstaff.

TOUS, criant.

Vive Raton Burkenstaff!

(Rantzau remonte le théâtre, et Éric le traverse pour se placer près de Jean.)

SCÈNE X.

JEAN ET SES COMPAGNONS, ÉRIC; MARTHE, ENTRANT LA PREMIÈRE ET S'ÉLANÇANT VERS SON FILS, QU'ELLE EMBRASSE; RATON, ENTOURÉ DE TOUT LE PEUPLE; RANTZAU, CHRISTINE, FALKENSKIELD, GOELHER; DERRIÈRE EUX, KOLLER; ET AU FOND, PEUPLE, SOLDATS, MAGISTRATS, GENS DE LA COUR.

MARTHE, embrassant Éric.

Mon fils!... blessé! il est blessé!

ÉRIC.

Non, ma mère, ce n'est rien. (Elle l'embrasse à plusieurs reprises, tandis que le peuple crie:) Vive Raton Burkenstaff!

RATON.

Oui, mes amis, oui, nous avons enfin réussi; grâce à moi, je m'en vante, qui, pour le service du roi, ai tout mené, tout dirigé, tout combiné.

ACTE V, SCÈNE X.

TOUS.

Vive Raton !

RATON, à sa femme.

Tu l'entends, ma femme, la faveur m'est revenue.

MARTHE.

Eh ! que m'importe, à moi ?... je ne demande plus rien ; j'ai mon fils.

RATON.

Mais, silence, messieurs ! silence !... J'ai là les ordres du roi, des ordres que je viens de recevoir à l'instant ; car c'est en moi que notre auguste souverain a une confiance illimitée et absolue.

JEAN, à ses compagnons.

Et le roi a raison. (Montrant son maître qui tire de sa poche l'ordonnance du roi.) Une fameuse tête, sans que cela paraisse ! Il savait bien ce qu'il faisait en jetant l'or à pleines mains. (Avec joie.) Car de vingt mille florins, il ne lui reste rien, pas une rixdale.

RATON, tout en décachetant le papier, lui faisant signe de se taire.

Jean !...

JEAN.

Oui, notre maître. (A ses compagnons.) En revanche, si ça avait mal tourné, nous y passions tous, lui, son fils, sa famille et ses garçons de boutique.

RATON.

Jean, taisez-vous !

JEAN.

Oui, notre maître. (Criant.) Vive Burkenstaff !

RATON, avec satisfaction.

C'est bien, mes amis ; mais du silence. (Lisant.) «Nous, « Christian VII, roi de Danemarck, à nos fidèles su-

« jets et habitans de Copenhague. Après avoir puni
« la trahison, il nous reste à récompenser la fidélité
« dans la personne du comte Bertrand de Rantzau,
« que, sous la régence de notre mère, la reine Marie-
« Julie, nous nommons notre premier ministre...

RANTZAU, d'un air modeste.

Moi! qui ai demandé ma retraite et qui veux me retirer des affaires...

RATON, sévèrement.

Vous ne le pouvez pas, monsieur le comte; le roi l'ordonne, il faut obéir... Laissez-moi achever, de grâce! (Continuant à lire.) « Dans la personne du comte
« Bertrand de Rantzau, que nous nommons premier
« ministre, (avec emphase) et dans celle de Raton de Bur-
« kenstaff, négociant de Copenhague, que nous nom-
« mons dans notre maison royale, (baissant la voix) pre-
« mier marchand de soieries de la couronne. »

TOUS.

Vive le roi!

JEAN.

C'est superbe! nous aurons les armes royales sur notre boutique.

RATON, faisant la grimace.

La belle avance! et au prix que ça me coûte!...

JEAN.

Et moi, la petite place que vous m'aviez promise...?

RATON.

Laisse-moi tranquille!

JEAN, à ses compagnons.

Quelle ingratitude!... moi qui suis cause de tout... aussi il me le paiera!

RANTZAU.

Puisque le roi l'exige, il faut bien s'y soumettre, messieurs, et se charger d'un fardeau qu'allégera, je l'espère, (aux magistrats) l'affection de mes concitoyens. (A Éric.) Pour vous, mon jeune officier, qui dans cette occasion avez couru les plus grands risques... on vous doit quelque récompense.

ÉRIC, avec franchise.

Aucune; car, je puis le dire maintenant à vous, à vous seul... (A demi-voix.) Je n'ai jamais conspiré!

RANTZAU, lui imposant silence.

C'est bien! c'est bien! voilà de ces choses qu'on ne dit jamais... après.

RATON, à part, tristement.

Fournisseur de la cour!

MARTHE.

Tu dois être content... c'est ce que tu désirais.

RATON.

Je l'étais déjà par le fait, excepté que je fournissais deux reines, et qu'en en renvoyant une je perds la moitié de ma clientelle.

MARTHE.

Et tu as risqué ta fortune, ton existence, celle de ton fils, qui est blessé... dangereusement peut-être... et pourquoi?

RATON, montrant Rantzau et Koller.

Pour que d'autres en profitent.

MARTHE.

Faites donc des conspirations!

RATON, lui tendant la main.

C'est dit... désormais je les regarderai passer, et le diable m'emporte si je m'en mêle!

TOUT LE PEUPLE, entourant Rantzau et s'inclinant devant lui.

Vive le comte de Rantzau!

FIN DE BERTRAND ET RATON.

LA
PASSION SECRÈTE,

COMÉDIE EN TROIS ACTES ET EN PROSE,

Représentée pour la première fois, à Paris, sur le Théâtre-Français, par les comédiens ordinaires du Roi, le 18 mars 1834.

PERSONNAGES.

M. DULISTEL.
ALBERTINE, sa femme.
COELIE, sœur cadette d'Albertine.
Léopold DE MONDEVILLE.
DESROSOIRS, vieux garçon, ami de Dulistel.
VICTOR.
Un Domestique de Dulistel.
Un Domestique de Desrosoirs.

La scène se passe à Paris, dans la maison de Dulistel.

ALBERTINE.

GRAND DIEU!... CINQUANTE MILLE FRANCS?..

La Passion Secrète, Acte II, Sc.

LA PASSION SECRÈTE.

ACTE PREMIER.

Le théâtre représente un boudoir élégant ; à droite, sur le premier plan, une cheminée. A gauche, sur le premier plan, un secrétaire, deux portes latérales au second plan.

SCÈNE PREMIÈRE.

VICTOR, LÉOPOLD.

LÉOPOLD, d'un air troublé.

Ainsi ta maîtresse est chez elle ?

VICTOR.

Oui, monsieur ; qu'y a-t-il donc d'étonnant, à neuf heures du matin !

LÉOPOLD.

Oh ! rien. C'est qu'ayant affaire à M. Dulistel, je m'informais des nouvelles de madame. Tu dis donc qu'elle est rentrée ?...

VICTOR.

Mais non, monsieur ; elle n'est pas sortie ; elle dort.

LÉOPOLD.

Tu en es bien sûr?

VICTOR.

Par exemple! monsieur, voilà une question... Est-ce que je peux savoir?... Je dis je présume... parce que madame n'a pas encore sonné sa femme de chambre. Mais je vais prévenir monsieur que vous l'attendez.

LÉOPOLD.

Rien ne presse; quand il sera descendu dans son cabinet. Eh! dis-moi, Victor... (A part.) Non, non!... Q'allais-je faire? Interroger ce domestique! (Haut.) C'est bien.

VICTOR.

Monsieur n'a plus rien à me dire?

LÉOPOLD.

Non.

VICTOR.

Tant mieux! parce que j'ai à sortir. J'ai de l'argent à toucher pour mon compte. Voyez-vous, quand on est en maison, c'est désagréable! Il faut toute la journée faire les affaires des maîtres; alors on profite du temps où ils dorment pour faire les siennes. Vous ne le direz pas?

(Il sort.)

SCÈNE II.

LÉOPOLD, SEUL.

C'est inconcevable! Mais c'était elle, j'en suis sûr. Dans cette rue déserte... écartée... Petite-Rue-Saint-

Roch !... Seule à sept heures du matin... et se glisser mystérieusement dans cette maison de chétive apparence !... Une allée... un escalier obscur... et, avant d'y entrer, comme elle jetait autour d'elle un regard craintif !... Ah ! malgré ce voile qui cachait à moitié ses traits, j'ai reconnu sa démarche, sa tournure... Je l'aime trop, il y a trop long-temps que je l'aime pour m'être trompé : et cependant, comment soupçonner... comment croire que la femme la plus sage... la plus vertueuse, la plus irréprochable jusqu'à présent...? Ah! il y a de quoi confondre !... Et ne pouvoir éclater... ne pouvoir se plaindre !... car je n'en ai pas le droit... je n'en ai aucun !... On vient... Si c'était elle !... Non, c'est sa sœur.

SCÈNE III.

COELIE, LÉOPOLD.

COELIE, à un domestique.

Le déjeuner à onze heures, ma sœur l'a dit.

LÉOPOLD.

Mademoiselle Cœlie.

COELIE, courant vivement à lui.

Ah mon Dieu ! Léopold !... (Se reprenant, et faisant une révérence.) M. de Mondeville de si bonne heure... Quelle surprise !

LÉOPOLD.

Oui, je voulais parler à M. Dulistel, votre beau-frère.

COELIE.

Ah! que c'est mal! Ce n'est donc pas pour nous, c'est pour lui que vous venez? Il est bien heureux d'être dans les affaires.

LÉOPOLD.

Vraiment!

COELIE.

Pour cela seul, car, du reste, c'est bien ennuyeux. Mais ici c'est le mal du pays. On respire dans ces riches appartemens un air lourd, épais, un air de finance qui gagne tout le monde... vous tout le premier... Oui, monsieur, vous n'êtes pas si aimable à Paris qu'en Auvergne, il y a trois ans, dans ce vieux château qui me paraissait si riant, et où vous veniez tous les soirs.

LÉOPOLD, soupirant.

Ah! Cœlie, quels souvenirs!

COELIE.

Est-ce qu'ils vous affligent?... Moi, quand j'ai du chagrin, je me les rappelle, et cela me rend du bonheur pour toute la journée! Nous étions si heureuses, ma sœur et moi, auprès de la vieille tante qui nous avait élevées!... Un peu grondeuse, un peu exigeante... il fallait toujours être avec elle, et quelquefois la journée était un peu longue... Mais quand le soir arrivait, et que le vieux domestique ouvrait la vieille porte du salon, en disant à voix haute: Monsieur Léopold de Mondeville! nous redevenions jeunes alors, la jeunesse avait la majorité! Les beaux concerts! et nos conversations du soir, et nos contredanses à trois, et nos éclats de rire, que ma tante n'entendait pas... car, avec tous ses défauts, elle avait de bonnes qualités... elle était sourde ! Il n'y avait qu'une chose qui me fâchait alors... j'étais si enfant !... c'est que vous valsiez toujours avec ma sœur.

LÉOPOLD.

En vérité !

COELIE.

Oui... C'était ridicule, n'est-ce pas ?... car enfin c'était tout naturel, elle était plus jolie et plus aimable que moi. Aussi, maintenant que je suis raisonnable, je n'ai plus de ces idées-là ; et puis ma sœur est mariée.

LÉOPOLD, avec dépit.

Voilà ce que je ne conçois pas, et je cherche encore comment ce mariage a pu se faire.

COELIE.

M. Dulistel a demandé sa main.

LÉOPOLD.

Oh ! je le sais bien ; je sais qu'elle a épousé M. Dulistel, un colonel, un baron de l'empire. Mais comment de la Chaussée-d'Antin au fond de l'Auvergne ont-ils pu se rencontrer ?

COELIE.

Pendant l'année où vous étiez en Angleterre à soigner ce vieux parent, qui vient de vous laisser une si belle fortune. Et vous, qui autrefois n'aviez rien...

LÉOPOLD, avec impatience.

Il ne s'agit pas de moi, mais de M. Dulistel.

COELIE.

Eh ! mon Dieu... comme vous êtes vif depuis que vous êtes riche ! Eh bien ! M. Dulistel allait comme tout le monde, et parce que c'était la mode, prendre les eaux du Mont-d'Or pour sa santé, qui était fort bonne. En visitant le château de ma tante, château pittoresque et remarquable, moins encore par sa situation (*regardant Léopold*), que par les personnages aimables qui l'ont habité, il a vu ma sœur, en est devenu amoureux, l'a demandée en mariage à ma tante, qui, pour être sourde, n'est pas aveugle, et qui, éblouie par les avantages d'une telle union, a dit oui. Ma sœur n'a pas dit non... et voilà comment elle est aujourd'hui madame Dulistel. Vous savez tout! êtes-vous content?

LÉOPOLD, avec dépit.

Certainement!

COELIE.

Alors on remercie!

LÉOPOLD.

Et c'est vous qui, sans doute, l'avez encouragée à accepter?

COELIE.

Moi? le ciel m'en préserve! Il est vrai que d'abord, et quand j'appris que ma sœur allait épouser un baron, un colonel de Napoléon, j'étais enchantée; je m'apprêtais à admirer, et tout prenait d'avance à mes yeux une physionomie militaire! Ah bien oui! un homme de quarante-cinq ans, qui rêve et qui spécule, qui ne parle jamais de Wagram ni d'Iéna, mais de la rente, des quatre canaux et des actions des ponts! un colonel homme d'affaires, un héros agent de change; sombre quand il gagne, grondeur quand il perd, et triste quand il ne fait rien... Du reste, un beau-frère charmant et une société très agréable.

LÉOPOLD, souriant.

En vérité !

COELIE.

Oui, monsieur : la gloire est bien ennuyeuse quand on la voit de près. Aussi, et quoique je sois bien pauvre, s'il s'était présenté pour moi un semblable parti...

LÉOPOLD, vivement.

Vous auriez refusé ?... vous !

COELIE.

Sans hésiter, et lui et tout autre qui ne m'offrirait que de la fortune. Il faudrait, avant tout, que je fusse bien sûre et de son caractère, et de sa bonté, et de sa tendresse... Sans cela plutôt rester fille !... Est-ce donc un si grand malheur ? Et cela ne vaut-il pas mieux que de passer, comme ma sœur, ses jours et ses nuits à pleurer ?

LÉOPOLD.

O ciel !... que dites-vous ?

COELIE.

Ah mon Dieu !... je ne voulais pas en parler ! C'est malgré moi... car c'est un secret... un grand secret que je voulais garder pour moi... et que je garde encore... (le regardant avec amitié) puisque je vous le confie !

LÉOPOLD.

Ah ! que vous êtes bonne !... Eh bien donc ?

COELIE.

Eh bien !... cette nuit, en rentrant, ma sœur m'avait réveillée ; et, comme ma chambre est près de la sienne, j'avais doucement entr'ouvert la porte pour lui demander des nouvelles de sa soirée, lorsque je l'aperçois, encore en toilette de bal... mais pâle et les traits renversés, tenant dans ses mains une lettre qu'elle froissait avec un mouvement convulsif.

LÉOPOLD, avec émotion.

Une lettre !

COELIE.

Elle s'est levée... elle l'a jetée au feu... Une grosse larme était là sur sa joue... Et moi, toute tremblante et craignant qu'elle ne me surprît, je me suis retirée dans ma chambre, où je n'ai pas dormi. Et ce matin quand je suis entrée chez elle, à sept heures, pour l'embrasser...

LÉOPOLD, vivement et avec joie.

A sept heures... elle y était !... quel bonheur !...

COELIE.

Non... elle n'y était plus... elle était déjà levée...

LÉOPOLD, à part, avec fureur.

Sortie !... C'était elle... plus de doute.

COELIE, vivement.

Qu'est-ce que c'est? qu'y a-t-il? Est-ce que vous sauriez ce qui la chagrine ainsi?

LÉOPOLD.

Non vraiment !

COELIE.

Si, monsieur ; je le vois, et c'est très mal d'être discret. Est-ce que je le suis, moi? est-ce qu'on peut me faire ce reproche-là? Tandis que vous...

LÉOPOLD.

Ne vous fâchez pas ! Si je découvre quelque chose,

je promets de vous le dire, quelque terrible que ce soit.

CŒLIE.

A la bonne heure.

LÉOPOLD.

Silence! on vient.

SCÈNE IV.

CŒLIE, DESROSOIRS, LÉOPOLD.

CŒLIE.

Ce n'est rien!... c'est M. Desrosoirs, ce vieux garçon si riche.... l'ami de la maison.

DESROSOIRS, à la cantonade.

Ne réveillez personne... je ne suis pas pressé... je déjeunerai, s'il le faut, cela me donnera plus de temps. (Saluant.) Mademoiselle Cœlie... monsieur de Moudeville... un charmant jeune homme que tout le monde chérit, surtout depuis son retour d'Angleterre.

LÉOPOLD.

Vous êtes trop bon... Monsieur vient ici comme moi pour affaires?

DESROSOIRS.

Du tout; ce cher Dulistel est depuis vingt ans mon ami intime. Je l'ai connu quand il était officier et moi payeur-général. Mais je n'ai jamais fait d'affaires avec lui. Je ne lui ai jamais rien confié, rien prêté... ce qui est probablement cause de l'inaltérable amitié qui nous unit!

LÉOPOLD.

Y pensez vous?

DESROSOIRS.

Oui, jeune homme... règle générale : voulez-vous être bien avec tout le monde, ne prêtez jamais à personne ; car ce qui peut vous arriver de plus heureux... c'est qu'on vous rende. Par exemple, et rien ne vous en empêche, donnez si vous voulez... c'est différent.

COELIE.

Ce qui vous arrive souvent, monsieur Desrosoirs.

DESROSOIRS.

Mais oui, quand je le peux !

LÉOPOLD.

Et vous avez raison.

COELIE.

Donner est plus agréable que recevoir.

DESROSOIRS.

Certainement. D'abord on s'en souvient plus longtemps.

COELIE.

Quelle horreur !

DESROSOIRS.

C'est possible... mais c'est ainsi. Celui qui rend un service ne l'oublie jamais, tandis que celui qui le reçoit... (Geste de Coelie.) Ah ! vous allez encore, comme l'autre jour, m'appeler cœur froid et égoïste, parce que je vois le monde tel qu'il est... Aussi je me tais, pour ne pas détruire vos illusions de seize ans. Madame Dulistel, votre charmante sœur, est-elle visible ?

ACTE I, SCÈNE IV.

CŒLIE.

Non, monsieur, je ne crois pas.

DESROSOIRS.

Elle désirait, ainsi que vous, aller cette semaine à l'Opéra, et je lui apportais une loge.

CŒLIE.

En vérité, je n'en reviens pas! Monsieur Desrosoirs, vous êtes la providence des dames... Toujours aux petits soins pour elles, toujours des bouquets, des bonbons, des loges d'Opéra!

DESROSOIRS.

Aujourd'hui j'ai eu de la peine. On s'arrachait les coupons... Heureusement je suis lié avec l'administration. (Se retournant vers Cœlie.) Voici, ma belle demoiselle, les derniers chefs-d'œuvre de Dantan, ses dernières épigrammes en plâtre. Il n'y a plus que lui maintenant qui nous fasse rire! J'y ai joint les nouvelles contredanses qui ont paru chez Troupenas, et votre abonnement à la *Revue de Paris*.

CŒLIE.

Que disais-je? vous êtes d'une complaisance...

DESROSOIRS.

A mon âge on n'a que ce mérite-là, et je ferais courir tout Paris à mes chevaux pour être agréable à vous d'abord et à votre sœur! vous lui direz que je l'attends ici, au salon, et je ne doute pas...

LÉOPOLD.

Qu'elle ne s'empresse de venir...

DESROSOIRS.

Mais oui; vous allez me trouver bien fat, et cependant c'est la vérité.

COELIE.

Je vais près d'Albertine me charger de votre commission.

DESROSOIRS.

Trop de bontés!

COELIE.

C'est justice.. vous vous chargez si souvent des nôtres!

(Elle lui fait la révérence, et sort.)

SCÈNE V.

DESROSOIRS, LÉOPOLD.

DESROSOIRS, la regardant sortir.

Charmante fille!... (Avec un soupir.) Ah! si j'avais vingt-cinq ans... mais je ne les ai pas... c'est dommage pour elle... et pour moi, car de toute la maison c'est elle qui a le plus de sagesse et de discernement.

LÉOPOLD, vivement.

Que voulez-vous dire par là?... Est-ce que sa sœur... est-ce que vous supposeriez...?

DESROSOIRS.

Moi, rien! une femme brillante, recherchée... adorée, c'est tout naturel...

LÉOPOLD.

On lui fait donc la cour?...

DESROSOIRS.

Mais oui... une cour très assidue... de nombreux adorateurs.

LÉOPOLD.

Vous en connaissez?...

DESROSOIRS, froidement.

Intimement!... un surtout, le plus passionné... le plus amoureux de tous.

LÉOPOLD, avec colère.

Eh! lequel? parlez!

DESROSOIRS, froidement.

Je lui parle en ce moment.

LÉOPOLD, avec surprise.

Monsieur!...

DESROSOIRS.

Vous voilà tout étonné que j'aie deviné votre secret... Eh! mon Dieu, j'en sais bien d'autres! n'ayant, grâce au ciel, ni places, ni femme, ni état, je n'ai rien à faire dans la société qu'à observer, et je vois tout, je devine tout; en revanche, je suis discret, je ne dis rien... c'est le moyen de se faire des amis, et je suis celui de tout le monde; car, me voyant instruit, on aime mieux m'avoir pour confident que pour adversaire.

LÉOPOLD.

Eh bien! oui... j'en conviendrai avec vous.

DESROSOIRS.

Vous le voyez bien!

LÉOPOLD.

C'est un penchant que je ne puis ni vaincre ni raisonner. Depuis trois ans, l'aimer est ma seule pensée, ma seule occupation. Je maudis cette fatale absence, cet héritage qui, en me donnant la fortune,

m'a enlevé la seule femme que je puisse chérir... Ah!
si elle était libre encore, tout ce que je possède serait
à elle... mais enchaînée, mais unie à un autre... que
puis-je faire? sinon de l'aimer en silence, de m'enivrer du plaisir de la voir, de la suivre partout dans
le monde, au spectacle, à la promenade. Tantôt furieux de sa froideur, tantôt me réjouissant d'une indifférence qui désespère mes rivaux et me désespère
moi-même... Enfin chaque soir, honteux de ma faiblesse, je rentre chez moi en jurant de la fuir, de
l'oublier, et le lendemain je recommence... Voilà ma
vie, monsieur, je n'en ai pas d'autre.

DESROSOIRS, s'asseyant près de la cheminée.

Je comprends, c'est l'espoir qui vous soutient; et
pour vous guérir... il faut vous l'ôter tout-à-fait; apprenez donc qu'il faut renoncer à madame Dulistel,
car jamais vous ne serez son amant.

LÉOPOLD, s'asseyant près de lui.

Eh! qui vous le fait croire?

DESROSOIRS.

Je ne vous dirai pas la phrase d'usage : elle a un
mari respectable... parce que vous savez comme moi
que cela ne prouve rien... mais il y a un autre obstacle... un obstacle invincible.

LÉOPOLD, à Desrosoirs, qui s'arrête pour prendre des pastilles dans une
bonbonnière.

Eh! lequel?

SCÈNE VI.

Les précédens, ALBERTINE.

(Elle sort de la porte à droite. Elle est habillée fort simplement. Elle ouvre la porte avec précaution, et aperçoit Desrosoirs et Léopold, qui sont assis et lui tournent le dos.)

ALBERTINE, les apercevant.

Dieu ! déjà du monde dans ce petit salon !

(Elle marche sur la pointe des pieds, traverse le salon, et sort par la porte à gauche, qui est celle de sa chambre.)

SCÈNE VII.

LÉOPOLD et DESROSOIRS, assis et continuant à causer.

LÉOPOLD.

Au nom du ciel !... achevez !... car ce que vous me dites là, je m'en doutais depuis aujourd'hui, depuis ce matin. Il y a quelqu'un qu'elle préfère, quelqu'un de plus heureux que moi ?

DESROSOIRS.

Halte-là !... je n'ai pas dit cela... au contraire ; avec un caratère naturellement ardent, exalté, susceptible des passions les plus vives... voyez comme elle s'est conduite depuis son mariage. C'est la femme la plus sage et la plus vertueuse que je connaisse !

LÉOPOLD, vivement. (Il se lève.)

Vous me l'assurez... ah ! je respire, et vous croyez que jamais personne ne parviendra...

DESROSOIRS, se levant aussi.

Écoutez donc, vous m'en demandez trop; mais je crois pouvoir vous répondre que, si jamais quelqu'un réussissait près d'elle, ce ne seraient pas ces jeunes gens si beaux, si aimables, si élégans... comme vous, mon jeune ami; ceux-là, elle s'en défie; mais ce seraient plutôt de ces gens auxquels on ne pense pas, et qui ne comptent pour rien... quelqu'un par exemple de mon âge ou de mon caractère... Je ne parle pas de moi, bien entendu.

LÉOPOLD.

Je crois bien; à cinquante ans...

DESROSOIRS.

Ce ne serait pas une raison; l'âge mûr donne plus d'avantages que vous ne pensez. D'abord on ne nous croit pas dangereux, et un vieux garçon qui a quelque fortune, qui est galant, complaisant, jouit à Paris, près des femmes, d'une foule de priviléges dont on ne se doute pas... ça n'est ni gênant, ni embarrassant, ça n'a pas de suite, ça n'a pas de ménage; aussi partout il en trouve un, partout il est reçu, fêté; c'est l'ami du mari, l'oracle de la maison, le conseil de la famille; et, dans les mœurs actuelles, nous remplaçons les abbés d'autrefois.

LÉOPOLD.

En vérité!

DESROSOIRS.

Or, dans une telle position, rien qu'en attendant patiemment les bonnes occasions, il est impossible qu'il ne s'en présente pas; et tenez... pour ne vous parler ici que de ce qui vous regarde, vous rappelez-vous, il y a quelques années, avant que vous fussiez amoureux, une petite veuve chez laquelle je passais mes soirées... madame de Sainte-Suzanne, qui vous adorait ?...

LÉOPOLD.

Et qui me fut infidèle...

DESROSOIRS.

C'était pour moi qu'elle n'aimait pas, et qui certes suis loin de vous valoir; mais elle avait une envie démesurée de paraître à Longchamps dans une calèche que vous ne pouviez alors lui donner... et je lui prêtai pour ce jour-là la mienne, qui était neuve, brillante, magnifique...

LÉOPOLD.

Parbleu! une imagination pareille! une tête comme celle-là, c'est possible; mais toute autre femme.

DESROSOIRS.

Une autre femme a d'autres ambitions, d'autres idées, d'autres fantaisies qu'on peut exploiter : le tout est de les connaître pour en profiter; et, comme je vous l'ai dit... c'est mon état... je n'en ai pas d'autre.

LÉOPOLD.

Achevez alors, je vous en conjure, achevez cette confidence.

DESROSOIRS.

Je ne le puis; elle ne vous avancerait à rien; mais je peux, dans votre intérêt, vous en faire une autre, fruit de mes observations.

LÉOPOLD.

Eh! laquelle?

DESROSOIRS.

C'est que, pendant que vous vous occupez inutilement d'une femme froide, insensible, indifférente, qui jamais ne pensera à vous, il en est ici une autre, jeune, tendre, naïve, qui vous aime.

LÉOPOLD.

Eh! qui donc? mon Dieu!

DESROSOIRS.

La sœur de madame Dulistel... cette jeune Cœlie...

LÉOPOLD.

Que dites-vous!

DESROSOIRS.

Vous n'en saviez rien... ni elle non plus; mais moi, spectateur désintéressé, il y a un siècle que je me suis aperçu...

LÉOPOLD.

De son amitié pour moi?

DESROSOIRS.

Non, non, je m'y connais trop bien; c'est de l'amour, l'amour pur et candide d'une jeune fille, ce premier, ce véritable amour... que nous autres observateurs avons si rarement l'occasion de signaler dans le monde! Eh! vous pourriez hésiter!... Ah! mon cher ami, si j'étais à votre place...

LÉOPOLD, avec impatience.

Oui, mais vous n'y êtes pas.

DESROSOIRS.

Malheureusement! mais je vous réponds que c'est la femme qui vous convient; même franchise, mêmes illusions... Épousez, mon cher ami, épousez... et regardez-moi comme l'ami de la maison, c'est tout ce que je vous demande.

LÉOPOLD.

Bien obligé !

DESROSOIRS.

Eh! c'est ce cher Dulistel et sa femme.

LÉOPOLD, avec dépit.

Sa femme! ah! je ne puis maîtriser mon trouble.

(Il passe à la gauche du spectateur.)

SCÈNE VIII.

LÉOPOLD, DESROSOIRS; ALBERTINE, EN ROBE DE MATIN TRÈS ÉLÉGANTE; DULISTEL, VICTOR.

DULISTEL, entrant en se disputant avec Victor.

Comment! voilà deux heures que je sonne monsieur Victor, et l'on me répond qu'il est sorti pour ses affaires !

VICTOR.

Dam! monsieur...

DULISTEL.

Est-ce que je te paie pour cela, morbleu ! et me faire mettre en colère... me troubler, m'interrompre au milieu de mon opération sur les fonds d'Haïti !

ALBERTINE, à Dulistel.

Mon ami!...

VICTOR.

Je viens de chez un homme de notre pays, qui m'a apporté ma part dans la succession de notre cousin...

Voyez plutôt... une succession de deux mille francs!... quel bonheur !

ALBERTINE, à son mari, en souriant.

Allons, mon ami, il faut avoir quelque égard à la douleur d'un héritier.

VICTOR.

Madame est bien bonne!...

ALBERTINE.

Et puis il ne faut pas que cela vous empêche d'apercevoir vos meilleurs amis... monsieur Léopold... monsieur Desrosoirs, qui nous attendaient ici, à ce que m'a dit Cœlie.

DULISTEL, passant devant Desrosoirs, d'un air dégagé.

Bonjour, Desrosoirs. (Allant d'un air affectueux à Léopold.) Bonjour, mon cher ami; vous venez m'apporter des nouvelles de notre département? Avons-nous des chances pour l'élection ?

LÉOPOLD.

Oui, colonel; vous en jugerez vous-même par ces lettres.

DULISTEL.

Vous êtes d'une obligeance ! (A Victor.) Et mon cabriolet, est-il prêt?

VICTOR.

Non, monsieur... vous n'aviez rien dit.

DULISTEL.

Morbleu! est-ce que vous ne deviez pas le deviner?... est-ce qu'il ne faut pas que j'aille à la Bourse ; mais allez donc, et qu'on m'avertisse dès qu'on aura attelé

ACTE I, SCÈNE VIII.

ALBERTINE.

Ce sera l'affaire de vingt minutes.

DULISTEL.

Mais vingt minutes de retard sont peut-être vingt centimes de perte.

ALBERTINE.

Et votre déjeuner que vous oubliez...

DULISTEL.

Qu'importe !... à la guerre comme à la guerre... est-ce qu'on déjeune quand on est dans les affaires ?...

ALBERTINE, à Victor.

Servez toujours, pour vous du moins, car moi, j'ai pris mon chocolat. (Le domestique sort.) Ah! mon Dieu! j'oubliais... puisque vous allez à la Bourse, mon ami, j'ai chez moi des fonds, dont je vous prie de vous charger.

DULISTEL.

Des fonds! eh! lesquels?

ALBERTINE.

Quarante mille francs que M. Archambaud, votre notaire, m'a remis hier en votre absence; la dot de ma sœur, que vous devez placer en rentes de Naples.

DULISTEL.

Pas aujourd'hui, je n'aurai pas le temps.

ALBERTINE.

Je ne me soucie cependant pas de les garder dans mon secrétaire.

DULISTEL.

Tantôt, à mon retour, je vous les demanderai. (A Léopold.) Vous, mon cher ami, qui ne savez que

faire de vos fonds... vous devriez prendre de l'Haïti.
LÉOPOLD.
Merci, monsieur; je me trouve déjà trop riche.
DULISTEL.
Prenez alors la rente d'Espagne, c'est ce qu'il vous faut. Nous parlerons de cela et de nos élections ce soir, à notre réunion, car nous en avons une, nous avons un concert, ma femme le veut, nous n'en sortons pas : les invitations et les soirées m'accablent; hier encore... quel ennui ! à ce bal où il a fallu conduire madame, j'ai été accaparé par ce vieux général qui me parle toujours de guerre et de campagnes; c'est si fastidieux... et si mauvais genre... une fois qu'il est dans sa bataille d'Austerlitz !...
LÉOPOLD.
Une belle époque, colonel !
DULISTEL, vivement.
Oui !... c'est le seul moment où la rente se soit élevée à 82. Elle n'a jamais été plus haut sous l'empereur... C'est étonnant !
DESROSOIRS.
C'était cependant là le bon temps !
DULISTEL, d'un air de mépris.
Oui, de jolies spéculations à faire !... (A Albertine.) Des spéculations dans votre genre... car hier soir, à ce bal, j'ai trouvé madame établie, non pas à une contre-danse, mais à une table de bouillotte, entourée de jeunes gens charmans, avec qui elle perdait de la meilleure grâce du monde.

ALBERTINE.

Eh bien, qu'importe ? en fait d'argent, n'en avez-vous pas assez ?....

DULISTEL.

Non, madame !... car nous vivons dans un temps où c'est la seule puissance réelle, positive et raisonnable.

LÉOPOLD.

Raisonnable !...

DULISTEL.

Oui, monsieur; aujourd'hui, en 1834, qu'est-ce que la noblesse ? qu'est-ce que la naissance ?... qui en veut ?... personne !... De l'argent, c'est différent : tout le monde en demande. Gens en place, sous-préfets, préfets, ministres... qu'est-ce que vous voulez ? Des honneurs, des dignités ? non, de l'argent ! et la preuve, supprimez les traitemens, vous supprimez l'ambition.

LÉOPOLD.

Permettez ! cependant... il y a des gens...

DULISTEL.

Qui crient contre la fortune... c'est vrai. Quels sont-ils ? des amateurs qui n'en ont pas, et qui veulent en avoir.

SCÈNE IX.

Les précédens, COELIE, sortant de la porte a droite du spectateur.

COELIE.

Le thé est prêt; je viens de le faire.

DULISTEL.

C'est bien heureux... Desrosoirs, déjeunes-tu ?

DESROSOIRS.

Toujours ! je suis venu pour cela; car, moi qui ne suis pas comme toi dans les affaires, j'ai le bonheur de mourir de faim. (A Albertine.) Je venais aussi vous rendre compte des commissions dont vous m'avez chargé. Mais, dans ce moment, impossible! avec un mari qui est pressé et mon estomac aussi... Mais si je savais l'instant où madame sera visible !

ALBERTINE.

Tantôt, à une heure !.. Je n'y serai que pour vous !

COELIE, à Dulistel, et regardant Léopold qui fait un geste d'impatience.

Et monsieur Léopold, que vous n'invitez pas.

LÉOPOLD.

Je vous rends grâce !... j'ai déjeuné !

DESROSOIRS, à demi-voix.

Très bien ! pour rester en tête-à-tête.

LÉOPOLD, de même.

Monsieur !...

DESROSOIRS, de même.

Il n'y a pas de mal !

DULISTEL.

Eh bien, Desrosoirs ?... quand tu voudras... Je te préviens d'abord que je déjeune toujours en dix minutes.

(Il entre le premier dans la salle à manger, à droite.)

DESROSOIRS, le suivant.

Comme Napoléon !... Vous autres grands hommes,

vous êtes expéditifs... Moi, c'est différent ; il me faut le temps. (Il fait passer devant lui Cœlie, qu'il salue, et revient à Albertine.) Adieu, madame, à une heure : je serai exact.

(Il sort par la porte à droite, après que Cœlie a passé devant lui.)

SCÈNE X.

ALBERTINE, LÉOPOLD.

LÉOPOLD, après un instant de silence.

M. Desrosoirs est bien heureux d'avoir ainsi votre amitié, votre confiance !

ALBERTINE.

Eh ! mais, un homme de son âge... où est le mal ? Je pense d'ailleurs qu'il le mérite.

LÉOPOLD.

Je ne dis pas le contraire... Mais n'est-il pas des amis à vous, plus anciens et non moins dévoués peut-être, qui auraient aussi des droits à faire valoir ?

ALBERTINE.

Parmi les anciens amis, je ne vois que vous, Léopold, et peut-être serait-il peu convenable... (Geste de Léopold.) non, j'ai voulu dire dangereux... pour moi, sans doute... non pour vous...

LÉOPOLD.

Dangereux ! Eh ! en quoi donc, madame ?

ALBERTINE.

Je ne sais... D'abord les jeunes gens sont volontiers indiscrets.

LÉOPOLD.

Je ne pense pas vous avoir donné lieu de le supposer.

ALBERTINE, souriant.

Mais je ne pense pas non plus vous avoir donné lieu de l'être.

LÉOPOLD, piqué.

Peut-être, madame; et si je racontais à d'autres qu'à vous ce dont j'ai été témoin.... ce matin... Petite-Rue-Saint-Roch, n. 7.

ALBERTINE.

Monsieur, que voulez-vous dire?

LÉOPOLD.

Eh! mais, remettez-vous, madame... Et par grâce, par pitié, cachez-moi ce trouble, qui confirme tous mes soupçons...

ALBERTINE, vivement.

Des soupçons!...

LÉOPOLD.

Ah! c'est mieux que cela... Eh! puissiez-vous n'éprouver jamais les tourmens que j'ai ressentis lorsque ce matin, seul sur le boulevart, rêvant à une personne en qui est mon existence tout entière... il me semble soudain l'apercevoir passer près de moi dans une voiture de place! Erreur! illusion sans doute; je me le disais; et cependant, comme malgré moi-même, et le cœur oppressé de je ne sais quel pressentiment, je suivais cette voiture, qui s'arrête au coin de la rue Poissonnière et de la Petite-Rue-Saint-Roch. Une femme en descend... et ce voile, ce man-

ACTE I, SCÈNE X.

teau... Ne tremblez pas, madame, cela peut appartenir à tout le monde. Mais ce qui n'était qu'à elle... c'était cette grâce, cette tournure, cette démarche que je reconnaîtrais entre mille !... Je voulais fuir, le ciel m'en est témoin, et je ne sais comment je me trouvais sur ses pas.

ALBERTINE.

Monsieur !...

LÉOPOLD.

Pour veiller sur elle sans doute ! Une allée étroite, obscure... un escalier tortueux... et, au troisième... oui, c'était au troisième !... cette porte... ah ! je tremblais d'inquiétude... bientôt ce fut de rage. Un jeune homme assez bien mis... un frac bleu... est venu ouvrir... Je l'ai aperçu au moment où la porte se refermait ; et quand la crainte d'un éclat m'a seul empêché de briser cette porte ; quand, redoutant de succomber à cette horrible tentation, j'ai fui, hors de moi, éperdu, cachant à tous les yeux le supplice que j'éprouvais, vous vous défiez de moi, de ma discrétion, de mon amitié !... Ah, madame !

ALBERTINE.

En vérité, monsieur, voilà un récit qui m'a paru si intéressant, que je n'ai pas voulu vous interrompre dans ce roman... (Mouvement de Léopold.) Roman historique, si vous le voulez, et dont les détails peuvent être vrais, excepté le nom de l'héroïne, car ce n'est pas moi.

LÉOPOLD.

Que dites-vous ?

ALBERTINE.

Non, monsieur, quelque flatteur qu'il soit pour mon amour-propre de se persuader que partout vous croyez me voir, une telle illusion pourrait amener des conséquences trop dangereuses.... Dans ce moment, par exemple; et je me hâte de vous désabuser et de vous déclarer qu'aujourd'hui vous ne m'avez pas vue dans la rue dont vous me parlez, par la raison infiniment simple que je n'y suis point allée et que je n'y connais personne!

LÉOPOLD.

Il serait possible!... Vous n'y connaissiez personne? Et cependant tout à l'heure, lorsque je parlais, ce trouble que j'ai cru remarquer...

ALBERTINE.

Oh! je dois convenir que le commencement de votre récit m'avait un peu troublée, un peu effrayée, car il est vrai qu'à l'insu de mon mari et de ma sœur je suis sortie ce matin.

LÉOPOLD, vivement.

Vous voyez bien.

ALBERTINE.

Pour me rendre chez un peintre célèbre qui demeure dans cette rue même, près de notre hôtel.

LÉOPOLD.

Grand Dieu!

ALBERTINE.

Une surprise que je réserve à ma sœur pour après-demain, le jour de sa fête.

LÉOPOLD, confus.

Ah! madame?

ALBERTINE.

Après cela, monsieur, il est tout naturel que vous ne me croyiez pas sur parole. Il ne tient qu'à vous d'interroger mon peintre, et surtout mon portrait, dont le témoignage aura peut-être plus de pouvoir que le mien !

LÉOPOLD.

Pardon !... pardon !... C'est m'accabler ! Et maintenant que je me rappelle, que je compare, comment se peut-il que dans ma folie, dans mon délire ?... Mais je vous aurais vue comme je vous vois en ce moment, que je n'aurais pas dû en croire mes yeux ; à plus forte raison quand je n'avais d'autre preuve, d'autre certitude, que cet instinct défiant et jaloux, dont je rougis maintenant !... Oui, c'est moi qui suis coupable, puisque j'ai pu douter de vous !

ALBERTINE.

Pas un mot de plus !.... Voici ma sœur et mon mari !

SCÈNE XI.

DULISTEL, SORTANT LE PREMIER DE LA SALLE A MANGER ; DESROSOIRS, ALBERTINE, COELIE, LÉOPOLD ; VICTOR, QUI RESTE AU FOND DU THÉATRE.

DULISTEL, à Desrosoirs qui entre derrière lui.

Si tu veux que je t'emmène... finis-en !

DESROSOIRS.

Un déjeuner brusqué ne valut jamais rien ! Et, puisque ton cabriolet est prêt, tu me jetteras en face de la Bourse, à la Porte chinoise, où j'ai des emplettes à faire pour quelques-unes de mes clientes.

DULISTEL.

Comme tu voudras. (Cherchant sur le secrétaire à gauche du spectateur.) Mes bordereaux et mon portefeuille!... mes gants, mon chapeau.

COELIE montre à Victor, qui les présente à son maître, les gants et le chapeau placés sur une chaise.

Ils sont là, colonel! (A part.) Dieu! que cela donne de mal, le départ d'un guerrier pour la Bourse! (A Dulistel qui va pour sortir.) Et ma sœur que vous n'embrassez pas!

DULISTEL, embrassant sa femme.

C'est vrai!... Adieu, chère amie!

DESROSOIRS, à Dulistel.

Et tes bordereaux?

(Dulistel revient prendre sur le secrétaire les papiers qu'il avait laissés.)

COELIE, vivement, à Albertine.

Ah! mon Dieu! ma sœur, j'oubliais... Victor m'a dit que quelqu'un demandait à te parler en particulier.

ALBERTINE, souriant.

A moi?

VICTOR, s'avançant entre Albertine et Léopold,

Oui, madame, un jeune homme, et qui n'a pas voulu dire son nom.

ALBERTINE.

Eh! pourquoi donc?

VICTOR.

Il prétend que vous saurez ce que c'est, et qu'il vient de la Petite-Rue-Saint-Roch, n. 7.

LÉOPOLD, regardant Albertine avec indignation.

Ciel...

ALBERTINE, troublée.

Oui... en effet!... Je sais pour quel motif!... Je vais le recevoir. (A Dulistel, qui sort avec Desrosoirs et Victor.) Adieu, mon ami!

DULISTEL, entraînant Desrosoirs.

Allons, partons!

(Ils sortent.)

ALBERTINE, regardant Léopold avec embarras.

J'espère qu'aujourd'hui, à notre soirée, nous aurons le plaisir de voir monsieur de Mondeville!

LÉOPOLD, sèchement.

Non, madame, je ne pourrai.

COELIE, tristement.

Quel dommage!

ALBERTINE.

Eh! pourquoi donc?

LÉOPOLD, sévèrement.

Je vais vous le dire, madame, si vous voulez!

ALBERTINE, effrayée et regardant Cœlie.

Pas maintenant!

LÉOPOLD, avec amertume.

C'est juste! on vous attend, et plus tard je craindrais encore d'être indiscret; car vous avez accordé une audience à M. Desrosoirs.

ALBERTINE, avec embarras.

C'est vrai pour quelques instans... Mais tantôt à deux heures, je serais charmée... aujourd'hui comme toujours, de recevoir votre visite. (D'un ton à moitié suppliant.) Puis-je y compter?

LÉOPOLD, après avoir hésité un instant.

Je viendrai, madame.

(Il salue Albertine, qui sort vivement par la porte à gauche.)

SCÈNE XII.

LÉOPOLD, COELIE.

COELIE.

Eh! bien! avez-vous découvert quelque chose?

LÉOPOLD.

Non... non... rien encore! Elle espère en vain m'abuser... (A part.) Il n'y a plus de doute; et j'aurai du moins le plaisir de la confondre!

(Il sort brusquement, sans regarder Cœlie, qui s'arrête au milieu d'une révérence qu'elle lui faisait.)

COELIE.

Eh bien!... il part sans me regarder, sans me saluer!... Est-ce que lui aussi, il va à la Bourse?

(Elle rentre dans l'appartement à gauche.)

FIN DU PREMIER ACTE.

ACTE DEUXIÈME.

Même décoration qu'au premier acte.

SCÈNE PREMIÈRE.

CŒLIE ; VICTOR, ENTRANT PAR LA PORTE A DROITE.

VICTOR.

Oui, mademoiselle, c'est votre maître de chant. J'ai entendu sa voiture qui entrait dans la cour ; car il vient faire des roulades en voiture ! Un musicien en cabriolet. (A part.) Et nous autres derrière, ça fait mal !

CŒLIE.

J'y vais, car nous avons ce soir concert, et on me fera peut-être jouer mon air varié.

VICTOR.

Pardon, mademoiselle, de vous arrêter. Si ça ne vous dérangeait pas, j'aurais quelque chose à vous demander.

CŒLIE.

Dis-le vite !

VICTOR.

C'est au sujet de la succession qui m'est arrivée !..

Ça me tourmente, ça me rend malheureux! je ne sais qu'en faire. Quand je n'étais qu'un pauvre diable, je ne pensais à rien; mais maintenant que je suis riche, que j'ai deux mille francs, c'est tout naturel, je voudrais...

COELIE, riant.

En avoir quatre!

VICTOR.

Ou davantage. Ils disent tous que c'est possible, que ça se voit tous les jours, que monsieur n'en fait jamais d'autres, parce qu'il connaît ces messieurs qui font gagner de l'argent à tout le monde, et qu'on nomme, je crois, des agens de change, des gens bien respectables! Il y en a un qui vient souvent ici, et je n'ose jamais lui parler... mais si mademoiselle voulait lui dire deux mots pour moi?

COELIE.

Est-ce qu'il m'écouterait? est-ce que j'entends rien à tout cela?... Aussi je te conseille de chercher pour tes capitaux un autre placement.

VICTOR.

Je n'en connais qu'un où jusqu'à présent je mettais toutes mes économies.

COELIE.

Eh! lequel?

VICTOR.

La loterie.

COELIE.

Fi donc!

VICTOR.

C'est ce que je dis! c'est bon pour le peuple! pour

les gens sans fortune! Et puis une institution si immorale!... On y perd toujours, et moi je veux gagner.

COELIE.

Eh bien, alors, crois-moi, porte cela à la Caisse d'épargne.

VICTOR.

Cela doublera-t-il ma succession?

COELIE.

Non, mais cela t'empêchera de la perdre.

VICTOR, hésitant.

Vous croyez!

COELIE.

Du reste, fais comme tu voudras.

VICTOR.

Oui, mademoiselle, je suivrai vos avis : mais on n'ouvre la Caisse d'épargnes que le dimanche; c'est aujourd'hui mardi, et d'ici là... si je passe devant quelques bureaux... Je me connais... il y a le 50 et le 42 que je nourris depuis si long-temps...

COELIE.

Eh bien!... où en veux-tu venir?

VICTOR.

Que si mademoiselle voulait bien me garder ma succession jusqu'à dimanche, ça me rendrait un grand service.

COELIE, prenant les deux billets qu'il lui présente.

Si ce n'est que cela... bien volontiers! (Apercevant Albertine qui entre.) C'est ma sœur!...

(Albertine entre, va à son secrétaire qu'elle ouvre, et se met à écrire.)

VICTOR.

Je m'en vais. (A part, en soupirant.) Quel dommage cependant!... (Montrant Coelie.) Si elle ou madame avaient voulu parler pour moi!... Mais les maîtres sont tous de même!... Ils ne veulent jamais qu'on devienne riche, parce qu'ils n'auraient plus personne pour monter derrière leur voiture.

(Il sort.)

SCÈNE II.

ALBERTINE, TOUJOURS DEVANT SON SECRÉTAIRE; COELIE.

ALBERTINE, toujours écrivant.

Je ne m'y retrouve plus!... C'est insupportable!... Je n'entendrai jamais rien au calcul.

COELIE, s'approchant d'elle.

Comme tu es occupée!

ALBERTINE.

Ah! c'est toi!... Ton maître de chant t'attend au salon.

COELIE.

Je vais le trouver. (Montrant les papiers qu'elle tient à la main.) Mais, moi qui n'ai pas de secrétaire, serre-moi cela.

ALBERTINE, toujours assise.

Qu'est-ce que c'est?

COELIE.

Deux mille francs que M. Victor m'a priée de lui garder. (Montrant le secrétaire.) Je vais les mettre là.

ALBERTINE.

Comme tu voudras.

COELIE.

Tiens!... à droite, sur ces papiers...

(En lisant le titre.)

ALBERTINE, souriant et se levant.

Ces papiers... Ils sont à toi : c'est ta dot.

COELIE.

Ma dot! (Soupirant.) Ah! vous ne risquez rien de la garder long-temps!

ALBERTINE.

Eh! pourquoi donc?

COELIE.

Parce que je ne pense guère à me marier!

ALBERTINE.

D'autres peut-être y pensent pour toi! Et si mes idées, si mes espérances peuvent se réaliser...

COELIE.

Que dites-vous?

ALBERTINE.

Oui!... j'ai besoin de te voir heureuse. C'est là mon bonheur à moi!

COELIE.

Ma sœur!...

ALBERTINE.

Laisse-moi! c'est monsieur Desrosoirs.

COELIE, en s'en allant et montrant le secrétaire.

Ma dot! Ah bien oui!... Il s'agit bien de cela!

(Elle sort.)

SCÈNE III.

DESROSOIRS, ALBERTINE.

ALBERTINE.

Vous voilà enfin !

DESROSOIR.

Nous sommes seuls?...

ALBERTINE.

Oui; mon mari est à la Bourse et ma sœur à sa leçon de piano.

DESROSOIRS.

Eh bien ! comment nous trouvons-nous aujourd'hui?

ALBERTINE.

Mal!... J'ai passé une nuit pénible, et ce matin l'aventure la plus fâcheuse, la plus contrariante... Je vous dirai cela. Donnez-moi d'abord des nouvelles.

DESROSOIRS.

Excellentes ! Tout va à merveille.

ALBERTINE.

En vérité ?

DESROSOIRS.

Et cela ne fera qu'augmenter, c'est l'avis général.

ALBERTINE.

Ah ! que vous me rendez heureuse ! je respire ! Il me tarde tant de sortir de tout cela, de redevenir ce que j'étais ! car, voyez-vous, mon ami, je ne me reconnais plus, ce n'est plus moi, je n'existe plus !

DESROSOIRS.

Quelle folie de vous inquiéter ainsi!

ALBERTINE.

M'inquiéter!... Vous appelez cela une inquiétude! mais c'est un supplice, un tourment affreux; et, quand je pense comment, sans m'en douter ni m'en apercevoir, je suis arrivée là... C'est inconcevable! c'est un rêve!... eh! qui accuser? personne!... pas même moi, car c'était d'abord dans l'intention la plus pure, la plus louable...

DESROSOIRS.

En vérité!

ALBERTINE.

C'est toujours comme cela!... Nous autres femmes, ce sont les bonnes intentions qui nous perdent, parce que celles-là, on ne s'en défie pas, on s'y abandonne... et elles vous conduisent souvent bien plus loin qu'on ne voulait aller! Moi, par exemple, unie à un homme que j'aurais voulu, et que, hélas! je ne pouvais aimer, je me suis dit : Du moins je n'aimerai personne. Fidèle à mes devoirs, je resterai, pour tout le monde, froide et insensible... On l'est toujours quand on le veut bien. Je le serai, je le promets...

DESROSOIRS.

Promesse que vous avez tenue; et vous y avez quelque mérite, car, je vous vois encore, à votre entrée dans le monde! lorsque l'on crut s'apercevoir de l'indifférence de votre mari, de tous côtés les prétentions s'élevèrent.

ALBERTINE.

Oui, l'on aurait dit d'une veuve, tant j'étais entourée de soins, d'hommages, d'adorateurs. J'avais fini par en voir partout... Et tenez... vous-même tout le premier.

DESROSOIRS.

Moi !...

ALBERTINE.

Oui, mon ami, j'en conviens à ma honte; dans cette amitié assidue, dont vous m'entouriez, il m'avait semblé entrevoir quelques intentions de galanterie, quelques projets de séduction. J'étais folle... Aussi je vous dis tout, et je vous demande pardon de mes soupçons.

DESROSOIRS, souriant d'un air embarrassé.

Prenez garde... Ils ne sont peut-être pas aussi injustes que vous pensez !

ALBERTINE, de même.

Du tout; j'ai confiance, et vous me soutiendriez maintenant le contraire... que je ne vous croirais pas. (Lui prenant les mains.) Vous êtes mon ami, mon meilleur ami, celui à qui je peux ouvrir mon ame tout entière... car de vous, je le sais, je n'ai rien à craindre.

DESROSOIRS, faisant la grimace.

Vous êtes bien bonne...

ALBERTINE.

Tout le monde, par malheur, n'était pas comme vous, et dans le nombre de mes adorateurs il s'en trouvait un... jeune, riche, aimable... Tout cela n'était pas une raison pour qu'on y fît attention. Mais il y avait là encore un autre danger plus grand et surtout bien rare... un amour réel, véritable, dont il ne

ACTE II, SCÈNE III.

m'avait jamais parlé! Ce qui faisait peut-être que je l'avais deviné toute de suite... Aussi de toutes les puissance de mon ame je m'efforçais de l'éviter, de le fuir, et je pensais toute la journée aux moyens de l'oublier.

DESROSOIRS, souriant.

Vraiment!

ALBERTINE.

Je vous l'atteste... c'était mon plus grand désir. Mais que c'était difficile! et comment y parvenir, lorsque partout triste et silencieux, je le rencontrais sur mes pas, dans le salon où j'entrais, dans la loge où je venais de me placer!... il était là, je le voyais... et plus encore quand il n'y était pas. Enfin, un soir, en arrivant dans un bal où j'espérais qu'il ne serait pas invité... la première personne que j'aperçois... c'est Léopold... Ah mon Dieu!... je ne voulais pas le nommer... mais c'était lui, c'était bien lui qui m'invitait d'un air si respectueux... qu'irritée contre moi-même, contre lui, contre tout le monde... je le refusai; je déclarai que je ne danserais pas de la soirée; que j'étais souffrante... indisposée... que sais-je?... Je disais vrai, et me voilà pendant tout le bal réfugiée dans le salon où l'on ne dansait pas et où l'on jouait; voyant mon ennui et mon désœuvrement, on m'offre à une table d'écarté une place que je m'empresse d'accepter, trop heureuse de m'occuper et d'attendre ainsi minuit qui semblait ne devoir jamais arriver! D'abord, distraite et inattentive, je gagnai sans le vouloir... sans y penser... le sort continuait à me favoriser, et une veine aussi prononcée avait attiré au tour de nous une foule de joueurs qui engagent des paris pour ou contre moi ; l'importance qu'ils y attachent me force à en mettre moi-même... Me voilà attentive à mon jeu, en suivant toutes les chances, craignant de perdre... enchantée de gagner, encouragée par les applaudissemens de mes partners, et j'étais en grand bénéfice quand la pendule sonna...

DESROSOIRS.

Minuit !...

ALBERTINE.

Non... deux heures du matin ! Le temps s'était écoulé avec une telle rapidité, que j'avais tout oublié... même lui ! oui, pour la première fois depuis un an j'étais restée trois heures sans penser à lui, sans m'occuper de lui ; j'étais ravie... j'étais heureuse, j'avais donc un moyen de me soustraire à son image, d'échapper à son amour qui me poursuivait sans cesse ! Et ce moyen de salut... je l'avoue, je m'y livrai avec joie, avec ardeur ; chaque soir me retrouvait près de cette table verte ; ma distraction, mon espoir, mon bonheur, que j'aimais d'abord par reconnaissance... et bientôt par habitude, par goût... que vous dirai-je ?... chose inouïe, inconcevable !... Tout entière à ces alternatives d'espérance et de crainte qui faisaient battre mon cœur, j'éprouvais là des émotions délirantes, inconnues... d'autant plus vives... qu'il fallait les cacher... qu'elles avaient tout le charme d'une passion mystérieuse, tout le bonheur d'un amour satisfait... oui, c'était du bonheur... c'était du moins le seul dont mon cœur fût alors susceptible ! mais bientôt il me sembla insuffisant ; je n'entendais parler ici que de spéculations... de jeu sur les rentes, de gens qui en un jour, en une heure, s'enrichissaient! mon mari lui-même passait sa vie dans ces combinaisons hasardeuses; il faisait en grand, le matin, ce que je faisais le soir, et moi, à qui tout réussissait... je voulus à mon tour tenter la fortune; je vous confiai en secret mes bénéfices du jeu... et je ne reviens pas encore du bonheur qui a d'abord semblé nous favoriser.

DESROSOIRS.

Quinze mille francs en trois mois.

ALBERTINE.

C'était superbe!... j'étais trop riche!... je ne savais que faire de ces trésors qui pour moi m'étaient inutiles. Mais je me disais : Si je pouvais les doubler... les tripler... cela formerait une dot à ma sœur, qui pour toute fortune n'a que quarante mille francs; et, sans rien demander à mon mari, je pourrai la marier, l'établir... je me voyais la cause de son bonheur... C'est cette idée-là qui m'a jetée de nouveau dans ces chances fatales d'où je voudrais... dont je ne puis maintenant me retirer! Que de jours d'inquiétudes et d'angoisses! que de nuits sans sommeil! et le plus terrible, c'est que cette fièvre continuelle use et dessèche l'ame; c'est qu'on devient insensible à tout; c'est qu'on ne désire plus rien que ces émotions mêmes qui vous torturent, qui vous brisent, mais qui sont devenues un besoin, et sans lesquelles on ne peut vivre! Si encore on pouvait s'y livrer tout entière !... mais renfermer tout cela en soi-même, faire les honneurs de son salon, sourire à son mari, à ses amis, à des indifférens... sourire quand une main de fer vous presse le cœur !... Et puis le soir, quand je rentre chez moi, quand cette fièvre ardente qui me soutenait est tombée ainsi que mon courage, je sens là un vide affreux qui me fait peur... je souffre... je pleure et je me repens !... Ah! mon ami, je suis bien malheureuse !

DESROSOIRS.

Eh! pourquoi donc ?... notre nouvelle spéculation est immanquable ; depuis dix jours que nous jouons à la hausse... la hausse continue, et cette fois la fortune nous dédommagera de ses rigueurs passées.

ALBERTINE.

Je n'y crois plus maintenant; rien ne me réussit, je perds tous les soirs; hier encore à cette bouillotte...

DESROSOIRS.

Vraiment !

ALBERTINE.

Oui, cet élégant, ce vicomte Dermilly était venu se poser en attitude à côté de ma chaise... il me porte toujours malheur... Je suis sûre de perdre quand il est là! eh! perdre sur parole !... Devoir à Saint-Elme, un fat qui m'aimait, qui avait osé me le dire ! Aussi il me tardait de m'acquitter ! Je suis sortie ce matin, j'ai été vendre en secret mes derniers diamans, dont le prix a servi à payer Saint-Elme... Mais par malheur j'ai été rencontrée par Léopold, à qui j'ai essayé en vain de donner le change, et j'aime mieux tout lui avouer, tout lui dire.

DESROSOIRS.

Y pensez-vous ?

ALBERTINE.

Pourquoi pas?... Il n'est plus pour moi qu'un ami, et je puis me confier à sa discrétion comme à la vôtre.

DESROSOIRS.

Quelle imprudence!... donner à ce jeune homme qui vous aime encore des armes contre vous!... des armes dont il peut abuser...

ALBERTINE.

Jamais!... Vous ne le connaissez pas!

DESROSOIRS.

Mais moi, qui, à cause de votre mari, ne veux pas paraître là-dedans... C'est mon secret autant que le vôtre.

ALBERTINE.

Eh bien! je ne lui dirai rien, je vous le jure. Mais hâtons-nous de tout finir, de tout réaliser, et, puisque la hausse continue... puisque nous gagnons...

DESROSOIRS.

Oui, madame.

ALBERTINE.

Gagnons-nous beaucoup?

DESROSOIRS.

Mais, si vous attendez la fin du mois, c'est-à-dire encore deux jours, nous pouvons, à ce que dit Defrène, mon agent de change, réaliser net cinquante mille francs de bénéfice.

ALBERTINE, avec joie.

Cinquante mille francs!

DESROSOIRS.

A moins que vous ne préfériez gagner bien moins et vendre aujourd'hui même.

ALBERTINE, après un instant d'hésitation.

Attendons deux jours... Dites-le à Defrène. En votre nom, comme à l'ordinaire... Je m'en rapporte à vous!

DESROSOIRS.

Fiez-vous à mon amitié, qui s'exposerait à tout plutôt que de vous compromettre... Vous ne savez pas à quel point je vous suis dévoué...

ALBERTINE.

Si; vous m'en avez donné tant de preuves, que je serais bien ingrate d'en douter.

DESROSOIRS.

Ah! ce mot-là seul me suffit. Oui, mon amie... mon aimable amie... croyez bien que toujours... Dieu! l'on vient!...

SCÈNE IV.

DESROSOIRS, ALBERTINE, LÉOPOLD.

DESROSOIRS.

Monsieur Léopold!... déjà!

LÉOPOLD, apercevant Desrosoirs.

Encore!... il ne la quitte donc jamais!

DESROSOIRS.

Adieu, madame. (Bas à Albertine.) Je vais transmettre à Defrène vos ordres exprès, et je viendrai vous en apprendre le résultat. (Haut à Léopold.) Adieu, mon jeune ami... je vous laisse.

(Il sort en regardant Léopold d'un air railleur.)

SCÈNE V.

ALBERTINE ; LÉOPOLD, QUI S'EST TENU A L'ÉCART.

LÉOPOLD, à part.

Depuis deux heures il est avec elle, et avoir encore à lui parler à voix basse !...

ALBERTINE.

Je vous remercie, monsieur, de votre exactitude.

LÉOPOLD.

C'est vous, madame, qui avez paru désirer cet entretien... Sans cela, et de moi-même... je ne me serais pas permis de me présenter chez vous.

ALBERTINE.

Eh ! pourquoi donc ?

LÉOPOLD.

Je vous en prie, madame, ne me le demandez pas... le silence que je garde est encore une preuve de mon dévouement pour vous.

ALBERTINE.

Je le vois !... vous avez le droit de m'accuser... de me croire coupable, et je le suis beaucoup en effet, puisque j'ai été obligé de vous tromper, de vous cacher la vérité... Mais cependant cette vérité n'est pas telle, qu'elle doive m'enlever votre estime et vous donner sur moi et sur mon honneur des soupçons auxquels je ne me résignerai jamais.

LÉOPOLD.

Moi, des soupçons ?...

ALBERTINE.

Je les devine! et j'y répondrai d'un mot : Je vous jure, Léopold, que le mystère que vous avez pu remarquer dans ma conduite ne tient à aucun secret de cœur. (Avec dignité.) Je vous jure que je n'aime personne, que je suis fidèle à mon mari... me croyez-vous?

LÉOPOLD, la regardant.

Vous croire!... Oui, il y a dans cette voix un accent de vérité que je suis digne de comprendre... et maintenant je me mépriserais moi-même si je vous soupçonnais encore...

ALBERTINE, lui tendant la main.

Je vous remercie... (Avec émotion.) Et à présent vous sentez bien que si vous l'exigez... je vais tout vous dire... Mais, je l'avoue, ce sera bien cruel... il m'en coûtera beaucoup... et j'aimerais mieux que vous fussiez assez généreux pour ne pas l'exiger...

LÉOPOLD.

Je n'exige rien, je ne veux rien! Vous n'aimez personne, c'est tout ce que je demande. Ce mot suffit à mon amitié!... Si vous saviez qu'on est malheureux de voir déchoir ce qu'on avait placé si haut dans son estime, de renoncer à l'objet de son culte, de son adoration... (Mouvement d'Albertine.) Oui, madame, oui, je ne vous apprends rien de nouveau... Cet amour, dont je ne vous ai jamais parlé, vous le connaissez aussi bien que moi... avant moi peut-être; et, sans en être convenus, nous nous entendions, moi pour souffrir, et vous pour n'en rien voir !

ALBERTINE.

Oui, Lépold, oui... Je ne jouerai ici ni la surprise ni la colère... je sais ce que vaut un attachement tel que le vôtre. Mille autres femmes seraient fières de l'inspirer, de le partager peut-être... Moi, je ne le peux! telle est ma destinée; tel est le sort que moi-même je me suis fait... Et ce que je vais vous dire va vous paraître bien mal... Mais il me semble que j'aurais été moins malheureuse... (Rêvant.) Oui, vraiment, j'aurais peut-être mieux fait de vous aimer... (Vivement et se reprenant.) Pas maintenant... ce n'est plus possible... Il ne peut plus y avoir que de l'amitié entre nous. Une amitié de sœur... c'est ce que je vous demande, c'est ce que je réclame.

LÉOPOLD.

Ah!... c'est trop de bontés!... Vous voulez aujourd'hui me rendre trop heureux, et prenez garde, quand on n'y est pas habitué...! car il est une remarque que j'ai faite depuis quelque temps... et sur laquelle je voudrais bien interroger cette amitié que vous daignez me promettre.

ALBERTINE.

Qu'est-ce donc?

LÉOPOLD.

Dites-moi pourquoi je vous vois un jour bonne, aimable, enchanteresse, comme aujourd'hui, comme en ce moment, par exemple; et puis le lendemain... que dis-je? l'instant d'après, vous devenez bizarre, capricieuse, humoriste, et même colère...

ALBERTINE, réfléchissant.

Quoi! vous avez remarqué...?

LÉOPOLD, vivement.

L'amant ne s'en serait jamais aperçu... Mais ici c'est l'ami qui parle...

ALBERTINE, réfléchissant.

Oui, vous avez raison...

LÉOPOLD.

Et d'où vient cette inégalité d'humeur qu'autrefois vous n'aviez jamais?...

ALBERTINE.

Ah!... cela tient à des motifs... que je voudrais... et que je n'ose vous confier... Je ne l'oserai jamais!...

LÉOPOLD, la regardant avec émotion.

O ciel!... qu'est-ce que cela signifie, et que dois-je croire?

ALBERTINE.

C'est mon mari...

SCÈNE VI.

ALBERTINE, DULISTEL, LÉOPOLD.

DULISTEL, riant.

Admirable... admirable... Bien joué, morbleu!... Ah!... ah!...

ALBERTINE.

Eh! mon Dieu! monsieur, qu'avez-vous donc? Voici la première fois de l'année que je vous vois rire!....

DULISTEL.

C'est que je reviens de la Bourse!

LÉOPOLD.

C'est donc bien gai?

DULISTEL, riant toujours.

Oui... aujourd'hui... une aventure délicieuse!... un coup de théâtre!... Vous savez qu'au milieu du mois les fonds, qui depuis long-temps s'étaient tenus calmes, avaient pris soudain un mouvement ascensionnel?

LÉOPOLD, froidement.

Je n'en savais rien.

ALBERTINE, vivement.

Oui, l'on était en hausse... Eh bien?

LÉOPOLD.

Ah! vous le saviez...

ALBERTINE, se reprenant.

De l'entendre dire à mon mari, qui ne parle que de cela... (Avec impatience.) Eh bien, monsieur?

DULISTEL.

Eh bien! madame, depuis quelque temps mes affaires avaient pris une tournure assez inquiétante; il fallait pour les relever porter un grand coup, et c'est moi et ces messieurs qui nous étions entendus en secret pour prendre la rente à 101. Nos achats l'ont fait monter successivement à 104, 50 c.

ALBERTINE.

C'est là qu'elle a fermé hier. (Vivement.) Vous me l'avez dit du moins en dînant.

DULISTEL.

C'est possible!... mais ce matin, voilà le meilleur; elle était arrivée d'elle-même, commencement de bourse, à 105, 50.

ALBERTINE.

Quel bonheur!...

DULISTEL.

Je le crois bien; car, soudain, et au moment où l'on s'y attendait le moins, nous vendons tous ensemble, tous à la fois, et nous réalisons en une minute un immense bénéfice... Ce qui a fait, il est vrai, dégringoler la rente de trois francs.

ALBERTINE.

O ciel!... et ceux qui jouaient à la hausse?

DULISTEL.

Déroute complète.

ALBERTINE.

Ah! mon Dieu! trois francs de baisse!

DULISTEL.

Qu'est-ce que ça fait?... puisque je gagne... Vous voilà tout effrayée... Vous ne comprenez donc pas?... Ce sont les autres qui perdent... Mais moi, je gagne!... je gagne beaucoup... (Riant.) Les femmes n'entendent rien aux affaires... (Prenant Léopold.) Mais vous, mon cher ami, vous concevez que trois francs... trois francs de différence quand on opère sur des masses... ce qui est venu bien à point, car mon opération d'Haïti tournait mal.

LÉOPOLD.

Eh! vous vouliez ce matin m'y associer!

DULISTEL.

Du tout.

LÉOPOLD.

Si vraiment.

DULISTEL.

Que voulez-vous?... entre amis... et puis c'est une chance; à la guerre comme à la guerre.. je rentre dans mon cabinet, faire ma balance de la semaine... Ne vous dérangez pas, je vous laisse avec ma femme!

SCÈNE VII.

LÉOPOLD, ALBERTINE.

ALBERTINE, à part, et se jetant dans un fauteuil.

Eh! Desrosoirs qui ne revient pas!...

LÉOPOLD.

A merveille! puisqu'il nous laisse, reprenons, de grâce, la conversation que son arrivée avait interrompue.

ALBERTINE, avec impatience.

C'est bien... dans un autre moment.

LÉOPOLD.

Non pas... vous voulez éloigner l'explication.

ALBERTINE.

Moi!... une explication!... eh! à quel propos... et sur quel sujet?

LÉOPOLD.

Eh! mon Dieu! en quoi vous ai-je offensée?... et d'où vient un tel changement?

ALBERTINE.

Un changement!... eh! où voyez-vous cela?

LÉOPOLD.

Mais en tout, dans vos traits, dans vos discours...

dans l'émotion de votre voix... dans l'agitation où vous êtes, et dont je cherche en vain la cause.

ALBERTINE.

Eh! qui vous dit, monsieur, qu'elle en ait?

LÉOPOLD.

A coup sûr... ou je vais croire, comme je vous le disais tout à l'heure, que c'est un de ces caprices soudains... un de ces momens d'humeur dont mon amitié se plaignait.

ALBERTINE.

Eh! quand il serait vrai?... quand je serais aussi bizarre, capricieuse... insupportable, que vous voulez bien le supposer... croyez-vous que ces questions, ce flegme, ce sang-froid, soient bien propres à me calmer?... En vérité, il est des gens qui ne comprennent, qui ne devinent rien.

LÉOPOLD.

Eh! comment voulez-vous que je devine un pareil secret?

ALBERTINE.

Ce secret cependant n'est pas difficile à pénétrer... c'est que je veux être seule... c'est que votre présence m'irrite... m'agace... m'impatiente.

LÉOPOLD.

O ciel!... c'est à moi que vous parlez ainsi... à un ami!...

ALBERTINE.

Eh! mon Dieu! parlez moins de votre amitié, et donnez-m'en des preuves!

LÉOPOLD, *vivement*.

Eh! lesquelles exigez-vous?... parlez!

ALBERTINE.

Je vous l'ai déjà dit... que vous me laissiez... que vous sortiez.

LÉOPOLD.

Est-ce bien vous que j'entends? vous qui me renvoyez, qui me chassez!... Ce n'est pas votre cœur qui a dicté un pareil arrêt, et je ne veux y voir qu'un instant d'humeur et de dépit.

ALBERTINE.

De l'humeur... du dépit... non, monsieur... je suis calme... je suis de sang-froid... et puisque vous m'avez si bien dit mes défauts... je vous dirai les vôtres; je vous dirai que ce qu'il y a de plus insoutenable et de plus ridicule à la fois, c'est de vouloir gratifier les gens malgré eux de conseils qu'ils ne demandent pas, d'une présence qui les fatigue, et d'une amitié à laquelle ils renoncent.

LÉOPOLD.

C'en est trop!... et je serais le dernier des hommes, je m'avilirais à mes propres yeux, si, après un pareil outrage, je pouvais conserver encore des sentimens que j'abjure, et que je sais le moyen d'oublier à jamais... Oui, madame... oui, à l'instant même... je vous prouverai qu'il en est d'autres qui plus que vous méritent ma tendresse.

ALBERTINE.

Eh! monsieur!...

LÉOPOLD.

Mais ce n'est pas à vous, qui ne m'êtes plus rien,

c'est à votre mari... que je veux et que je dois confier mes projets.

(Il sort par la porte à gauche, qui conduit au cabinet de M. Dulistel.)

SCÈNE VIII.

ALBERTINE, seule.

Enfin il est parti !... je ne sais pas ce que je lui ai dit; mais, si je l'ai fâché, si je l'ai mis en colère... tant mieux... je ne serais pas la seule... car j'éprouvais, depuis un quart d'heure, des mouvemens de dépit et de fureur... que sa présence irritait encore... Ils réussissent tous !... Ils gagnent tous !... jusqu'à mon mari... Il n'y a que moi... moi seule, que la fortune semble poursuivre !... Ah! j'en pleurerais de rage... ma tête est en feu! je brûle... j'ai la fièvre... eh! Desrosoirs qui ne revient pas! qu'ont-ils fait?... que se passe-t-il?... si je pouvais le savoir... Si je pouvais y courir?... Mais non... moi! une femme! il faut rester ici pour mourir d'inquiétude! les hommes sont bien heureux !... ils sont là du moins! ils peuvent se ruiner eux-mêmes !... ils savent leur sort !... ils n'ont pas comme moi à compter les instans ni ces minutes d'attente qui abrégent ma vie !... Eh! si on venait... si on me voyait dans cet état... je suis affreuse, j'en suis sûre !...

(Arrangeant ses cheveux devant la glace qui est au-dessus de la cheminée.)

Mon Dieu !... mon Dieu! Si je puis sortir de l'embarras où je me trouve... si mon mari, si le monde n'en savent rien, je ne jouerai plus... je ne jouerai jamais!... je le promets... je le jure... et le ciel qui m'entend viendra à mon aide... Eh! mon Dieu oui! tout espoir n'est pas perdu... je suis là comme une folle... je me désespère... je perds la tête... et sans doute mon agent de change aura fait comme mon mari... il n'aura pas tenu compte de mes ordres. Voyant cette baisse subite... au lieu d'attendre deux jours encore... il aura vendu sur-le-champ... n'importe à quel prix... nous gagnerons moins, voilà tout... Mais nous gagnerons encore... c'est cela même... j'en suis sûre.

(Apercevant Desrosoirs.)

SCÈNE IX.

ALBERTINE, DESROSOIRS.

ALBERTINE, courant à lui.

Ah! c'est vous, mon ami! eh bien! quel bénéfice?... est-ce trente mille francs?

DESROSOIRS.

Non, madame...

ALBERTINE.

Ce n'est que vingt-cinq?... (Le regardant avec anxiété.) Non... pas même... ô mon Dieu!... ce n'est donc que dix-huit... j'en étais sûre... j'ai toujours joué de malheur.

DESROSOIRS.

De malheur... ah! oui, madame... car au moment où l'on s'y attendait le moins... une baisse effroyable....

ALBERTINE, vivement.

Je le sais; mon mari me l'a dit. Aussi Defrêne a vendu... n'est-ce pas ?

DESROSOIRS.

Non, madame !...

ALBERTINE.

O ciel !...

DESROSOIRS.

Les ordres que vous m'avez donnés et que je venais de lui transmettre lui prescrivaient formellement d'attendre fin du mois.

ALBERTINE.

Eh ! qu'importe ?... ne devait-il pas de lui-même deviner et comprendre ?... Mais demandez donc du tact, de l'esprit, de l'intelligence à ces gens de finance ! Grâce à lui, nous voilà en perte, et de combien ? ne craignez pas de me le dire... je suis calme, je suis de sang-froid.

DESROSOIRS.

Eh ! mais, vous perdez à peu près ce que nous espérions gagner...

ALBERTINE.

Grand Dieu !... cinquante mille francs ?...

DESROSOIRS.

Tout compris, avec les droits, et cætera, que sais-je ?...

ALBERTINE.

Cinquante mille francs ! je dois une pareille somme ! moi ! une femme !... Mon cher Desrosoirs, mon ami, mon seul ami, mon confident, comment faire ?... que devenir ?

DESROSOIRS.

Je ne sais... Il faut le temps de chercher cette somme... de se la procurer... ce que je ferai dès demain, je l'espère bien; mais c'est que Defrène, votre agent de change, veut de l'argent dès ce soir... à l'instant.

ALBERTINE.

Est-il possible !... un pareil procédé !...

DESROSOIRS.

Écoutez donc, des bruits sinistres se répandent... on dit qu'à la sortie de la Bourse deux ou trois de ses confrères ont pris la fuite... lui-même n'est pas déjà trop bien dans ses affaires... Dans ces cas-là on prend ses sûretés... ses précautions.

ALBERTINE.

Mais se défier de moi... ou plutôt de vous qui me serviez d'intermédiaire !...

DESROSOIRS.

Il y a bien quelques raisons. Comme je ne voulais pas vous nommer, et que moi, tout le monde sait que je ne joue pas à la Bourse, je lui avais donné à entendre, mais sans rien affirmer, que les ordres que je lui transmettais venaient en secret de votre mari... mon ami intime... un grand capitaliste... c'était tout naturel; mais aujourd'hui qu'il a vu que cette débâcle venait de la compagnie des banquiers dont M. Dulistel fait partie... cela lui a donné des doutes, des inquiétudes... il veut qu'on lui paie sur-le-champ la différence... qui, comme je vous l'ai dit, est de cinquante mille francs... sinon il va venir ici, chez votre mari, pour savoir ce que cela veut dire.

ALBERTINE.

O ciel... une pareille explication...

DESROSOIRS.

Il m'en a menacé.

ALBERTINE.

C'est fait de moi!... je suis perdue!... comment empêcher cette visite et l'éclat qui doit s'ensuivre? comment surtout gagner du temps?

DESROSOIRS.

Silence!... c'est Dulistel.

SCÈNE X.

Les précédens, DULISTEL.

DULISTEL, son crayon à la main.

Cela fait bien pour ma part... de bénéfice net, cent soixante-deux mille francs... quatre-vingt-cinq centimes... Il est fâcheux que ces messieurs en aient touché autant... cela m'aurait fait pour moi seul... (Se retournant et apercevant Albertine.) Ah! vous voilà, madame; je viens d'apprendre une nouvelle... qui m'a un peu surpris, j'en conviens...

ALBERTINE.

O ciel!...

DULISTEL, calculant toujours.

Et qui vous concerne vous et moi.

ALBERTINE, bas à Desrosoirs.

Il sait tout!

DESROSOIRS.

Eh! non... il ne serait pas si tranquille.

ALBERTINE, s'avançant en tremblant.

Eh! puis-je savoir, monsieur, quelle est cette nouvelle?

(Dulistel, sans lui répondre, lui fait signe de la main de ne pas l'interrompre, et se remet à calculer.)

ALBERTINE, avec impatience, et le tirant par le bras.

Qu'est-ce donc? répondez-moi!...

DULISTEL, de même.

Eh! tout à l'heure... quand j'aurai achevé... vous m'avez troublé dans mon opération.

(Il s'assied à droite et écrit avec son crayon.)

SCÈNE XI.

ALBERTINE, DESROSOIRS, VICTOR, DULISTEL, TOUJOURS ASSIS A DROITE.

VICTOR.

Monsieur!... monsieur!... un agent de change!

DULISTEL.

Le mien?

VICTOR, de même.

Non, encore un autre, qui est là dans votre antichambre... M. Defrène.

ALBERTINE, à part.

Defrène! plus d'espoir!

DESROSOIRS, de même.

C'est lui.

VICTOR.

Il demande à voir monsieur.

DULISTEL.

Defrène... à cette heure-ci, nous n'avons pas d'affaires ensemble! d'ailleurs il est invité à ma soirée; nous nous verrons tantôt.

VICTOR.

Il dit que c'est très pressé! qu'il faut qu'il parle à l'instant même à monsieur.

DULISTEL, avec impatience.

Priez-le d'attendre dans le salon, et qu'on ne me dérange plus!

VICTOR.

J'y vais monsieur, et pour qu'il ne s'ennuie pas je lui ferai la conversation.

ALBERTINE.

Encore un instant... quelques minutes, et tout est fini, je suis perdue!... (Montrant Desrosoirs.) Demain, et grâce à lui, j'aurai trouvé les moyens d'emprunter... de me procurer cette somme; mais d'ici là... (Courant au secrétaire.) Ah! (Y prenant des papiers qu'elle donne à Desrosoirs.) Tenez... tenez, mon ami... portez-lui vite...

DESROSOIRS.

Qu'est-ce donc?

ALBERTINE.

Tout ce que j'ai là, quarante-deux mille francs... Allez, tâchez qu'il se contente de cette somme, et surtout qu'il parte!

DESROSOIRS.

Soyez tranquille... je m'en charge!...

(Desrosoirs sort.)

ALBERTINE.

Je respire... Dieu!... Léopold!

SCÈNE XII.

ALBERTINE, DULISTEL, LÉOPOLD, sortant du
CABINET A GAUCHE.

LÉOPOLD, froidement et à demi-voix à Albertine.

Pardon, madame, de paraître ici... sans vos ordres... monsieur votre mari vous a dit le motif qui m'y faisait rester encore?

ALBERTINE.

Non... monsieur; il est là plongé dans ses calculs.

LÉOPOLD, à Dulistel, qui est toujours à droite et qui écrit.

Comment, monsieur, vous n'avez pas fait part à madame de la demande que j'ai eu l'honneur de vous faire?...

DULISTEL.

Plus qu'un chiffre, et j'ai fini... (Toujours le crayon à la main et repassant ce qu'il vient d'écrire.) Oui..... chère amie..... M. Léopold de Mondeville nous demande en mariage, mademoiselle Cœlie, ma belle-sœur...

ALBERTINE.

O ciel!...

LÉOPOLD, l'examinant.

D'où vient ce trouble?

DULISTEL.

Comme son tuteur, vous sentez que j'ai dit oui... un beau parti, un jeune homme qui a du crédit dans le département où je veux être député, et puis un amoureux qui est pressé; car il voulait terminer à l'instant même; il fallait envoyer chez mon notaire pour rédiger les conditions, et je l'ai décidé, non sans peine, à attendre jusqu'à ce soir.

ALBERTINE, à son mari.

Ce soir !... Mais vous savez, monsieur... que ma sœur....

DULISTEL.

Est presque sans fortune... il le sait, je le lui ai dit. *(Corrigeant son papier.)* C'est un huit au lieu d'un sept... Je lui ai dit que toute sa dot consistait dans les quarante mille francs que tu avais là en secrétaire, et que tu peux me remettre...

ALBERTINE, à part.

Je me sens mourir...

DULISTEL, calculant toujours.

Ou ce soir au prétendu lui-même, en signant le contrat...

ALBERTINE, pâle et tremblante.

Ce soir...

DULISTEL.

C'est lui qui l'a voulu ainsi; et, puisque nous avons une soirée, elle servira à quelque chose.

LÉOPOLD, qui a toujours observé Albertine.

Monsieur... elle se trouve mal...

DULISTEL.

Qui donc ?

LÉOPOLD, courant à Albertine.

Votre femme...

ALBERTINE, brusquement.

Non, monsieur... non, ce n'est rien... un étourdissement... un éblouissement... je me trouve à merveille.

DULISTEL, avec impatience.

Eh! madame... je ne sais plus ce que j'ai retenu... et il me faut recommencer ma colonne.

(Il remonte le théâtre, et Léopold, qui était à gauche du spectateur, passe à la droite en regardant Albertine, qui vient de s'asseoir près du secrétaire. Les acteurs sont dans l'ordre suivant : Albertine, Dulistel, Léopold.)

LÉOPOLD, regardant Albertine.

Un pareil trouble à l'annonce de ce mariage... me serais-je abusé?... et, sans se l'avouer à elle-même, m'aimerait-elle?... oui, oui, c'est cela, et cette demande que je viens de faire... (Se rapprochant de Dulistel.) Il faut tout rompre, monsieur... Dieu! c'est Cœlie!

SCÈNE XIII.

ALBERTINE, COELIE, DULISTEL, LÉOPOLD.

DULISTEL.

Ah! vous voilà, mademoiselle; arrivez, arrivez, il est question de vous...

COELIE.

De moi... eh! comment cela?

LÉOPOLD, vivement à Dulistel et à voix basse.

Silence... monsieur... pas un mot devant elle de mes projets.

DULISTEL.

Eh! pourquoi donc?

LÉOPOLD, avec embarras et regardant toujours Albertine.

Pourquoi?... mais c'est que je veux... lui apprendre moi-même...

DULISTEL.

Vous qui tout à l'heure étiez si pressé... en tout cas vous aurez le temps. (Haut.) Car nous le gardons à dîner... il le faut et pour cause.

COELIE.

Une bonne idée que vous avez là!

DULISTEL.

N'est-il pas vrai?... et quant à vous, petite sœur, je vous conseille pour ce soir de vous faire belle, et de ne rien négliger.

COELIE, étonnée.

Moi!... me faire belle!

LÉOPOLD, bas à Dulistel.

Monsieur!... de grâce!

COELIE, les regardant tous.

Ah! ça... qu'est-ce qu'il y a donc... à qui fait-on une surprise?... ils ont tous un air gêné et mal à leur aise!... est-ce que ce serait votre fête?...

DULISTEL.

Du tout, ce n'est pas la mienne!... (A Léopold.) Je ne dis rien, je dis seulement qu'aujourd'hui tout va bien, tout nous réussit. Et en faveur de bonnes nouvelles, nous voulons qu'on soit gai, n'est-il pas vrai, ma femme? (Albertine qui rêvait, et s'était assise, se lève vivement et cherche à cacher son trouble.) Ah! mon Dieu! eh! Defrène qui doit m'attendre !... je vais lui parler; de là, chez Archambaud, mon notaire; vous, mesdames, à votre toilette... et tantôt, à six heures, rendez-vous dans la salle à manger.

(Il entraîne par la porte à droite Léopold, qui voudrait toujours se rapprocher d'Albertine. Celle-ci sort par la porte à gauche avec Cœlie, qui les regarde tous d'un air étonné.)

FIN DU DEUXIÈME ACTE.

ACTE TROISIÈME.

Le théâtre représente un boudoir élégant. Trois portes au fond, donnant sur un salon. Portes à droite et à gauche.

SCÈNE PREMIÈRE.

LÉOPOLD, DULISTEL.

DULISTEL, assis sur le canapé, et tenant un contrat à la main.

Vous lui reconnaissez donc cinquante mille écus de dot?...

LÉOPOLD, debout, et regardant vers la porte à gauche.

Oui, monsieur... (A part.) Si je pouvais lui parler seul un instant... avant que l'on arrivât!

DULISTEL.

Cet article-là ne souffre de votre part aucune difficulté?...

LÉOPOLD.

Aucune! Mais nous sommes à discuter les articles d'un contrat dans ce boudoir, où tout le monde peut entrer; et demain, dans votre cabinet, ce serait plus convenable.

DULISTEL.

Demain... ah ça, mon cher ami, l'amour vous fait perdre la tête... nous le signons ce soir à onze heures;

ACTE III, SCÈNE I.

c'est vous qui l'avez demandé, et pour ce qui est d'être dérangé, ce n'est pas à craindre; nous sortons de table, ces dames sont à leur toilette, et en auront pour long-temps. Revenons donc au contrat.

LÉOPOLD, à part.

Ah! quel supplice! eh! qu'ai-je fait?

DULISTEL.

Vous sentez bien que j'aurais pu donner une dot à ma belle-sœur, si ce n'était mon opération d'Haïti qui m'envahit tous mes capitaux. C'est une chose terrible que les affaires; nous autres capitalistes nous sommes malheureux; nous ne pouvons jamais faire de bien, jamais!... tandis que vous, quelle différence! vous faites le bonheur d'une jeune personne sans fortune, celui de sa famille, vous contribuez par votre influence à la nomination d'un beau-frère qui, grâce à vous...

LÉOPOLD.

Sera député, je l'espère bien.

DULISTEL.

J'y ai des droits.

LÉOPOLD.

Vous êtes colonel!

DULISTEL.

Je suis millionnaire!... c'est le fruit de quinze ans de travaux dont le pays me doit compte. Aussi je vous le dis franchement, je compte sur vous, et je suis charmé de cette alliance. Mais ce qu'il y a de bien étonnant, c'est que ma femme, je ne sais ce qu'elle a contre vous, mais ce mariage ne lui plaît pas, ne lui convient pas.

LÉOPOLD, avec joie.

Vraiment !

DULISTEL.

C'est évident. Elle était pendant tout le dîner d'une humeur étonnante, et quand devant Cœlie, qui ne se doute encore de rien, elle s'est mise à parler contre les maris qui sont insensibles, personnels, égoïstes, ça m'a fait rire... c'était pour vous.

LÉOPOLD.

Vous croyez ?...

DULISTEL.

Pour effrayer sa sœur, et la prévenir contre le mariage ; mais rassurez-vous ; que cela plaise ou non à ma femme, Cœlie est ma pupille, et je vais dès ce soir lui ordonner...

LÉOPOLD, vivement.

Non, je vous en supplie en grâce, ne lui en parlez pas encore.

DULISTEL.

Pas encore !... vous ne pouvez cependant pas l'épouser sans le lui dire.

LÉOPOLD.

Aussi je ne vous demande qu'une heure. Je veux avant de me déclarer, savoir d'elle-même... (Vivement.) Car enfin, écoutez donc... si elle ne voulait pas, si elle ne m'aimait pas...

DULISTEL.

Eh ! mon Dieu ! s'il fallait s'inquiéter de tout cela, on ne se marierait jamais.

LÉOPOLD.

Que voulez-vous ?... j'y tiens !... une heure encore sans lui rien dire !...

DULISTEL.

Soit.

LÉOPOLD, à part.

D'ici là, si je ne puis parler à Albertine, je lui écrirai du moins. (Haut.) Et quant à ce contrat que vous avez rédigé avec le notaire, ne vous donnez pas la peine de me le lire. J'aime mieux en parcourir seul les articles, et si j'avais là une plume et de l'encre...

DULISTEL, lui montrant la porte à droite.

Ici, dans ce petit salon, vous trouverez ce qu'il vous faudra ; mettez vos observations en marge, et en une heure le troisième clerc d'Archambaud, mon notaire, aura tout recopié pour ce soir.

LÉOPOLD.

Soyez tranquille... allons lui écrire, et remettons mon sort entre ses mains !

(Il sort par la porte à droite.)

SCÈNE II.

DULISTEL, PUIS COELIE.

DULISTEL.

C'est, le diable m'emporte ! un héros de roman... un paladin... si celui-là entend jamais les affaires !... il fait bien de se marier, il n'est bon qu'à cela... Ah !

voici l'autre héroïne... Déjà prête, ma chère belle-sœur !

COELIE.

Je ne suis jamais longue à ma toilette.

DULISTEL.

C'est que vous n'êtes pas coquette.

COELIE.

Peut-être bien, mais à quoi bon ?... je n'ai besoin de plaire à personne.

DULISTEL.

Il ne faut pas dire cela se soir !... (A part.) Je puis bien, sans manquer à ma parole, lui parler avec adresse, vaguement, et en général... (Haut.) Cœlie.... venez donc ici!...

COELIE.

Quel air de finesse et de mystère; est-ce que vous avez une confidence à me faire ?

DULISTEL.

C'est possible : que diriez-vous si l'on vous proposait de vous marier?

COELIE.

Est-ce étonnant?... et vous aussi! Voilà précisément la question que ma sœur m'a faite il y a une heure.

DULISTEL.

Eh! que lui avez-vous répondu ?... eh bien ?...

COELIE, après un instant de silence.

Que je ne voulais pas !... et alors elle m'a embrassée avec joie !...

ACTE III, SCÈNE II.

DULISTEL.

Elle vous a embrassée?...

COELIE.

Oui, vraiment? et je craignais que vous n'en fissiez autant. Voilà pourquoi j'hésitais à répondre.

DULISTEL, avec colère.

Il s'agit bien de cela!... il vous sied bien de refuser, de faire la fière, à vous qui êtes sans fortune, qui n'avez rien. Eh! pourquoi ne voulez-vous pas?... pourquoi refusez-vous votre bonheur?

COELIE, reculant avec effroi.

Ah! mon Dieu!... il me fait peur... (Tremblante.) Parce que je n'aime pas les maris méchans... qui se mettent en colère... et comme je ne vois que cela tous les jours, j'aime mieux renoncer au bonheur... et ne pas me marier...

DULISTEL.

Silence donc!

COELIE, à voix haute.

J'aime mieux rester fille!...

DULISTEL, à demi-voix.

Voulez-vous ne pas parler si haut?

COELIE.

Ah! mon Dieu!

DULISTEL, à part et la prenant par la main.

Si près de ce petit salon d'où l'on peut tout entendre... (L'emmenant de l'autre côté à gauche, et à voix basse.) Savez-vous, imprudente que vous êtes, qu'un superbe parti se présente pour vous en ce moment?...

COELIE.

Peu m'importe.

DULISTEL.

Qu'un jeune homme qui tient à être aimé pour lui-même... vous demande en mariage?...

COELIE.

Je n'en veux pas!

DULISTEL.

Que ce jeune homme est M. Léopold de Mondeville?...

COELIE, poussant un cri et mettant la main sur son cœur, et toute tremblante de joie.

Ah!... qu'avez-vous dit?... est-ce bien vrai?... répétez encore... répétez ce nom-là...

DULISTEL.

Léopold!

COELIE, vivement.

Je veux bien... mon beau-frère... je veux bien...

DULISTEL.

Vous savez s'il est riche!...

COELIE, vivement.

Je ne tiens pas aux richesses...

DULISTEL.

Et il vous reconnaît une dot de cinquante mille écus.

COELIE, de même et sans l'écouter.

C'est égal!... je veux bien!... Quoi! c'est lui, vous en êtes bien sûr?... O mon Dieu!... mon Dieu!... je suis folle... je perds la tête... c'est mal!... je ne devrais pas être contente... surtout devant quelqu'un... vous n'en direz rien... vous ne lui direz pas?

DULISTEL.

Non certainement... C'est ma femme... (A part.) Elle aura beau dire et beau faire maintenant... (Regardant Albertine, Cœlie et la porte du cabinet où est Léopold.) Je peux les laisser, je crois, tous les trois... en famille.

(Il sort par le fond.)

SCÈNE III.

ALBERTINE, COELIE.

COELIE.

Ma sœur... ma sœur, tu ne sais pas?... viens donc vite... que je te dise... car je n'y tiens plus... j'en suffoque... Embrasse-moi d'abord.

ALBERTINE.

Qu'est-ce donc?...

LÉOPOLD, entr'ouvrant la porte du cabinet à droite, et apercevant Albertine.

C'est elle... mais Cœlie est encore là... attendons!

(Il referme la porte, qui reste tout contre.)

COELIE, qui vient d'embrasser sa sœur.

On me demande en mariage...

ALBERTINE, froidement.

Puisque tu es décidée à refuser...

COELIE, avec joie.

Mais c'est que c'est Léopold...

ALBERTINE, froidement.

Qu'importe?... tu m'as dit que tu ne voulais pas de mari...

COELIE, avec effusion.

Je ne voulais que lui; et, comme c'était impossible, j'étais décidé à refuser tous les partis, à ne jamais me marier pour continuer à l'aimer toute seule! Mais que je pleurais, que j'étais malheureuse, quand je me disais : Lui, il faudra bien qu'il épouse quelqu'un!... il a tant de bonnes qualités, tant de mérite! et puis cette maudite fortune qui était venue par là-dessus... Le jour j'étais gaie... indifférente... on ne s'apercevait de rien! qui fait attention à une jeune fille?... personne!... (A demi-voix.) Mais, dès que j'étais seule, ma sœur, j'étais avec lui... il ne me quittait pas, je ne rêvais qu'à lui.

ALBERTINE, avec effroi.

O ciel!...

COELIE.

C'est bien mal!... je le sais, je m'en accusais, je me le reprochais sans cesse; et si vous saviez quels tourmens de renfermer dans son cœur un secret qu'on n'ose avouer à personne, et qu'on voudrait se cacher à soi-même!... Mais désormais je puis le dire à vous, à tout le monde... même à lui!... non pas maintenant... oh! bien sûr! et dût-il m'accuser d'indifférence... il n'en saura rien, il ne s'en doutera pas; mais, une fois sa femme, quel bonheur de lui dire : *Je vous aime!* Et penser que ce bonheur-là n'est plus un crime, que c'est permis!... que c'est un devoir... ah! ma sœur, il y a de quoi perdre la raison.

ALBERTINE, souriant avec effort.

Cela commence!...

COELIE.

C'est vrai! et s'il me voyait ainsi, il romprait le mariage! (Regardant Albertine.) Eh! mais, qu'avez-vous donc? vous ne partagez pas ma joie... vous êtes troublée... inquiète...

ALBERTINE.

Oui... j'en conviens... et si l'espèce d'enivrement où je te vois pouvait laisser encore quelque place dans ton cœur à ton amitié pour moi...

COELIE.

Oh! toujours... toujours, quoi qu'il arrive!...

ALBERTINE.

Je te dirais : Si tu veux me rendre un grand service... un service d'où dépend mon bonheur... et le tien... car tu ne serais pas heureuse en voyant mes tourmens et mes craintes...

COELIE.

Des craintes!... eh! sur qui? parlez; que voulez-vous de moi? que faut-il faire?

ALBERTINE.

As-tu vu Léopold?... t'a-t-il fait sa demande?

COELIE, tristement.

Eh mon Dieu non! pas encore!... il paraît qu'il n'a parlé qu'à mon beau-frère!

ALBERTINE.

Eh bien! tout à l'heure... ce soir probablement il se déclarera...

COELIE, avec joie.

Vous croyez!..

ALBERTINE.

Eh bien! ce que je veux de toi... c'est de ne pas lui répondre sur-le-champ... mais d'éluder... de différer... de demander du temps... un ou deux jours seulement.

COELIE.

Mais il croira que je ne veux pas...

ALBERTINE, avec impatience.

Eh bien! qu'importe?

COELIE, naïvement.

Mais c'est que je veux bien!... eh! pourquoi, je vous en prie, pourquoi différer encore?

ALBERTINE.

Je veux pour toi... dans ton intérêt... prendre quelques informations indispensables... m'assurer de ton prétendu... de son caractère.

COELIE, vivement.

Il est excellent...

ALBERTINE.

C'est possible, et je le crois... mais il peut avoir quelques défauts.

COELIE, de même.

Aucun, ma sœur; il n'en a aucun; depuis le temps que nous le connaissons, je ne lui en ai pas vu un seul.

ALBERTINE.

Eh! mon Dieu! tous les hommes en sont là: parfaits avant le mariage, et puis à peine le contrat est-il signé...

COELIE, avec crainte.

Vous croyez!...

ALBERTINE.

Enfin, je te le répète, si ce n'est pour toi... c'est pour moi, pour ma sécurité, que je te supplie en grâce de différer.

COELIE.

C'est si difficile!

ALBERTINE, vivement.

Eh bien, réponds-lui, cela ne peut l'offenser, que cela dépend de moi, et que tu ne peux sans ma permission...

COELIE, vivement.

Mais vous permettrez... n'est-ce pas?...

ALBERTINE.

Je te le jure!

COELIE.

Ça sera-t-il bien long?...

ALBERTINE

Non... demain... après-demain!... ce soir peut-être... si je sais ce que je veux savoir.

COELIE.

Ah! tâchez... je vous en prie.

ALBERTINE, avec chaleur.

Eh! je le désire plus que toi!

SCÈNE IV.

ALBERTINE, COELIE, VICTOR.

VICTOR, à Coelie.

Pardon, mademoiselle...

COELIE, avec impatience.

Eh bien ! qu'est-ce que tu veux ?

VICTOR.

Je voulais vous dire que tantôt je me suis enhardi, j'ai osé causer avec ce monsieur qui attendait. M. Defrène. Un agent de change, qui veut bien se charger de ma succession et de me la placer.

COELIE, avec impatience.

A la bonne heure !... eh ! qu'est-ce que tu veux ?

VICTOR.

Mes fonds qu'il faut lui remettre ce soir !

COELIE.

Demande à ma sœur ! c'est elle qui les a.

ALBERTINE, à part.

O ciel !... (Haut et vivement.) C'est bon... c'est bon !... tout à l'heure !... je n'ai pas le temps en ce moment !

VICTOR.

Quand madame voudra !... mais M. Defrène vient passer ici la soirée, et avant qu'il s'en aille... il faudrait...

ALBERTINE, vivement.

Cela suffit... ce soir avant dix heures. Eh ! Desrosoirs que j'attends !... (L'apercevant.) C'est lui... (à Victor.) Va-t'en, va-t'en !...

(Victor sort par la porte du fond qui est à droite.)

(A Cœlie.) Et toi, songe à ce que je t'ai dit.

COELIE.

Oui, ma sœur... est-ce terrible de ne pas pouvoir aimer les gens à son aise !...

(Elle sort par la porte du fond qui est à gauche.)

SCÈNE V.

ALBERTINE, DESROSOIRS.

ALBERTINE.

Eh! arrivez donc!...

DESROSOIRS.

Eh! mon Dieu! qu'y a-t-il de nouveau?... je reçois à l'instant votre billet : « Venez, mon ami, venez de « bonne heure et avant tout le monde... je vous atten- « drai dans mon boudoir... » Nous y voilà! et vous conviendrez que seul ici... en tête-à-tête avec vous, on pourrait se croire en bonne fortune!...

ALBERTINE, qui pendant ces dernières lignes a regardé autour d'elle.

Ah! mon ami!... je suis toute tremblante.

DESROSOIRS.

Eh! pourquoi donc?... plus rien à craindre! Defrène prendra patience, il se contentera pour le moment des quarante-deux mille francs...

ALBERTINE.

Mais cette somme que je vous ai remise était la dot de ma sœur! et elle va se marier.

DESROSOIRS.

Avec qui donc?

ALBERTINE.

Avec Léopold.

DESROSOIRS.

Ce n'est pas possible... c'est un mariage de désespoir qui n'aura pas lieu.

ALBERTINE.

Ce soir, on signe le contrat!... c'est un miracle que mon mari ne m'ait pas encore parlé de cet argent; mais d'un instant à l'autre lui ou le notaire peuvent le demander, eh! que faire?... que dire?... avouer ici, dans ce salon, devant tout le monde, que la dot de ma sœur m'était confiée... et que je l'ai perdue... comment?... au jeu!... Ah! sauvez-moi de la honte de rougir aux yeux de mon mari, de ma sœur, et surtout de Léopold, qui m'aimait, que j'ai dédaigné, et que ce matin encore j'ai traité indignement... Et m'humilier devant eux tous... leur demander grâce et pardon... plutôt mourir, voyez-vous! je l'aimerais mieux!

DESROSOIRS.

Y pensez-vous! allons... allons, du calme, du sang-froid... et tâchons de raisonner un peu.

ALBERTINE.

Eh! ce n'est rien encore! sur cette somme que je vous ai donnée au hasard et sans savoir ce que je faisais... il y a deux mille francs qu'il faut rendre ce soir... à l'instant même... il ne me manquait plus maintenant que d'être dans la dépendance de mes gens... Ah! quelle leçon!

DESROSOIRS.

Si ce n'est que cela... rassurez-vous; ma bourse de garçon peut y suffire, et au-delà; aussi je venais vous l'offrir...

(Il lui remet un petit portefeuille.)

ALBERTINE.

Ah! mon ami!... comment reconnaître jamais...?

DESROSOIRS.

Cela se trouvera: je ne suis pas pressé. J'ai comme cela beaucoup de clientes qui finissent toujours par me payer... car moi, vous le savez, je ne prête qu'aux dames! je n'ai confiance qu'en elles.

ALBERTINE.

Merci... merci mille fois... mais comment faire pour le reste?

DESROSOIRS.

C'est fort embarrassant... parce que quarante mille francs à trouver sur-le-champ... c'est très rare à Paris.

ALBERTINE.

A qui le dites-vous?... après que vous nous avez quittés, et avant le dîner j'ai fait mettre les chevaux, je suis sortie... j'ai couru chez mes meilleurs amis, des parens à qui je croyais pouvoir me confier... tous m'offraient avec empressement leurs services; mais dès qu'il s'agissait de quarante à cinquante mille francs... ils voulaient tous voir mon mari... s'entendre avec lui!

DESROSOIRS.

Vraiment!

ALBERTINE.

Les autres me parlaient de contrats... de notaire... d'hypothèques... est-ce que je sais?... et ces personnes si empressées auprès de moi... si dévouées dans un salon...

DESROSOIRS.

u'à les voir le matin ou le soir, la perspec--fait différente... l'homme du monde et l'homme d'affaires sont deux êtres distincts et séparés, et pour risquer sans garantie une somme aussi forte...

ALBERTINE.

Sans garantie... quand j'offre ma parole... mon billet, ma signature... n'est-ce rien ?

DESROSOIRS.

Eh! non... vous êtes en puissance de mari, votre signature n'est pas valable : c'est donc une affaire tout-à-fait de confiance, d'amitié, de générosité... et de la générosité, à ce prix-là, on n'en trouve guère; car les hommes, voyez-vous, je les connais, sont presque tous égoïstes... intéressés... ne faisant rien pour rien...

ALBERTINE.

Ainsi je ne trouverai personne... personne pour m'obliger?

DESROSOIRS.

Personne! c'est beaucoup dire... et en cherchant bien, nous pourrions peut-être trouver quelqu'un disposé à vous rendre ce service.

ALBERTINE.

Un étranger !...

DESROSOIRS.

Non, un ami à vous! qui accepterait votre billet, qui vous avancerait cette somme, en se gênant un peu, bien entendu, et qui, pour la lui rendre, vous donnerait tout le temps nécessaire...

ALBERTINE, vivement.

Oh! parlez-lui... dites-lui que mon amitié, ma reconnaissance...

DESROSOIRS, souriant.

Permettez!... c'est peut-être sur ce chapitre-là que vous auriez de la peine à vous entendre.

ALBERTINE.

Eh! pourquoi donc?

DESROSOIRS.

Si, par exemple, ce qui est possible... il vous aimait?...

ALBERTINE.

Moi!...

DESROSOIRS.

Non pas, comme cet étourdi de Léopold, de cet amour de vingt ans qui expose et compromet... mais d'un attachement mûr, discret et raisonnable comme lui!...

ALBERTINE, étonnée.

Que voulez-vous dire?...

DESROSOIRS.

Après cela, je peux me tromper, car dans le monde il y a peu d'hommes raisonnables qui aient assez d'amour pour faire une pareille folie... mais enfin je suppose qu'il y en ait un... un seul... et que cet homme-là vous dise : Malgré ma discrétion, mon dévouement, mon amitié, je n'ai aucun espoir de jamais vous plaire, car je me connais, je ne suis pas jeune, je ne suis pas beau... j'ai un esprit fort médiocre... je n'ai qu'un seul mérite, c'est ma fortune... Il faut bien alors me servir de ce mérite-là, puisque je n'en ai pas d'autre.

ALBERTINE, s'éloignant.

Quelle indignité!

DESROSOIRS, vivement.

C'est une supposition! je n'ai pas dit que cela fût... ni surtout de qui il s'agissait... car je ne suis pour rien là-dedans. Comment voulez-vous que moi, homme du monde, indépendant et libre de tous soucis, je sois assez insensé pour me jeter dans un pareil embarras, dans des affaires d'argent, des intrigues mystérieuses qui peuvent me faire du tort, me compromettre, me brouiller avec votre mari, mon plus ancien ami... eh! pourquoi? pour quel avantage?

ALBERTINE.

Monsieur!...

DESROSOIRS.

Dans le monde on fait une belle action quand on le sait, quand on vous regarde; je conçois un pareil sacrifice pour quelques souscriptions, quelques traits de bienfaisance... cela rapporte de la considération... c'est mis dans le journal... mais ici en secret! qui vous en remercierait? qui vous en saurait gré?

ALBERTINE, mettant sa tête dans ses mains.

Ce n'est pas possible, ce n'est pas vous que j'entends : vous ne voudrez pas renoncer à ma confiance, à mon estime, vous reviendrez à votre vrai caractère, qui est noble et désintéressé. (Écoutant.) O ciel! on entre dans le salon. (On entend annoncer au fond dans le salon dont les portes sont fermées : Monsieur et madame de Sérigni.) Le monde qui arrive!

UN DOMESTIQUE, annonçant encore en dehors.

Monsieur Archamband.

ALBERTINE, avec effroi.

Le notaire!

DESROSOIRS.

Qui vient pour le contrat.

ALBERTINE.

Monsieur...

DESROSOIRS, à demi-voix.

Eh bien! écoutez-moi!... je ne pourrai plus vous parler... mais avant ce soir un seul mot de vous... *non*, et je pars... *oui*, et je vous suis dévoué, et tout ce que je possède...

ALBERTINE, avec dignité, et rejetant le portefeuille qu'elle tenait.

C'en est trop!... je ne veux rien de vous... plus rien... je repousse une amitié dont je rougis maintenant; et, quoi qu'il arrive de mon sort... quelque honte qui rejaillisse sur moi, il y en aura moins à succomber... qu'à être sauvée par vous.

DESROSOIRS, effrayé.

Que voulez-vous faire?... y pensez-vous?

ALBERTINE.

Grâce au ciel, c'est mon mari.

SCÈNE VI.

DULISTEL, SORTANT DE LA PORTE DU FOND A GAUCHE; ALBERTINE, DESROSOIRS.

DULISTEL.

Eh bien, madame, vous restez ici?

ALBERTINE.

Monsieur? j'ai à vous parler...

DULISTEL.

Impossible; voici déjà du monde qui arrive au salon, M. Defrène, Archambaud, d'autres encore; c'est votre sœur qui s'est chargée de faire les honneurs.

ALBERTINE.

A la bonne heure; car je vous ai dit, monsieur, que j'avais à vous parler, un secret à vous confier...

DESROSOIRS.

Grand Dieu!

DULISTEL.

Un secret, à moi? Alors, madame, parlez vite, car dans ce moment nous n'avons pas le temps de nous faire de longues confidences.

ALBERTINE, à part.

O mon Dieu, que j'ai peur!

DULISTEL, avec impatience.

Eh bien, madame?...

ALBERTINE, avec émotion.

Eh bien, monsieur, je vous dirai qu'une dame de mes amies... une amie intime...

DULISTEL.

Que je connais?

ALBERTINE, de même.

Oui, monsieur, beaucoup!... elle se trouve en ce moment dans un grand embarras.

DULISTEL.

J'y suis! de l'argent qu'elle vient vous emprunter! l'amitié n'en fait jamais d'autres... Eh bien! madame, vous avez la pension que je vous fais pour votre toilette, vos économies; car je ne vous refuse rien... je l'espère.

ALBERTINE.

Non, monsieur; mais ces économies ne pourraient suffire, fussent-elles dix fois plus considérables !

DULISTEL, avec ironie.

Vraiment ! il s'agit donc d'une somme... respectable ?...

ALBERTINE, hésitant.

Mais .. près de cinquante mille francs !...

DULISTEL, souriant avec pitié.

Quelle folie !... et vous avez dit alors...

ALBERTINE.

Que je m'adresserais à vous, mon seul espoir !...

DULISTEL.

Et vous avez eu grand tort; s'il s'était agi d'un millier d'écus, je ne dis pas; mais avancer cinquante mille francs, je le voudrais, que peut-être ne le pourrais-je pas.

ALBERTINE.

Vous, monsieur, qui aujourd'hui encore... ces gains si considérables...

DULISTEL.

Eh! qu'importe? connaissez-vous la véritable situation de mes affaires? Qui vous dit que le capitaliste en apparence le plus solide n'est pas souvent lui-même, et sans que le monde s'en doute, dans la position la plus précaire et la plus terrible ?

ALBERTINE.

O ciel !...

DULISTEL.

Je n'ai que faire ici de me plaindre ou de vous alarmer... qu'il vous suffise seulement de savoir qu'un tel sacrifice m'est dans ce moment impossible.

(Il va pour sortir.)

ALBERTINE, le retenant.

Il le faut cependant... il le faut... je ne puis m'adresser qu'à vous. (A part.) Ah, quelle honte! (Haut.) Et quand vous saurez, monsieur, que cette amie intime, c'est...

DULISTEL, sévèrement.

Eh! qui donc? morbleu!

ALBERTINE.

Une femme mariée... oui, monsieur, son honneur en dépend... une somme qui ne lui appartient pas, et qu'elle a risquée sur les rentes...

DULISTEL, avec colère.

Sur les rentes!... Mais tout le monde joue donc sur les rentes, jusqu'aux femmes aussi qui s'en mêlent!... c'est bien fait! cela leur apprendra à aller sur nos brisées! et, si j'étais du mari, je ne donnerais pas un centime.

ALBERTINE, indignée.

Monsieur!

DESROSOIRS.

Qu'oses-tu dire?

DULISTEL.

La vérité : une femme qui a une pareille passion ne se corrigera jamais. Si elle a joué aujourd'hui, elle jouera encore demain, après-demain, tous les jours; et, après avoir payé dix fois, vingt fois, le mari est

ACTE III, SCÈNE VII.

obligé de faire un éclat, de se séparer; et moi qui calcule, je me séparerais tout de suite... sur-le-champ; on ne perdrait pas tout... on sauverait du moins la fortune.

ALBERTINE, avec colère.

Ah! voilà qui est indigne...

DULISTEL.

A vos yeux; mais tous les gens sensés m'approuveront; je m'en rapporte à mon ami Desrosoirs. Qu'en penses-tu?

DESROSOIRS, froidement.

Écoute... dans ton intérêt, je te dirais peut-être: donne cet argent; mais je te connais, tu ne le donneras pas.

DULISTEL.

C'est vrai.

ALBERTINE.

Ah! c'en est trop! et je ne sais ici ce qu'il y a de plus digne de ma colère ou de mon mépris. Je ne vous presse plus, monsieur; je ne demande plus rien... ni à vous ni à personne... Il y avait un cœur au monde qui pouvait vous devoir une grande reconnaissance, et, grâce à vous, il en est dégagé... il ne vous doit plus rien... Adieu.

(Elle sort.)

SCÈNE VII.

DULISTEL, DESROSOIRS.

DULISTEL, riant.

C'est cela... parce qu'on a de l'ordre et que l'on calcule, ça les fâche... Mais j'espère que, quand elle sera de sang-froid, elle réfléchira à ce que je viens de lui dire.

DESROSOIRS.

Je l'espère aussi, et cela ne peut manquer de produire un excellent effet. Mais voici notre jolie fiancée.

SCÈNE VIII.

COELIE, DULISTEL, DESROSOIRS.

COELIE.

Eh bien, c'est aimable! vous restez dans ce boudoir : on arrive de tous les côtés, et ni vous, ni ma sœur n'êtes là pour recevoir! il n'y a que moi, qui ne peux y suffire.

DESROSOIRS.

Il y a donc beaucoup de monde?

COELIE.

Il y en a déjà de trop!... J'espère cependant bien qu'il en arrivera encore, (regardant autour d'elle) car je ne le vois pas.

(Dulistel ouvre une des trois portes du fond; au même instant s'ouvrent les deux autres, et l'on aperçoit le salon qui ne fait plus qu'un avec le boudoir. Le salon est rempli de monde. Des dames sont assises au fond, sur des causeuses, près de la cheminée. Des tables de jeu sont dressées. Des hommes se promènent, entourent les tables ou les canapés. Dulistel va et vient, salue tout le monde.)

COELIE, seule dans le boudoir.

Il n'y a rien d'ennuyeux comme ces grandes soirées... où il y a tant de monde... (Regardant autour d'elle.) et où on ne voit personne... (Apercevant Léopold, qui vient de sortir du cabinet à droite.) Ah!... le voici!... je suis tranquille maintenant...

(Elle remonte dans le salon et donne des ordres ; Léopold s'est jeté sur le canapé à droite, sur le devant du théâtre, où il reste rêveur, la tête appuyée sur sa main.)

LÉOPOLD.

Non... je ne puis revenir encore de tout ce que j'ai entendu!... Ah! cela mérite justice et punition... Eh! j'ai pu m'abuser à ce point, j'ai pu croire un instant qu'elle m'aimait!... le voile est tombé... mes yeux s'ouvrent... et je dois l'en remercier, car pour elle j'allais sacrifier un trésor, un ange... renoncer au cœur le plus pur et le plus tendre... Ah! désormais ce sera trop peu de ma vie pour mériter un pareil amour.

DULISTEL, rentrant dans le boudoir avec Desrosoirs et Cœlie.

Savez-vous pourquoi votre sœur ne nous honore pas de sa présence?

COELIE.

Non, monsieur.

DULISTEL, à Desrosoirs.

J'ai déjà envoyé dans son appartement... lui dire de descendre...

COELIE.

J'en viens aussi.

DULISTEL.

Et que faisait-elle?

COELIE.

Elle écrivait.

DESROSOIRS, vivement.

Ah!... elle écrivait!...

DULISTEL.

C'est bien le moment !... les femmes ne savent rien faire à propos.

DESROSOIRS, froidement.

Qu'en sais-tu ?

DULISTEL, vivement.

Eh bien ! voyons ! vous, Coelie... en son absence, établissez quelques parties... une bouillotte, dans ce boudoir... où l'on ne fait rien.

COELIE, faisant signe à des domestiques.

Oui, monsieur... (Regardant Léopold qui est toujours sur le canapé.) Il ne parle pas !... il ne dit rien !...

DESROSOIRS, regardant les domestiques qui placent deux tables.

C'est ça... une table d'écarté pour la jeunesse, et une table de bouillotte pour les sages... la vieille... l'antique bouillotte si long-temps oubliée... qui est enfin revenue en faveur. (A Dulistel.) C'est consolant pour nous... pour moi du moins.

DULISTEL.

Et en quoi ?

DESROSOIRS, regardant Léopold en souriant.

Cela prouve qu'il est des momens où les anciens peuvent reprendre l'avantage.

(On a placé à gauche sur le devant du théâtre une table d'écarté ; à droite au fond, plus près de la porte du salon, une table de bouillotte. Coelie qui tient des cartes à la main en a offert à plusieurs personnes, à Desrosoirs qui a accepté : il ne lui en reste plus qu'une, elle s'approche de Léopold.)

COELIE, avec émotion et baissant les yeux.

Monsieur de Mondeville... veut-il accepter une carte ?

ACTE III, SCÈNE VIII.

LÉOPOLD, vivement et se levant du canapé.

Ah! Cœlie!... C'est vous!...

(Il lui prend la main et la mène au bord du théâtre.)

COELIE, troublée.

Ce n'est pas ma main qu'il faut prendre... c'est cette carte.

(Desrosoirs et les joueurs de bouillotte sont assis au fond du théâtre. Des jeunes gens se sont assis à la table d'écarté à gauche. Dulistel est debout près d'eux et les regarde.)

LÉOPOLD, à Cœlie.

Merci... je ne joue jamais.

COELIE.

Je le sais bien... mais je vous voyais tout seul sur ce canapé.

LÉOPOLD.

Seul... oh, non!... j'y étais avec vous... je pensais à vous! qui êtes la meilleure et la plus aimable des femmes... (La regardant.) Et jolie! je ne conçois pas comment je ne m'en étais pas encore aperçu.

COELIE.

Comment, monsieur, c'est la première fois!...

LÉOPOLD.

Oui, j'en suis tout surpris, et charmé. Mais vrai! vous n'en aviez pas besoin, vous pouviez vous en passer, vous!... on vous aurait aimée sans cela!...

DULISTEL, à la table d'écarté à gauche.

Léopold, pariez-vous?

LÉOPOLD, remontant le théâtre.

Non!...

COELIE, à part.

Nous y voilà enfin. Comment va-t-il y venir?...

(Elle va s'asseoir sur le canapé à droite.)

LÉOPOLD, après avoir regardé autour de lui et voyant qu'on ne l'écoute pas, s'approche du canapé où vient de s'asseoir Cœlie, et lui dit à voix basse et avec chaleur.

Cœlie, voulez-vous être ma femme?... voulez-vous m'épouser?...

COELIE, étonnée.

Ah! mon Dieu!...

LÉOPOLD.

Répondez!...

COELIE.

Écoutez donc, quand on ne s'attend pas!... c'est-à-dire, si au contraire, je m'attendais... mais pas si brusquement, et dans ce salon... au milieu de tout ce monde...

LÉOPOLD.

Ils ne peuvent nous entendre.

COELIE, à part.

Oh! que j'ai envie de dire oui tout de suite!!... (A Léopold.) Monsieur, ne vous fâchez pas, je vous en prie, et croyez bien que si ça ne dépendait que de moi... mais on croit ici que vous avez des défauts... on a des idées... (Vivement.) Pas moi, mais ma sœur! c'est son consentement qu'il faut demander... tout de suite, tout de suite, c'est l'essentiel.

LÉOPOLD.

Et si je le demande, si je l'obtiens dès ce soir, le vôtre, Cœlie?

COELIE.

Oh! le mien... Cela vous inquiète-t-il beaucoup? (Geste de Léopold.) Prenez donc garde, monsieur, c'est ma sœur...

(Tous les deux se lèvent.)

SCÈNE IX.

LES PRÉCÉDENS; ALBERTINE.

(Albertine à la fin de la scène précédente a paru au fond dans le salon, a salué tout le monde et est descendue dans le boudoir. Les joueurs qui sont à gauche à la table d'écarté se lèvent, saluent Albertine et s'éloignent.)

LÉOPOLD, saluant aussi Albertine.

On était inquiet de votre absence, madame.

ALBERTINE.

On est bien bon... de l'avoir remarquée.

COELIE, bas à sa sœur, près de qui elle passe.

Tout va bien, il a parlé! j'ai dit que je ne voulais pas... (Se reprenant.) sans votre consentement; aussi maintenant c'est vous que cela regarde. Ne perdez pas de temps.

DULISTEL, regardant la table d'écarté à gauche.

Comment, l'écarté est abandonné!... Eh bien! messieurs... Desrosoirs!...

DESROSOIRS, au fond.

Je suis à la bouillotte; je ne peux pas quitter, je gagne!...

DULISTEL.

Eh bien, une dame!... la maîtresse de la maison.

ALBERTINE.

Moi, monsieur!...

DULISTEL.

Pour le bon exemple?

ALBERTINE.

S'il le faut absolument, et pour engager la partie...

(Apercevant à gauche vis-à-vis d'elle Victor, qui est près de Cœlie, tenant un plateau.) Ah! mon Dieu!

VICTOR, bas à Cœlie, qui est près de Léopold.

Si vous pouviez parler à madame de ces deux mille francs, je n'ose pas.

(Il s'éloigne et rentre dans le salon.)

LÉOPOLD, qui a entendu ce que vient de dire Victor.

Deux mille francs! ah! j'ai pitié d'elle. (Il s'approche vivement de la table, et prend le fauteuil qui est vis-à-vis celui d'Albertine.) Désolé, madame, que l'on vous fasse attendre, et puisque personne ne se présente...

ALBERTINE, s'asseyant.

Monsieur Dulistel voudra-t-il mettre pour moi?

DULISTEL, qui est au fond, redescend le théâtre.

Comment donc, chère amie! toute ma caisse est à votre service, vous le savez bien, et je parie de votre côté.

(Il se tient debout près de la table d'écarté, ainsi que plusieurs jeunes gens.)

LÉOPOLD.

Je tiens tout.

COELIE.

Comment, monsieur, vous jouez?...

LÉOPOLD.

Il le faut bien.

COELIE.

Je parie alors pour vous.

LÉOPOLD.

Je mets cinq napoléons.

ACTE III, SCÈNE IX.

COELIE.

Et moi un franc.

(Dans ce moment on entend dans le premier salon le son du piano.)

DULISTEL.

Une dame au piano !... madame de Sorigni !...

(Il rentre vivement dans le salon, ainsi que les jeunes gens qui entouraient déjà la table d'écarté.)

LÉOPOLD, à Albertine.

A moins que madame ne veuille jouer davantage, les dix napoléons qu'elle a là devant elle?

ALBERTINE, dont les yeux s'animent et brillent de plaisir.

Moi, monsieur? volontiers.

COELIE, à Léopold.

Y pensez-vous?

LÉOPOLD, donnant des cartes.

Moi j'aime à jouer gros jeu ou pas du tout. Voilà comme je suis.

COELIE.

Mais c'est très mal, très vilain!... vous, monsieur, qui avez l'air si calme et si raisonnable !

LÉOPOLD.

Ne tremblez-vous pas pour les capitaux que vous me confiez?

COELIE, debout et regardant de temps en temps son jeu.

Pourquoi pas?... aussi j'espère bien que vous allez jouer sagement, prudemment. (A part.) C'est étonnant ! il n'a jamais d'atouts. Eh! mais, comme il s'anime... il ne fait plus attention à moi... et ces défauts dont ma sœur me parlait... est-ce que par hasard il serait joueur?... Ah! mon Dieu ! le billet de mille francs...

(Haut.) je ne parie plus pour vous, c'est fini. (A part) Je l'avais bien jugé ; il est décidément joueur !... il a cette passion-là ! Eh ! quel malheur, qu'un jeune homme qui est si bien du reste, qui a tant de bonnes qualités... tant d'instruction !... (Allant regarder.) Mais c'est qu'il ne sait pas même le jeu. On n'a jamais vu ne pas demander des cartes avec un jeu pareil... Mais, monsieur, on n'écarte pas les rois d'atout...

LÉOPOLD, brusquement.

Qu'est-ce que c'est ?... que voulez-vous dire ?

COELIE.

Que vous avez écarté le roi de trèfle.

LÉOPOLD.

Le roi de pique.

COELIE.

Le roi de trèfle... j'en suis sûre ! je l'ai vu !...

LÉOPOLD, avec impatience.

Je suis sûr du contraire. Mais de quoi vous mêlez-vous ?... je joue comme je veux, vous ne pariez plus, vous n'avez pas le droit de conseiller...

COELIE.

Oh ! comme il est méchant !... je ne l'avais jamais vu ainsi... Joueur et colère !... deux défauts à présent.

LÉOPOLD, se levant.

C'est une fatalité inconcevable...

ALBERTINE, se levant aussi.

Oui, c'est jouer de malheur !

COELIE.

Je crois bien, quand on n'écoute personne. Quel caractère !...

ACTE III, SCÈNE X.

ALBERTINE, à part.

Deux mille francs !... je n'ai plus rien à craindre.

LÉOPOLD, à part.

C'est tout ce que je voulais...

DULISTEL, entrant.

Eh bien ! qu'est-ce que nous faisons là ? le thé !... messieurs le thé... et le punch... dans la grande galerie....

DESROSOIRS, se levant et à part.

Bravo ! il ne pouvait arriver plus à propos, je gagnais depuis une heure et ne savais comment faire Charlemagne... (Haut.) Je vais prendre du thé...

LES JOUEURS.

Ah ! monsieur Desrosoirs !

DESROSOIRS.

Il m'est ordonné le soir... il m'est nécessaire pour ma santé.

(Ils sortent tous, excepté Léopold et Desrosoirs.)

SCÈNE X.

LÉOPOLD, DESROSOIRS, puis un Domestique.

LÉOPOLD.

Pauvre Cœlie !... elle m'en veut... j'en suis sûr...

DESROSOIRS, qui a compté l'argent qu'il gagnait, est resté le dernier, et va rejoindre les autres, lorsque paraît un domestique qui entre mystérieusement et le retient par son habit.

Qu'est-ce donc? eh ! c'est Benoît, mon valet de chambre !...

BENOIT, à demi-voix.

Monsieur !.. une lettre.

LÉOPOLD, l'examinant.

Qu'entends-je ?...

DESROSOIRS.

Et de quelle part ?

BENOIT.

La femme de chambre de madame Dulistel me l'a remise pour vous, il y a plus d'une demi-heure, mais je ne pouvais pas entrer dans ce salon, où était tout le monde, et vous n'en sortiez pas.

DEROSOIRS.

Je le crois bien... j'étais retenu à cette maudite bouillotte... c'est bien... c'est bien... va-t'en. (Le domestique sort, et Léopold, qui avait remonté le théâtre et qui était entré dans le salon, rentre dans le boudoir et observe toujours Desrosoirs, qui tient la lettre entre ses mains.) C'est de madame Dulistel... c'est sa réponse !... je n'ose l'ouvrir... Ou elle accepte mes offres... ou elle me bannit à jamais !... C'est le oui... ou le non que je lui ai demandé...

LÉOPOLD, qui s'est approché.

O ciel !...

DESROSOIRS, tenant toujours la lettre.

Dit-elle oui ?... dit-elle non ?... allons, je vais le savoir...

LÉOPOLD, saisissant le bras de Desrosoirs qui va décacheter la lettre.

Non, monsieur...

DESROSOIRS, étonné.

Qu'est-ce ? qu'y a-t-il ?

ACTE III, SCÈNE X.

LÉOPOLD, s'en emparant vivement.

Vous ne lirez pas cette lettre...

DESROSOIRS.

Eh! pourquoi, s'il vous plaît?

LÉOPOLD.

Je sais de qui elle vient... de madame de Sainte-Suzanne, cette jeune veuve que vous m'avez enlevée.

DESROSOIRS, riant.

Quelle folie!... vous vous trompez, mon cher.

LÉOPOLD.

Du tout... j'ai reconnu son domestique... celui que j'ai vu si souvent chez elle.

DESROSOIRS.

C'est le mien!... qui à cette époque-là, il est vrai, était à ses ordres. Mais maintenant c'est différent... et je vous prie de me rendre...

LÉOPOLD.

Non, monsieur!...

DESROSOIRS.

C'est trop fort!... et je me fâcherai.

LÉOPOLD.

Tant que vous voudrez... J'ai une revanche à prendre pour cette aventure où trop long-temps j'ai été votre dupe.

DESROSOIRS.

Je vous répète que c'est fini... et je ne comprends pas ce qui vous prend en ce moment... vous qui n'y pensiez plus, qui en aimiez une autre... qu'est-ce que je dis? deux autres pour le moins... et je vous somme au nom de l'honneur de me rendre ce billet.

LÉOPOLD.

Non, monsieur, nous nous battrons.

DESROSOIRS.

Il ne s'agit pas de cela.

LÉOPOLD.

Nous nous battrons... je l'aime mieux.

DESROSOIRS.

A mon âge !...

LÉOPOLD.

Vous faites le vieillard, et vous ne l'êtes pas... Quand on est assez jeune pour aimer et pour plaire... on doit l'être assez pour se battre; d'ailleurs rien ne vous gêne... vous êtes garçon... sans enfans...

DESROSOIRS.

Monsieur, c'est un procédé indigne !...

SCÈNE XI.

LÉOPOLD, ALBERTINE, DESROSOIRS.

ALBERTINE, accourant au bruit.

Eh! mon Dieu! d'où vient ce bruit?... qu'y a-t-il, messieurs?...

DESROSOIRS.

Un manque de délicatesse... inouï... inconcevable!... monsieur qui s'empare d'une lettre qui m'est adressée ! (avec intention) et que je venais à l'instant même de recevoir. (Bas à Albertine.) C'est la vôtre.

ALBERTINE, avec effroi.

O ciel!... est-il possible?... monsieur Léopold...

LÉOPOLD.

Oui, madame, car cette lettre dont j'ai cru reconnaître l'écriture... vient d'une femme... que je n'aime plus, il est vrai, mais que j'ai aimée... que monsieur m'a enlevée... et quand ce matin déjà j'ai été à ce sujet en butte à ses plaisanteries, dois-je souffrir que devant moi il jouisse insolemment d'un triomphe dont il se vante?

DESROSOIRS, vivement.

Je ne me suis pas vanté, je ne me vante de rien.

LÉOPOLD.

Enfin, madame, ma colère n'est-elle pas excusable, légitime?... c'est vous que je prends pour juge... c'est à vous que je m'en rapporte.

DESROSOIRS.

Et moi aussi.

LÉOPOLD.

Et si vous me condamnez... ce n'est pas à lui, c'est à vous que je remettrai cette lettre.

DESROSOIRS, vivement.

Je ne demande pas mieux!

ALBERTINE, s'efforçant de sourire.

C'est bien, c'est bien, messieurs!... je consens à être arbitre dans ce grave débat... Mais allez, Desrosoirs, mon mari vous demande de tous côtés.

DESROSOIRS.

J'y vais, madame. (A part.) Eh! ne pas savoir encore ce que contient ce maudit billet... que j'avais là... que je tenais!... (Nouveau geste d'impatience d'Albertine.) J'y vais, vous dis-je, et reviens sur-le-champ...

(Il sort.)

SCÈNE XII.

ALBERTINE, LÉOPOLD.

ALBERTINE, *après un moment de silence, et souriant avec embarras.*

Quoi! vraiment, monsieur Léopold, vous en rivalité avec Desrosoirs? ce n'est guère probable!...

LÉOPOLD.

Cela est... cependant!... c'est-à-dire cela était; mais, alors même que l'amour n'existe plus... il est des souvenirs pénibles, humilians, qui froissent tout ce qu'il y a en nous de sentimens généreux; et jugez vous-même si je n'ai pas raison d'être indigné!... j'aimais une femme, belle, vertueuse... qui méritait les adorations du monde entier, et, pour récompense de mes soins assidus, de mes tourmens, de mon amour, je n'avais reçu d'elle que dédains, froideur, indifférence... Je ne m'en plains pas, madame!... malheureux par ses rigueurs, j'étais heureux de l'estime qu'elle me forçait de lui accorder, et je la respectais, je la révérais à l'égal de Dieu même, que nous adorons encore alors qu'il repousse nos vœux...

ALBERTINE.

Ah!... monsieur!... un pareil dévouement...

LÉOPOLD.

N'était pas une raison pour être aimé... je le sais, je me rends justice... mais je me disais : Si je ne suis pas digne de sa tendresse, je le suis du moins de son amitié, de sa confiance... elle peut bien les donner à celui qui lui donnerait sa vie... et il me semblait qu'à ce titre... j'y avais quelques droits... n'est-il pas vrai, madame?

ALBERTINE.

Ah! sans doute...

LÉOPOLD.

Eh bien!... voilà ce qui m'a frappé au cœur... voilà ce que je ne pardonnerai jamais : cette femme que j'aimais tant se trouve dans la peine, dans le malheur... dans une situation horrible... et, pour en sortir, elle a recours à qui? non pas à moi qui l'en aurais remerciée à genoux, qui aurais été trop heureux de lui donner ma fortune, mon sang... elle s'adresse à quelqu'un qui prétend lui faire payer ses services... qui lui propose de les vendre!

ALBERTINE.

Grand Dieu!

LÉOPOLD, vivement.

Cela vous indigne... vous ne pouvez le croire; et moi-même, j'aurais peine à me le persuader, si d'un salon où j'étais par hasard je ne l'avais entendu... (Geste d'effroi d'Albertine.) Moi seul, madame, moi seul au monde... Oui, madame, un homme s'est trouvé qui a osé demander un prix... que n'eût sollicité personne, et que personne n'eût jamais obtenu : mais ce que vous aurez peine à concevoir, c'est qu'à une demande semblable... (montrant la lettre qu'il tient) on a daigné faire une réponse... (vivement.) pour le bannir, j'en suis sûr.

ALBERTINE, vivement.

Oui, monsieur... pour le bannir à jamais.

LÉOPOLD, de même.

Je n'en doute point... je n'en ai jamais douté ; mais c'est déjà trop que de répondre : il ne fallait pas qu'une pareille lettre restât entre les mains d'un pareil homme... je la lui ai arrachée au moment où il allait en rompre le cachet, et, selon nos conventions, c'est à vous, madame, que je la remets... la voici (Il la lui donne.) Et maintenant que j'ai puni M. Desrosoirs... il ne me reste plus qu'à me venger de celle qui m'a méconnu...

ALBERTINE.

Vous venger !...

LÉOPOLD.

J'ai commencé déjà et j'achèverai.

(Voyant entrer Desrosoirs.)

ALBERTINE.

O ciel !...

LÉOPOLD.

C'est lui ! allons, madame... allons, remettez-vous... vous n'avez plus rien à craindre ni de lui... ni de personne.

SCÈNE XIII.

ALBERTINE, LÉOPOLD, DESROSOIRS.

DESROSOIRS.

Eh bien !... madame...

LÉOPOLD, qui va au-devant de Desrosoirs.

Arrivez, monsieur Desrosoirs... il est dit qu'en tout votre étoile doit l'emporter.

DESROSOIRS.

J'en étais sûr, madame a décidé...

LÉOPOLD.

Que j'étais un insensé... et comme, malgré son arrêt, je ne pouvais encore me le persuader... j'ai lu cette lettre...

DESROSOIRS.

O ciel!...

LÉOPOLD.

Qui n'était pas de madame de Sainte-Suzanne, c'est vrai... et j'ignore de qui elle est; mais, en tout cas, il n'y avait pas de quoi se battre pour un pareil billet... ni lieu d'en être jaloux... car il ne contenait qu'un mot, un seul, écrit en grosses lettres... *non.*

DESROSOIRS, avec dépit.

Vous en êtes sûr... il y avait *non*?

LÉOPOLD.

Pas autre chose... (Pendant ce temps, Albertine, qui avait froissé le billet, l'a déchiré en morceaux) Et tenez... en voici les morceaux... que madame tient encore.

DESROSOIRS, à part.

Morbleu! je ne m'y attendais pas.

LÉOPOLD.

Après cela, monsieur, si vous êtes toujours fâché contre moi...

DESROSOIRS.

Nullement, jeune homme; et la preuve, c'est que je reste pour signer à votre contrat... car là-dedans tout se dispose pour cela.

SCÈNE XIV.

ALBERTINE, LÉOPOLD, DULISTEL, COELIE, DESROSOIRS.

DULISTEL, qui est entré avant la fin de la scène précédente.

Eh, oui, mon cher : mon notaire est arrivé... Il boit du punch, et il attend, pour commencer ses fonctions, deux choses assez essentielles que je viens chercher...

LÉOPOLD.

Et lesquelles ?

DULISTEL.

D'abord le prétendu... et puis ensuite le contrat que j'ai soumis à votre approbation.

LÉOPOLD.

C'est juste. (Le tirant de sa poche.) Le voici.

DULISTEL, le parcourant.

Ah ! diable... déjà signé par vous ! Prenez garde, car le contrat porte quittance de la dot.

LÉOPOLD, froidement et montrant Albertine.

Que madame vient de me remettre à l'instant.

DESROSOIRS, étonné.

Est-il possible !

LÉOPOLD, froidement.

Je l'ai là !

ALBERTINE, à demi-voix et joignant les mains en signe de remercîment.

Ah ! monsieur !...

DESROSOIRS, stupéfait et la regardant.

Comment diable a-t-elle fait?... je m'y perds!

DULISTEL, froidement.

C'est juste... c'était entre les mains de ma femme... et elle a bien fait...

COELIE, qui jusque-là s'est tenue à l'écart et a gardé le silence.

Du tout... et monsieur peut la lui rendre... à l'instant même, sur-le-champ...

TOUS, avec étonnement.

O ciel!... eh! pourquoi donc?

COELIE.

Parce que je ne veux plus me marier!

LÉOPOLD, passant près de Cœlie.

Cœlie... est-ce vous que j'entends?...

COELIE.

Oui, monsieur... j'avais accepté parce que je vous croyais un bon caractère, parce que depuis que je vous connais, je ne vous avais pas vu un seul défaut... mais vous en avez, je le sais, et ma sœur avait bien raison, quand ce matin elle voulait différer ce mariage.

ALBERTINE, courant à elle.

Moi, du tout... je donne mon aveu... mon consentement : c'est le meilleur, le plus noble, le plus généreux des hommes... épouse-le, Cœlie, épouse-le! tu es digne d'un pareil bonheur... et lui aussi...

COELIE.

Vous croyez?...

LÉOPOLD, passant près de Cœlie.

Je vous aimerai tant, que vous me pardonnerez

mes défauts... ou plutôt, je vous le jure, dès aujourd'hui je suis corrigé.

COELIE.

A la bonne heure!... car c'est si vilain d'être colère... et surtout d'être joueur! c'est le pire des défauts.

LÉOPOLD, voulant la faire taire.

C'est bien... c'est bien...

COELIE.

On dit que cela mène à tout... que cela peut faire tout oublier... vertu, honneur, devoir.

ALBERTINE, à part.

Oh! jamais, jamais!

LÉOPOLD, voyant Albertine qui cache sa tête dans ses mains, et interrompant Cœlie avec impatience.

Silence... de grâce!...

COELIE.

Là... le voilà encore en colère!... (Pleurant.) Ah! mon Dieu!... mon Dieu!... je suis bien sûre que je serai malheureuse.

DESROSOIRS.

Eh bien! alors...

COELIE, essuyant ses larmes pendant que Léopold lui baise les mains.

C'est égal!... je me risque!

FIN DE LA PASSION SECRÈTE.

L'AMBITIEUX,

COMÉDIE EN CINQ ACTES ET EN PROSE,

Représentée pour la première fois, à Paris, sur le Théâtre-Français,
le 27 novembre 1834.

PERSONNAGES.

GEORGE II, roi d'Angleterre.
ROBERT WALPOLE, son premier ministre.
HENRI SHORTER, son neveu.
NEUBOROUG, vieux médecin.
MARGUERITE, sa fille.
CÉCILE, fille du comte de Sunderland, lectrice de la reine.

La scène se passe en 1736; le premier acte chez Neuboroug, les quatre autres au château de Windsor.

GEORGE.

O CIEL!... QU'AI-JE VU?... CETTE ÉCRITURE!...

l'Ambitieux. Acte IV. Sc. VIII.

L'AMBITIEUX.

ACTE PREMIER.

Le théâtre représente le cabinet de Neuboroug. Porte au fond. Deux portes et deux croisées latérales.

SCÈNE PREMIÈRE.

NEUBOROUG, MARGUERITE.

NEUBOROUG, assis près d'une table à gauche du spectateur.

La maudite ville que la ville de Londres pour les gens studieux, pour les médecins qui n'aiment pas le bruit ! Ferme cette croisée.

MARGUERITE, fermant la croisée.

Oui, mon père : c'est au bout du faubourg, sur la grande place que se tiennent les hustings.

NEUBOROUG.

Aussi c'est un tapage !...

MARGUERITE.

Je voudrais bien savoir qui sera nommé député.

NEUBOROUG.

Qu'est-ce que cela te fait ?

MARGUERITE.

Rien !... mais on tient à avoir des nouvelles.

NEUBOROUG.

Nous n'en manquerons pas! En Angleterre, vois-tu bien, les médecins sont toujours très occupés au moment des élections, et il nous arrivera d'ici à ce soir quelques côtes enfoncées ou quelques têtes cassées.

MARGUERITE.

Ah! mon Dieu!

NEUBOROUG.

La liberté des suffrages! (Lui montrant une chaise près de lui.) Viens te remettre là, à côté de moi.

MARGUERITE, montrant un livre qui est sur la table.

Pour vous lire vos nouvelles épreuves?

NEUBOROUG.

Non, non, tu cherches à détourner la conversation que nous avions commencée, et moi je tiens à la reprendre. Pourquoi ne veux-tu pas de sir Thomas Kinston, notre cousin?

MARGUERITE.

Parce qu'il est bien jeune... qu'il n'a pas de place, pas d'état.

NEUBOROUG.

Il est avocat!

MARGUERITE.

Bien discret, car il ne parle jamais.

NEUBOROUG, avec embarras.

Il ne parle jamais... au palais! c'est vrai; mais il parle ailleurs, il parle beaucoup; il est de l'opposition.

MARGUERITE.

Ce n'est pas le moyen d'avoir des places.

ACTE I, SCÈNE 1.

NEUBOROUG.

Quelquefois... Mais enfin s'il en avait une, s'il avait quelques milliers de livres sterlings à t'offrir, qu'est-ce que tu dirais?

MARGUERITE.

Je dirais que j'aime mieux rester fille.

NEUBOROUG.

Maintenant?

MARGUERITE.

Toujours! Qu'y a-t-il là d'effrayant? quel mari m'offrirait le bonheur que je trouve auprès de vous? Jamais de chagrins, d'inquiétudes... Vous seul ici en avez, et c'est toujours pour moi; et puis il n'y a pas au monde de père ni meilleur ni plus obéissant... Vous faites tout ce que je veux!

NEUBOROUG.

Pas toujours... et je ne puis m'habituer à cette idée que tu as de rester fille!... Toi une vieille fille!... J'ai si souvent rêvé à ton mariage qui m'occupe sans cesse, à ce gendre que je n'ai pas encore trouvé et que j'aime déjà, à mes petits-enfans à qui je serais si heureux d'obéir aussi... sans te faire de tort cependant... et puis, Marguerite, à ton âge on ne réfléchit guère, et tu n'as jamais pensé que nous n'étions pas riches, que même nous sommes pauvres!

MARGUERITE.

Et en quoi donc? que nous manque-t-il dans notre ménage? qu'avons-nous à désirer?

NEUBOROUG, se levant.

Pour moi, je n'ai pas d'ambition; tu le sais bien,

mais j'en ai pour toi. Tous ceux avec qui j'ai été élevé, tous mes camarades de l'université de Cambridge, ont fait fortune dans le monde, ce sont maintenant de riches négocians, des lords, des généraux, des ministres; moi, je suis resté médecin dans la petite ville où était né mon père : j'ai vieilli au milieu de ses habitans, ne leur servant pas à grand'chose, si ce n'est à les faire vivre le plus long-temps possible, jusqu'au moment où tu es devenu grande, où il a fallu s'occuper de ton éducation; alors et depuis cinq ans je suis venu m'établir à Londres, dans ce quartier retiré où je me suis fait une petite clientèle... dans les étages élevés, des ouvriers, des étudians, de pauvres officiers... des braves gens qui ont été mes malades et qui sont restés mes amis... car, vois-tu, le cinquième étage, ça aime bien, mais ça paie mal; ce qui fait, mon enfant, que pour t'amasser une dot, il a fallu recourir à ma plume et composer de temps en temps quelques brochures politiques qui, Dieu merci, se vendent assez bien : mais si d'un jour à l'autre j'allais rejoindre ta pauvre mère, si je venais à mourir...

MARGUERITE, lui mettant la main sur la bouche.

Ah!... voilà à quoi je n'avais jamais pensé. (D'un air fâché.) Et pourquoi me dites-vous cela ?

NEUBOROUG.

Marguerite !

MARGUERITE, pleurant.

C'est la première fois que vous me faites du chagrin, et jamais je ne vous ai vu si méchant... aller songer à mourir, maintenant...

ACTE I, SCÈNE I.

NEUBOROUG, cherchant à l'apaiser.

Eh bien!...Non... non... ne me gronde pas... je ne mourrai pas !...

MARGUERITE.

A la bonne heure!... qu'est-ce que c'est donc que des idées pareilles?

NEUBOROUG.

C'est ta faute aussi!... malgré moi je me laisse aller parfois à la tristesse...

MARGUERITE.

Quand donc?

NEUBOROUG.

Quand je te vois triste. Tu l'étais dernièrement et je me disais : Qui peut la tourmenter? ce n'est pas moi; il y a donc quelque secret qu'elle me cache, quelque peine de cœur.

MARGUERITE.

Moi!...

NEUBOROUG.

Dame! à ton âge, ce serait tout naturel!... tu ferais bien, mon enfant, tu aurais raison... mais dans ce cas-là il faudrait me le dire... car je ne le devinerais pas.

MARGUERITE.

Oh! certainement, je vous le dirais, si ça venait et si j'en étais bien sûre; mais vraiment, mon père, je ne crois pas.

NEUBOROUG.

Je me suis donc trompé?

MARGUERITE.

Sans doute.

NEUBOROUG, froidement.

Ça ne m'étonne pas: nous autres médecins, ça nous arrive souvent. Ainsi pour ce pauvre Thomas Kinston, le résultat de notre conférence est que...

MARGUERITE, d'un air caressant.

Il ne faut plus y penser.

NEUBOROUG, avec bonhomie.

A la bonne heure; n'y pensons plus. Et qu'est-ce que je lui dirai en le refusant ?...

MARGUERITE.

Tout ce que vous voudrez.

(Entre un domestique qui apporte sur un plateau tout ce qu'il faut pour le thé.)

NEUBOROUG.

Je vois que là-dessus tu ne me contraries pas. Si au moins j'avais pu adoucir mon refus par quelques bonnes nouvelles, si j'avais assez de crédit pour l'aider dans cette place qu'il sollicite...

MARGUERITE, approchant la table à gauche et faisant le thé.

Si vous le vouliez, cela vous serait bien facile.

NEUBOROUG.

Comment cela?

MARGUERITE.

Un seul mot de vous à votre ancien camarade de collége, à Robert Walpole.

NEUBOROUG.

Au premier ministre? jamais!

MARGUERITE.

Eh pourquoi donc? votre père le docteur Neuboroug n'a-t-il pas été son précepteur? n'avez-vous pas été élevés ensemble à Cambridge ? N'étiez-vous pas amis intimes.

NEUBOROUG.

Oui autrefois... lorsque lui, simple étudiant en théologie et moi étudiant en médecine, nous faisions bourse commune; mais depuis...

MARGUERITE.

Depuis !... Quelle injustice ! vous n'habitiez pas alors la capitale, vous étiez loin de lui, et cependant dans les commencemens de son élévation, il vous écrivait bien souvent.

NEUBOROUG.

Je ne dis pas non; mais il me semble à moi que ma plume ne restait pas oisive, et le seul écrit qui s'éleva alors pour le défendre; ces lettres qu'ils ont attribués depuis à Congreve et à Addisson, ces lettres irlandaises dont personne, pas même Walpole, n'a jamais connu l'auteur, de qui étaient-elles ? de moi !... car alors, en butte à la rage de tout les partis, tout le monde l'attaquait; et il luttait seul en homme de mérite et de cœur, en grand homme, il l'était alors; je puis en convenir, il était malheureux, on pouvait l'aimer ! Mais quand il a vu ses ennemis renversés, quand il s'est vu maître du pouvoir ou plutôt souverain absolu des trois royaumes... a-t-il trouvé un souvenir pour son vieux camarade? ne m'a-t-il pas oublié depuis long-temps, moi qui ne voulais de lui ni place, ni honneurs, ni pensions... moi qui ne demandais rien au ministre... rien que mon ami !... et le ministre me l'a enlevé: voilà ce que je ne lui pardonnerai jamais.

MARGUERITE.

Oui... il y a de sa part de la négligence, de l'oubli peut-être!... Mais n'y a-t-il pas aussi un peu de votre faute?... et depuis cinq ans que vous êtes à Londres, pourquoi n'avez-vous pas fait auprès de lui la moindre démarche?

NEUBOROUG.

Pourquoi?... parce qu'il est riche et que je suis pauvre! parce qu'il est grand seigneur et que je ne suis rien... C'était à lui de faire les premiers pas... c'était à lui de venir à moi... à sa place, du moins, je n'y aurais pas manqué, j'aurais quitté mon palais, je serais accouru à pied chez mon ami pour l'embrasser et lui tendre la main, cela aurait mieux valu que de me faire nommer médecin du roi!... Mais Walpole maintenant ne comprendrait plus cela, car vois-tu, mon enfant, Walpole est un ambitieux, et l'ambition dessèche le cœur. Ainsi ne m'en parle plus, et restons comme nous sommes, je ne lui demanderai jamais rien, il ne le mérite pas. Prenons le thé, il doit être fait.

MARGUERITE, s'asseyant à la table et servant le thé à son père.

C'est possible!... mais il y a peut-être auprès de lui des gens qui le méritent, qui sont dignes de votre amitié, et je suis bien sûre que si vous vous adressiez à lord Henri Shorter, son neveu...

NEUBOROUG, prenant le thé.

Celui-là.... c'est différent.... c'est un brave jeune homme, ce n'est pas un ingrat.

MARGUERITE, de même.

Oh! non, et si vous l'entendiez parler de vos talens et des soins que vous lui avez prodigués...

NEUBOROUG.

Un beau mérite, un coup de feu, une jambe fracassée, tous mes confrères l'auraient guéri encore mieux et plus promptement que moi. Mais ce qu'il n'aurait peut-être pas trouvé chez eux, c'aurait été une garde-malade aussi jolie... et surtout aussi attentive...

MARGUERITE.

Le moyen de ne pas s'intéresser à ce pauvre jeune homme qui souffrait tant et qui avait tant de courage? Mais comme j'ai eu peur ce jour où à cinq heures du matin on frappait à notre porte; mamselle, mamselle... deux officiers qui se sont battus hors de la ville et sous les murs de votre jardin! en voilà un qu'on apporte, et que je vois lord Henri tout pâle et tout sanglant...

NEUBOROUG.

Que veux-tu?... ces diables de jeunes gens sont tous de même : je ne l'ai jamais interrogé sur la cause de ce combat; mais j'ai facilement deviné que quelque intrigue, quelque amourette...

MARGUERITE.

Des intrigues, des amourettes... quelle indignité! lord Henri, des amourettes, il en est incapable, j'en suis bien sûre, car il m'a tout raconté, et quoique ce soit un secret...

NEUBOROUG.

En vérité, il t'aurait confié...

MARGUERITE.

Pourquoi pas?... vous lui aviez bien défendu de marcher, mais non pas de parler, et pendant trois mois qu'il est resté ici...

NEUBOROUG.

Vous avez eu le temps de causer...

MARGUERITE.

Tous les jours... il faut bien tâcher de distraire un malade.

NEUBOROUG.

C'est juste, dans notre vieille Angleterre, nous sommes moins défians que nos voisins du continent et nous laissons à nos jeunes filles une liberté dont elles n'abusent jamais.

MARGUERITE.

Soyez tranquille ! Et si vous saviez combien il y a en lui de franchise et de loyauté, comme il est simple et modeste pour un grand seigneur, comme il chérit son pays et surtout comme il aime son oncle, car c'est pour lui qu'il s'est battu, oui, mon père, il était dans le Northumberland où il avait un commandement supérieur... lorsqu'il lit dans les papiers publics... qu'au sortir d'une séance du parlement, un colonel... lord un tel... je ne sais plus les noms, avait insulté le premier ministre Robert Walpole, un vieillard. Il part, sans en rien dire, sans en prévenir son oncle, il arrive de grand matin chez milord, et lui dit d'un ton ferme... Monsieur... enfin je ne sais pas ce qu'il lui dit; mais c'était très bien, et la preuve, c'est qu'ils se sont battus, c'est que lord Henri a été blessé, qu'il n'a parlé de ce duel à personne, parce que si on l'avait su, le roi aurait destitué son adversaire, et que celui-ci, touché de tant de générosité, a été trouver le ministre, lui a fait des excuses. Voilà la vérité ; et on vient dire après cela qu'il a des intrigues, des amourettes. (Se levant de table.) Mon Dieu, mon papa, je ne vous accuse pas, vous l'avez dit sans intention... mais d'autres peuvent le répéter ; voilà comment les mauvais bruits se répandent, et comment on calomnie toujours les jeunes gens...

NEUBOROUG, se levant aussi.

Réparation d'honneur. Mais tais-toi, n'entends-tu pas un carrosse qui s'arrête à notre porte?...

MARGUERITE.

C'est lui!... c'est lord Henri !

NEUBOROUG.

Qui te l'a dit ?...

MARGUERITE.

Ce n'est pas difficile à deviner... Nous n'avons pas tant de cliens à voiture, il est le seul. Allons, mon père, n'ayez pas peur, demandez hardiment une place pour sir Thomas, notre cousin, afin que, comme Walpole, il soit heureux et ne pense plus à moi.

NEUBOROUG.

J'ai déjà essayé d'en toucher quelques mots à lord Henri ; mais dès qu'il s'agit de solliciter, j'ai un air si gauche. Il serait plus convenable peut-être que cela vînt de toi...

MARGUERITE.

Vous croyez?...

NEUBOROUG.

C'est-à-dire...

MARGUERITE.

Bien volontiers... moi, ça ne me coûte rien, le voici !

SCÈNE II.

MARGUERITE, HENRI, NEUBOROUG.

NEUBOROUG.

Déjà !... il n'a pas été trop long-temps à monter...

HENRI.

Grâce à vous, mon cher docteur, qui m'avez remis sur pied...

NEUBOROUG.

Cela va donc bien ?

HENRI.

A merveille ! et demain au bal de la cour où la reine Caroline vient de m'inviter... j'espère bien danser.

MARGUERITE.

C'est très imprudent.

HENRI.

Ce que j'en ferai n'est pas pour moi, miss Marguerite, je n'y tiens pas, mais pour faire honneur à votre père, à qui je dois tant et qui est un terrible homme, car avec lui on ne sait jamais comment s'acquitter... Aussi, mon cher docteur, je viens à tout hasard, et sans savoir si cela vous fera grand plaisir, vous annoncer des nouvelles que l'on vient de m'apprendre : votre jeune cousin l'avocat, sir Thomas Kinston, quoique peu partisan du ministère, à ce qu'on dit, vient d'être nommé, près de la cour de justice, premier conseiller du roi.

NEUBOROUG.

Il serait possible !

MARGUERITE.

C'est à vous que nous le devons.

HENRI, souriant.

Du tout...

NEUBOROUG.

Si vraiment : vous m'avez deviné...

MARGUERITE.

Oui, milord; cette place qui nous est si généreusement accordée, je m'étais chargée de vous la demander...

HENRI.

Vraiment ?

MARGUERITE.

J'allais vous présenter ma pétition.

HENRI, souriant.

Alors, miss Marguerite, c'est une pétition que vous me devez; car celle-là ne compte pas, ou plutôt vous n'aurez bientôt plus besoin de mon crédit... voilà votre père sur la route des honneurs.

NEUBOROUG.

Que voulez-vous dire ?

HENRI.

Que j'ai eu de la peine à arriver jusqu'ici, tant était grande la foule qui entoure les hustings, et de tous les côtés dans ce faubourg j'entendais retentir u docteur Neuboroug.

NEUBOROUG.

Moi... qui n'y songe même pas...

MARGUERITE, à Henri.

Taisez-vous donc!

NEUBOROUG.

Quoi!... qu'y a-t-il? qu'est-ce que ça signifie?

MARGUERITE.

Que d'autres y songent pour vous!... que mon cousin sir Thomas Kinston et ses amis de l'opposition avaient depuis long-temps le désir de vous porter à la Chambre des communes... et moi je leur disais : n'en parlez pas à mon père, car il refusera.

NEUBOROUG.

Certainement!

MARGUERITE.

Et il paraît alors qu'en votre nom, et sans vous en prévenir...

NEUBOROUG.

Quelle folie!... aller me choisir... pour m'opposer au candidat ministériel... moi qui n'ai aucune chance...

MARGUERITE.

C'est ce qui vous trompe ; tous les pauvres gens de ce quartier sont vos cliens, vous les traitez gratis...

HENRI.

Et ils vous paient par leurs votes... jamais élection ne fut plus naturelle et plus juste!... mais je ne savais pas, docteur, que vous fussiez médecin de l'opposition.

MARGUERITE, d'un ton de reproche.

Du tout; médecin du ministère... vous le savez bien.

NEUBOROUG, avec douceur.

Médecin de tout le monde, mes amis; la médecine est comme la religion... elle n'est d'aucune opinion... elle est du parti de celui qui dit : Je souffre! c'est à ceux-là seulement que je me dois; et quelque flatteurs que soient les suffrages de mes concitoyens, quand même ils se réuniraient sur moi, ce que je ne crois pas...

MARGUERITE.

Vous refuseriez?

NEUBOROUG.

Sans hésiter. Me crois-tu assez ennemi de mon repos et de mon bonheur pour accepter de pareilles fonctions? Dans mon état de docteur, je suis estimé, considéré... je ne m'en tire pas trop mal... A la Chambre, ça ne serait plus ça. Il faut là qu'un député ait du talent, de l'esprit argent comptant.

MARGUERITE.

Bah!... souvent la Chambre fait crédit!

NEUBOROUG.

Et moi je n'en veux pas! Docteur, je peux impunément être l'ami de tout le monde; député, il faudra me prononcer, prendre une couleur politique, et tous les gens qui crient : liberté de conscience! tomberont sur moi, dès que je ne serai plus de leur avis; bafoué par eux, tourné en ridicule, je n'aurai plus ni mérite, ni probité; je n'aurai plus même de talent comme médecin, et en revanche, qu'y aurai-je gagné? d'être appelé : *L'honorable membre*... moi que vingt journaux déshonoreront chaque jour!... Et pendant que je serai à la Chambre, que deviendront mes malades? que deviendra ma fille?... qui songera à sa dot, et qu'y aurai-je ajouté? la gloire d'avoir représenté un faubourg de Londres!... votre serviteur!... La gloire est une belle chose... le bonheur vaut mieux, et je reste chez moi!

HENRI, souriant.

Vous parlez là, mon cher docteur, comme un publiciste fort original, que je lisais ce matin, et qui, sous le voile de l'anonyme, fait grand bruit en ce moment, l'auteur des *Lettres irlandaises*, qui depuis un an a reparu dans la carrière politique.

MARGUERITE.

Vraiment?

HENRI.

L'ouvrage le plus remarquable que l'on ait publié depuis long-temps, et dans lequel, sous l'air simple et bonhomme d'un fermier irlandais, l'auteur se moque fort spirituellement de toutes les opinions; mais lui n'en a aucune! il se tient comme vous à distance! il se fait gloire de n'être rien! et si tout le monde parlait ainsi, mon cher docteur, que deviendrait le pays?... qui réclamerait ses droits? qui défendrait sa liberté?...

NEUBOROUG.

Craignez-vous que les places ne restent vacantes? et croyez-vous qu'il manquera jamais d'ambitieux? demandez à votre oncle... demandez à Walpole?

MARGUERITE, voulant le faire taire.

Mon père!

HENRI, avec fierté.

Walpole! quelles que soient les calomnies auxquelles il est en butte, Walpole a depuis trente ans bien servi l'Angleterre... Je ne défends pas ici un parent que je regarde comme mon second père, je ne parle pas de l'homme privé, il me serait trop facile de prouver les vertus qui honorent sa vie intérieure, mais je parle de l'homme d'État, du ministre. N'a-t-il pas sous deux règnes et d'une main inébranlable tenu le gouvernail, maintenu les partis, comprimé les factions? Et si vous ne lui tenez aucun compte de la paix dont nous jouissons depuis vingt ans, de l'industrie qu'il a ranimée, de nos pavillons qui flottent sur toutes les mers, de la dette nationale qu'il a éteinte... vous conviendrez du moins, vous qui tout à l'heure trembliez à l'idée seule de nos orages parlementaires, qu'il y a quelque courage à ne reculer devant aucun danger, aucune haine, à braver l'injure et la calomnie, et à se dire en pensant au jour de la justice : J'attendrai !

NEUBOROUG.

C'est-à-dire que son impopularité, que la haine qu'on lui porte, que les reproches qu'on lui adresse, tout cela est un mérite de plus à vos yeux, et que, quoi qu'il fasse, vous le défendez d'avance...

HENRI.

Je n'ai pas dit cela ! Hier encore, et ce n'est pas la première fois, j'ai parlé contre lui à la Chambre des lords, j'ai voté contre son bill.

MARGUERITE.

Vous! parler contre Walpole!

HENRI.

Contre lui... contre le monde entier, si ma conscience et mon opinion me le conseillent.

NEUBOROUG.

Me suis-je donc trompé? et quel est votre parti? êtes-vous wigh ou tory?... êtes-vous pour le peuple ou pour la cour?

HENRI.

Je suis pour l'Angleterre; je suis de ceux qui disent : La patrie avant tout! Dans un gouvernement tel que le nôtre, il n'est pas donné à tout le monde, je le sais, de briller à la tribune ou de se distinguer par ses écrits; mais tout le monde peut être bon citoyen et en remplir les devoirs. C'est à ce seul mérite que se borne mon ambition. Je ne courtise ni la puissance royale ni la faveur populaire; fidèle à mon pays et à ses lois que j'ai jurées, je les défendrai contre quiconque voudrait y porter atteinte, et que l'outrage vienne d'en-haut ou d'en-bas, qu'il parte du palais Saint-James ou des faubourgs de Londres... que celui qui veut nous opprimer se nomme roi ou se nomme peuple, je me lève contre lui; car, avant tout, mon pays et sa liberté!

NEUBOROUG.

Touchez là! je suis désormais de votre parti.....

HENRI.

Et alors vous acceptez...

NEUBOROUG.

Non... non, pour d'autres raisons encore...; car sur ce terrain-là, voyez-vous, il faudrait se retrouver

ACTE I, SCÈNE II.

en présence de Walpole, et ami ou ennemi... je ne veux plus le voir... je l'ai juré.

HENRI.

Il est moins fier que vous... car l'autre jour, en lui demandant cette place pour sir Thomas Kinston, il a bien fallu lui dire que c'était votre cousin... Et à votre nom il a tressailli comme un homme qui sort d'un long sommeil... Mon vieux camarade Neuboroug, s'est-il écrié... il vient d'arriver, il est à Londres?— Oui, mon oncle, depuis cinq ans. — Pas possible !... Je sais bien, a-t-il ajouté, qu'il y est venu à peu près à cette époque-là... à telles enseignes, qu'il y avait alors une place vacante... En achevant ces mots, il sonne vivement son secrétaire. — Ne vous ai-je pas désigné il y a long-temps, comme recteur à l'université d'Oxford, Williams Neuboroug, mon ami d'enfance? — Oui, milord, c'était bien votre intention, mais la place a été donnée à votre ennemi mortel lord Stanhope... A ce mot, Walpole a rougi... ses nerfs se sont contractés... et, me prenant la main, il m'a dit à voix basse et d'un air honteux : « C'est vrai, je me le rappelle maintenant... J'avais alors besoin, pour faire passer un bill, de cinq ou six voix à la Chambre... Stanhope est venu ce jour-là... me les a offertes à ce prix... je ne pensais qu'à mon bill... je n'ai plus pensé à Neuboroug ; et depuis, je l'avoue, tant d'évènemens se sont succédé, que celui-là est tout-à-fait sorti de ma mémoire... »

NEUBOROUG.

Croyez donc à l'amitié d'un ministre ! Pour cinq

voix sacrifier un ami!... Mais pour dix il le ferait pendre!

HENRI.

Attendez... je n'ai pas fini!... Je lui ai raconté alors ce que je lui avais caché jusque-là... sur mon duel, sur ma blessure, sur les soins que vous m'avez prodigués... Il était ému, des larmes roulaient dans ses yeux...

NEUBOROUG.

Il a pleuré, lui... Robert Walpole?...

MARGUERITE.

Puisque milord le dit!

HENRI.

Et quand je lui ai parlé de vos talens... il s'est écrié: « Cela ne m'étonne pas... Sais-tu que, sous son air modeste, Neuboroug est le médecin le plus instruit de l'Angleterre, que c'est le seul au monde en qui j'aurais une aveugle confiance... »

MARGUERITE, avec joie.

Le ministre a dit cela!...

NEUBOROUG, avec ironie.

Il est bien bon!...

HENRI.

Puis il s'est promené d'un air agité... puis il est revenu à moi, m'a pris les mains, et m'a dit : « Mon ancien ami doit m'en vouloir... n'importe; Henri, arrange cela... amène-le moi... je veux le voir... il faut que je le voie... »

MARGUERITE.

Est-il possible!...

HENRI.

Et vous ne voudrez pas me faire échouer dans ma négociation?

NEUBOROUG.

Si vraiment!

MARGUERITE, avec crainte.

Vous n'irez pas?

NEUBOROUG.

Plutôt mourir! Croit-il qu'un mot de lui suffise pour tout réparer?... Savez-vous de quelle date est sa dernière lettre?... de dix ans! Oui, milord, pendant dix ans on oublie un ami; les grandeurs qui vous enivrent ne vous laissent pas le temps de lui donner un souvenir; et puis un beau jour, le hasard, une idée, un caprice, le ramènent à vous, et il faut qu'on revienne à lui? Non, morbleu! Mon amitié perdue ne se rend pas ainsi; elle n'obéit pas à une ordonnance ministérielle; et parce que dans son administration vénale rien ne résiste à ses séductions, espère-t-il aussi me gagner comme les autres? Il se trompe!... Je ne me laisse pas séduire, moi!... je ne suis pas du parlement; je suis libre, je suis mon maître; j'ai le droit de repousser un ingrat, et je le verrais à mes pieds que mon cœur et mes bras se fermeraient pour lui...

MARGUERITE.

Ah! mon père, ne dites pas cela!

NEUBOROUG.

Je le dis... et je le jure!

SCÈNE III.

MARGUERITE, HENRI, NEUBOROUG, UN DOMESTIQUE.

LE DOMESTIQUE.

On demande à parler à Monsieur...

NEUBOROUG, avec impatience.

C'est bien le moment! Et qui cela?

LE DOMESTIQUE.

Un homme qui est venu à pied... un étranger que je n'ai pas encore vu ici, et qui est là dans l'antichambre.

NEUBOROUG.

A-t-il dit son nom?

LE DOMESTIQUE.

Il vient de l'écrire. (Lui donnant un papier.)

NEUBOROUG, regardant le papier.

Sir Robert! O ciel!... cette signature, c'est la sienne! (Passant près de Marguerite.) C'est lui... c'est Walpole...

MARGUERITE.

Que dites-vous?

NEUBOROUG.

Il est là...

MARGUERITE.

Le ministre?...

HENRI, froidement.

Non pas le ministre... mais Robert votre ami... Il n'a pas pris d'autre titre, vous le voyez.

NEUBOROUG.

Et venir ainsi, à l'improviste... sans qu'on ait le temps de se préparer et de se mettre en colère!...

MARGUERITE.

Mais il est là qui attend!

NEUBOROUG, avec impatience.

Je le sais bien, ma fille... Lord Henri... Voyons, mes amis, qu'est-ce que vous me conseillez? qu'est-ce qu'il faut faire?

HENRI.

Je n'en sais rien; mais je sais que Walpole, si vous étiez chez lui, ne vous ferait pas faire antichambre.

NEUBOROUG.

Eh bien, qu'il entre donc!... Qu'il entre, ce traître, cet ingrat... (Apercevant Walpole qui entre en lui tendant les bras, il s'y précipite.) Robert!

WALPOLE, de même.

Williams!

SCÈNE IV.

MARGUERITE, NEUBOROUG, WALPOLE, HENRI.

NEUBOROUG, cherchant à se dégager de ses bras.

Ah! c'est malgré moi... Je n'ai pas été maître de mon premier mouvement! Mais je ne pardonne pas... je t'en veux toujours...

MARGUERITE.

Ah! mon père!... vous vous vantez!

NEUBOROUG.

Non, mademoiselle !...

WALPOLE.

Et moi, j'en suis sûr... ou du moins, je sais le moyen de te désarmer... Williams, j'ai besoin de toi.

NEUBOROUG.

Que dis-tu ?

WALPOLE.

J'ai un important service à te demander...

NEUBOROUG.

Et tu es venu à moi ?

WALPOLE.

Sans hésiter... et sans rougir !

NEUBOROUG, avec sentiment.

Tu es donc encore mon ami ?...

WALPOLE, lentement et le regardant.

Pour toi... du moins je crois que c'en est une preuve...

NEUBOROUG, lui serrant les mains.

Et tu as raison... tu as bien fait... Tout est oublié... Tu as besoin de moi ?... (Avec chaleur.) Voyons, Robert, dis-moi ce que tu veux; parle vite... dépêche-toi... il me tarde de me venger !...

WALPOLE.

Rien ne presse... nous avons le temps de causer... car je viens passer la soirée avec toi, et te demander à souper...

NEUBOROUG, hors de lui.

A souper !... est-il possible !... un trait comme celui-là !... (Avec attendrissement.) Je pardonne... je pardonne

tout... j'ai retrouvé mon ami,... Ma fille... tu l'entends?...
C'est lord Walpole... c'est le premier ministre de l'Angleterre qui vient nous demander à souper...

WALPOLE.

Eh! non... c'est ton vieux camarade.

NEUBOROUG.

C'est ce que je voulais dire.

WALPOLE.

Entre nous... en petit comité... rien que des amis.

NEUBOROUG.

Tu as raison... ça te changera...

WALPOLE.

Et surtout sans cérémonies, sans façons...

NEUBOROUG.

Certainement. (A Marguerite.) Passe chez le fournisseur de la cour.

MARGUERITE.

Y pensez-vous? il va se croire chez lui!

NEUBOROUG.

C'est juste... eh bien! notre ordinaire... tu comprends... notre ordinaire des grands jours...

MARGUERITE.

Oui, mon père.

NEUBOROUG.

Lord Henri... sera des nôtres... je l'espère.

HENRI.

Et moi j'y compte bien!... Je retourne au palais où je suis de service, et je reviens...

MARGUERITE, vivement.

Le plus tôt possible... (Se reprenant.) pour ne pas faire attendre milord votre oncle.

HENRI.

Je serai exact au rendez-vous.

(Il sort.)

MARGUERITE, à Walpole.

Si d'ici là votre seigneurie voulait une tasse de thé?

WALPOLE.

Merci, ma belle enfant. (A Neuboroug.) Elle est jolie ta fille.

NEUBOROUG.

Je crois bien!

WALPOLE.

Je ne l'aurais pas reconnue.

NEUBOROUG.

Parbleu!... depuis dix ans, mais j'ai tort... je ne dois plus parler de cela.

WALPOLE, bas à Neuboroug.

Si j'osais... je te demanderais à l'embrasser.

NEUBOROUG.

Eh bien! qui est-ce qui t'arrête?

(Walpole l'embrasse.)

MARGUERITE.

Quel bonheur!... j'ai embrassé le ministre!

(Elle sort par la porte à droite.)

SCÈNE V.

WALPOLE, NEUBOROUG.

WALPOLE, la regardant sortir.

Ah! tu es bien heureux... je n'ai pas de fille... moi!

NEUBOROUG.

Ne vas-tu pas me l'envier?

WALPOLE, lui serrant les mains.

Non... non... dans ce moment j'éprouve trop de joie pour rien envier à personne... Ta vue seule a réveillé en moi tant de souvenirs !... je me sens rajeunir et me crois revenu à nos premières années, à ce temps de nos études où nous étions si heureux.

NEUBOROUG, riant.

Et si pauvres !

WALPOLE.

C'était là le bon temps ! et nos travaux littéraires !

NEUBOROUG.

Et tes premiers succès...

WALPOLE.

Quand, grâce à toi, et dans ce bourg de Castle-Rising, où tu étais né, je fus nommé à la Chambre des communes; quand, jeune homme obscur et inconnu, j'arrivai à cette tribune où les ministres d'alors m'honoraient à peine d'un regard ! Et mon premier discours, te le rappelles-tu ?

NEUBOROUG.

Parbleu !... j'y étais, et excepté moi, personne n'écoutait ; c'était un bruit... des conversations... des éclats de rire aux bancs des ministres...

WALPOLE.

Bientôt ma voix sut se faire entendre ! ils m'écoutèrent alors, et moi, dès le premier jour, je ne sais quel instinct secret me disait : Cette place qu'ils occupent est à toi, elle t'appartient !... ils te l'ont usurpée, va la reprendre ; et déjà je m'en approchais ; déjà secrétaire d'État et trésorier de la marine, j'allais y atteindre... quand la main qui me soutenait se retire, quand le duc de Marlborough sur qui je m'appuyais se laisse renverser, et moi, livré à mes ennemis, accusé, condamné par la Chambre des communes, chassé de son sein... Ah! ce fut dans ma vie une cruelle épreuve que celle-là, Williams, car tout m'abandonnait, personne n'osait me défendre, excepté un seul écrivain que l'on prétendait m'être vendu et que je ne connaissais même pas, et qui jamais n'est venu m'en demander la récompense.

NEUBOROUG, lui prenant la main.

Il l'a reçue aujourd'hui, puisqu'il retrouve un ami !

WALPOLE.

Il serait possible... toi, Williams ! Ah ! j'aurais dû deviner mon généreux défenseur à cette éloquence si naturelle et si vraie, à cette bonhomie railleuse si naïve en apparence, mais au fond si redoutable; j'aurais dû reconnaître ton style.

NEUBOROUG.

Non, mais mon amitié, cette amitié qui venait à toi dans le malheur; car alors, mon pauvre Robert, dans la Tour où ils t'avaient jeté, dans les cachots, sous les verroux, à quoi pensais-tu?

WALPOLE.

A être ministre !... à renverser à mon tour Oxford et Bolingbroke ! Peu m'importaient les dangers, les supplices, la mort même... pourvu que je parvinsse au pouvoir ! ne fût-ce que pour un jour, un seul jour... y arriver était ma première pensée...

NEUBOROUG.

Et la seconde?

WALPOLE.

D'y rester !

NEUBOROUG.

Et tu en es venu à bout?...

WALPOLE.

Oui; mais que la lutte fut longue et terrible ! qu'il a fallu se raidir et se courber pour déraciner ce ministère tory qui semblait inébranlable ! Il ne fallut pas moins que la mort de la reine Anne, que l'avénement de la maison de Hanovre, que la faveur de George Ier.

NEUBOROUG.

Faveur qui a continué encore sous George II, et qui depuis vingt ans ne t'a pas quitté...

WALPOLE.

Mais depuis vingt ans sais-tu ce que j'ai fait pour la conserver? Sais-tu qu'étranger à tous les plaisirs, à toutes les passions qui charment les hommes, mes jours et mes nuits se passaient dans des travaux assidus; sais-tu que je ne dormais pas, qu'une fièvre continuelle m'agitait, et pourquoi?... pour veiller sans cesse à l'honneur et aux intérêts de ce pays qui m'étaient confiés, pour lui assurer le repos dont j'étais privé, et enfin, s'il faut le dire, pour amasser et maintenir sur ma tête ces honneurs, ces dignités, ce pouvoir qui me semblaient alors si désirables, et que maintemant j'ai pris en haine et en mépris.

NEUBOROUG.

Que dis-tu ?

WALPOLE.

Je ne suis plus le même ; je suis bien changé...

NEUBOROUG.

Le crois-tu ?

WALPOLE, lui serrant la main.

Je suis guéri, je te le jure.

NEUBOROUG.

Si toutefois on guérit jamais de l'ambition.

WALPOLE.

Oui, quand elle est satisfaite, quand elle n'a plus rien à désirer, et voilà où j'en suis : ce pouvoir qu'on ne me disputait plus a cessé d'avoir des charmes, je n'en ai plus senti que le poids et la fatigue ; mes forces me trahissent et je succombe sous le faix.

NEUBOROUG.

Est-il possible !

WALPOLE.

Oui, mon ami, un mal que je ne puis définir use en moi les sources de la vie, je souffre et veux guérir... aussi je ne me suis pas adressé aux médecins de la cour et à ceux du roi... je suis venu te trouver.

NEUBOROUG.

Et tu as bien fait. (*L'emmenant vers la droite où ils s'asseyent.*) J'en sais plus qu'eux, ne t'effraie pas, ce ne sera rien, je te sauverai, si tu veux m'y aider, car je connais ton mal.... Y a-t-il long-temps que tu en as ressenti les premières atteintes ?...

WALPOLE.

Il y a quelques années, c'était un jour, en plein parlement, à la suite de mes discussions avec Stanhope ; j'éprouvai là une contraction nerveuse aiguë, horrible...

NEUBOROUG.

Qui se renouvelle souvent...

WALPOLE.

Vingt fois par jour ! quand je donne mes audiences, quand je suis au conseil, quand je parcours des pétitions et quand je lis les journaux.

NEUBOROUG.

Je le crois bien, voilà ce qui te tue, voilà la cause de ton mal auquel je ne peux encore porter remède, mais il n'y a pas de temps à perdre ; il faut se hâter, et si tu veux en croire les conseils de ton médecin, de ton ami, il faut un repos absolu, il faut te retirer des affaires.

WALPOLE, avec un geste de crainte.

Que dis-tu ?

NEUBOROUG.

Dès demain... dès aujourd'hui !... il faut ne plus être ministre.

WALPOLE.

Eh! mon ami, c'est tout ce que je veux, tout ce que je demande, le calme, la retraite ; c'est là l'objet de tous mes désirs, et déjà deux fois j'ai supplié le roi d'accepter ma démission.

NEUBOROUG.

Dis-tu vrai ?

WALPOLE.

Malheureusement je sais bien qu'il ne peut pas y consentir, il a trop besoin de moi, je lui suis nécessaire, indispensable, dans ce moment surtout ; car, vois-tu bien, Williams, outre les discussions et les intrigues des chambres, j'ai encore celles de la cour...

notre roi George est jeune, ardent, impétueux, et quoique marié à une femme charmante qu'il respecte et qu'il aime...

NEUBOROUG.

Il l'abandonne...

WALPOLE.

Non, il ne l'abandonne pas, mais il en aime d'autres. Dans ce moment j'ignore laquelle, et pour la première fois il est discret, il m'en fait un mystère; mais il est amoureux, je le devine, j'en suis sûr. Alors, et ne pouvant s'occuper des affaires d'État, il est trop heureux que je le délivre de ce soin, que je sois là à la chaîne, que je me tue pour lui... (Se levant.) Moi à qui le repos est si nécessaire ! moi qui serais si heureux de me retirer dans ma campagne de Strawberry-Hill, dans cette délicieuse retraite que vont admirer tous les voyageurs, et que visite tout le monde, excepté son maître. C'est là, près de ses eaux jaillissantes et sous l'ombrage de ses beaux arbres, qu'il me serait si doux de me livrer comme autrefois aux arts, à l'étude, à l'amitié, car ce temps-là est le seul où j'ai vécu, et je le sens maintenant, j'étais né pour la vie intérieure et paisible.

NEUBOROUG.

Eh bien alors, pourquoi l'avoir quittée ?

WALPOLE, se levant.

Pourquoi ? parce que malgré soi on se laisse entraîner. Tous les hommes sont ainsi, toi comme les autres...

NEUBOROUG, qui s'est levé aussi.

Moi !

ACTE I, SCÈNE V.

WALPOLE.

Toi... tout le premier, si tu avais vu de près le pouvoir, si tu avais goûté de ses séductions, si tu connaissais cette vie d'émotions qui use, mais qui enivre...

NEUBOROUG.

Je me dirais : Cette ivresse-là, comme toutes les autres, ne laisse après elle que le malaise et le dégoût. Je me dirais : Vos décorations et vos plaques de diamans ne sont que des jouets d'enfans ; vos titres et vos honneurs, une vaine fumée...

WALPOLE.

Tu dirais tout cela, et tu ferais comme nous.

NEUBOROUG.

Jamais, et je te répéterai encore...

WALPOLE.

Et moi, je te dirai comme ce poète français que nous aimions tant :

> Eh, mon ami, tire-moi du danger,
> Tu feras après ta harangue !

NEUBOROUG.

Tu as raison, et puisque décidément tu ne peux encore t'éloigner de la cour, je te prescrirai un régime... et des soins qui ne pourront pas encore guérir le mal, mais qui du moins en arrêteront les progrès : de la distraction, de l'exercice, de la fatigue physique qui délasse de la fatigue morale... et puis de la sobriété... plus de ces grands dîners qu'on appelle ministériels... de ces repas d'artistes... ou de savans ; 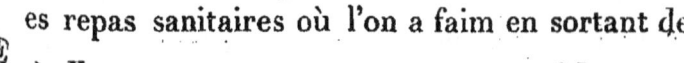 es repas sanitaires où l'on a faim en sortant de

table... viens souvent souper chez moi, comme aujourd'hui...

WALPOLE.

Je te le promets, à condition que tu viendras demain passer la journée à Windsor où j'habite.

NEUBOROUG.

Y penses-tu? on dit que la cour y est en ce moment!

WALPOLE.

Qu'importe! cela ne m'empêche pas d'y avoir mon logement et d'y recevoir mes amis.

NEUBOROUG.

A la bonne heure! et pour le reste je t'écrirai une ordonnance, qui n'est pas une ordonnance royale; aussi tu auras la bonté de ne pas l'interpréter à ta manière, de ne pas t'en écarter et de la suivre à la lettre.

WALPOLE.

Sois tranquille!

SCÈNE VI.

NEUBOROUG, WALPOLE, MARGUERITE, SORTANT DE LA PORTE A DROITE.

MARGUERITE.

Mon père, le souper est prêt.

NEUBOROUG.

Eh bien, mon enfant, il faut que le souper attende! lord Henri n'est pas encore de retour.

MARGUERITE.

Il monte l'escalier, car je l'ai vu descendre de voiture, et il avait un air triste et rêveur!

ACTE I, SCÈNE VI.

WALPOLE.

Oui, depuis quelque temps il a des chagrins qu'il me cache, et cela m'inquiète.

MARGUERITE.

Des chagrins ?

WALPOLE, à Henri qui entre.

Eh ! arrive donc ! je meurs de faim !

NEUBOROUG.

Très bon signe !

WALPOLE

Moi qui dans mon hôtel n'ai jamais pu trouver l'appétit.

NEUBOROUG.

Je le crois bien, il est toujours ici, dans ma salle à manger.

UN DOMESTIQUE, entrant.

Son Excellence est servie !

WALPOLE.

Son Excellence n'est pas ici.

NEUBOROUG.

Il n'y a que notre ami Robert !... allons, ta main... Henri, prenez celle de ma fille, et passez devant.

MARGUERITE, à part.

Des chagrins ! oh ! il me les dira !

NEUBOROUG.

Et nous, allons trinquer comme autrefois !... que je suis heureux !...

WALPOLE.

Et moi donc !... je ne suis plus ministre !

(Ils sortent tous par la porte à droite.

FIN DU PREMIER ACTE.

ACTE DEUXIÈME.

Le théâtre représente un salon élégant dans le château de Windsor. Par la porte du fond, l'on aperçoit une large galerie. Porte au fond. Portes latérales. A droite une table et ce qu'il faut pour écrire.

SCÈNE PREMIÈRE.

GEORGE II, CÉCILE.

CÉCILE, entrant, suivie par le roi.

Non, Sire, laissez-moi!

GEORGE.

Eh! quoi, lady Cécile, je ne puis obtenir un instant d'audience...

CÉCILE.

Je ne le veux pas!... le comte de Sunderland, mon père, m'attend chez la reine!

GEORGE.

Mais si je vous ordonne de rester... moi le roi!

CÉCILE.

Votre majesté sait bien ce qui arrivera.

GEORGE.

Vous me quitterez?

CÉCILE.

A l'instant! C'est ainsi que mon illustre aïeul, le

ACTE II, SCÈNE I.

duc de Marlborough, avait coutume de répondre à la menace...

(Elle fait la révérence et va pour sortir.)

GEORGE.

Cécile!... Cécile!... je vous en supplie, ne me réduisez pas au désespoir et daignez m'entendre!

CÉCILE, avec humeur.

Eh bien donc!... que voulez-vous?

GEORGE.

Ah! que vous connaissez bien votre pouvoir sur moi! et que vous abusez étrangement de cet amour que rien ne peut vaincre et que vos caprices, vos rigueurs ne font que redoubler encore! Un instant seulement, oubliant votre fierté, vous avez laissé tomber sur moi un regard de pitié...

CÉCILE, avec effroi.

Ah! taisez-vous!

GEORGE.

Et depuis ce moment où je croyais avoir désarmé votre cœur, il me semble au contraire que vous ayez redoublé pour moi de hauteur et de mépris; il y a en vous je ne sais quel sentiment de dépit, de crainte, de colère... quelquefois même on dirait de la haine!...

CÉCILE.

C'est vrai!

GEORGE.

Est-ce vous que j'entends!... grands dieux! et que n'ai-je pas fait pour vous fléchir ou vous rassurer!... Faut-il vous rappeler ici cette soumission, cette crainte de vous compromettre, ce respect que n'a jamais trahi le moindre mot ou le moindre regard; enfin ce mystère impénétrable qui cache à tous les yeux un amour que vous seule connaissez et que vous dédaignez, un amour qui vous soumet ma volonté, mon pouvoir, mon existence tout entière, que voulez-vous de plus?

CÉCILE.

Je veux... je veux savoir pourquoi je suis si malheureuse!

GEORGE.

Que dites-vous?

CÉCILE.

Je me faisais de la cour et de ses splendeurs une image enchanteresse... Élevée dans des souvenirs de gloire, des regrets d'ambition, près de la duchesse de Marlborough, mon aïeule, lui entendant parler sans cesse de ces temps brillans où, favorite de la reine Anne, elle disposait à son gré des destins de l'Angleterre et de ceux de l'Europe, ces idées de faveur et de puissance s'offraient sans cesse à mon esprit : c'était là les seules illusions dont se berçait ma jeunesse; et quand je fus présentée à la cour, lorsque Caroline d'Anspach voulut m'attacher à sa personne, je crus voir tous mes rêves se réaliser; il me semblait que moi aussi j'allais régner à mon tour... que j'allais devenir...

GEORGE.

Favorite?

CÉCILE.

Oui, de la reine! mais non pas du roi; et maintenant ce séjour si brillant me déplaît, m'est insupportable, tout y fait mon malheur!... tout, jusqu'aux bontés dont m'accable la reine, et je veux la quitter, je veux fuir la cour.

GEORGE.

Ah! c'est que votre ame froide et indifférente ne peut comprendre la mienne!... c'est que votre cœur insensible est incapable de rien aimer!

CÉCILE.

Moi ne rien aimer!

GEORGE.

O ciel!... me serais-je abusé? s'il était vrai... si quelque autre affection...

CÉCILE.

Aucune; mais ne suis-je pas maîtresse de réclamer ma liberté, mon repos, mon bonheur... quels droits aviez-vous sur moi, Sire, si ce n'est ceux que vous teniez de moi-même, et que j'ai repris.

GEORGE.

Ah! ne parlez pas ainsi, ne parlez pas de vous oublier. Plutôt que de renoncer à vous, il n'est rien dont je ne sois capable; il n'est pas de sacrifice que vous ne puissiez exiger.

CÉCILE.

Je n'ai jusqu'à présent demandé qu'une chose à Votre Majesté, et l'évènement m'a donné peu de confiance en mon crédit.

GEORGE.

Une telle idée ne vient pas de vous, mais de ceux qui vous entourent; c'est votre père, c'est lord Carteret, c'est ce vieux lord Bolingbroke, ennemis irréconciliables de Walpole, qui tous le détestent et veulent le renverser; mais à vous, Cécile, qu'est-ce que cela peut vous faire?

CÉCILE.

Cela fait... cela fait... que je le veux.

GEORGE.

Vous ne pouvez vouloir me priver d'un ministre dont les talens me sont utiles... indispensables; et quand même je serais assez ingrat pour méconnaître son zèle et son dévouement, quand même je voudrais renoncer à ses services, je n'en suis pas le maître: il a dans les deux Chambres une majorité à lui.

CÉCILE.

Oh! bien à lui, car il l'a achetée... et vous qui parliez à l'instant même de tout braver pour moi, vous tremblez devant votre ministre.

GEORGE.

Non pas devant lui, mais devant une injustice... et c'en serait une.

CÉCILE.

Soit! tel est votre bon plaisir, et le mien, à moi, est de quitter la cour, ce que je ferai dès demain, dès aujourd'hui.

GEORGE.

Non, vous ne partirez pas, vous ne vous ferez pas un jeu de ma douleur, et puisqu'il le faut, je vous promets, Cécile, je vous jure...

CÉCILE.

De renvoyer Walpole?

GEORGE.

Non; mais deux fois déjà il m'a offert sa démission que j'ai refusée, et s'il m'en parle de nouveau... s'il me l'offre encore, je l'accepterai.

CÉCILE.

Grand effort de courage!

GEORGE.

Mais vous me promettez au moins...

CÉCILE.

Je ne promets rien.

GEORGE.

Ah! vous qui souvent me parlez de tyrannie... est-il possible de la pousser plus loin et de l'avouer plus franchement!

CÉCILE.

C'est un avantage que j'ai sur vous... je suis, moi, pour le gouvernement absolu.

GEORGE.

Mais encore pour quelles raisons?...

CÉCILE.

Ces gouvernemens-là n'en donnent jamais; et je rappellerai seulement à Votre Majesté que voici l'heure de ses réceptions.

GEORGE.

C'est vrai!... j'oublierais tout auprès d'elle... Je ne demande plus rien, je m'en rapporte à votre clémence, à votre générosité. Dites-vous seulement que j'attends, que je souffre et que je vous aime!

(Il sort.)

SCÈNE II.

CÉCILE, SEULE.

Et moi... moi je me hais moi-même, et il est tel moment de ma vie que je voudrais racheter au prix de tout mon sang; mais je peux du moins quitter ces lieux que je déteste, rompre des chaînes qui me pèsent, fuir un amour qui m'est odieux. Je le lui dirai!... Eh! mon Dieu, ne le lui ai-je pas dit! et ma franchise, mes dédains augmentent encore sa faiblesse et mon pouvoir. On a dit-on, de l'empire sur les gens qu'on aime... on en a bien plus sur ceux qu'on n'aime pas.

SCÈNE III.

CÉCILE, NEUBOROUG, MARGUERITE.

MARGUERITE, donnant le bras à son père.

C'est-à-dire que le parc est magnifique, et puis c'est si grand, si étendu!

NEUBOROUG.

Beaucoup trop, pour les personnes qui s'y promènent à jeun.

CÉCILE.

Quel est ce vieillard et cette jeune fille?

NEUBOROUG.

Je n'ai plus de jambes, et suis trop heureux de m'asseoir...

ACTE II, SCÈNE III.

CÉCILE.

Le docteur Neuboroug, ici, à la cour!

MARGUERITE, à Neuboroug qui va s'asseoir.

Mon père, une grande dame qui vous reconnaît...

NEUBOROUG, se relevant.

Une grande dame!... eh! oui, lady Sunderland, que j'ai vu bien jeune; car j'étais autrefois médecin de sa famille. Mais nous autres anciens, il n'est plus question de nous.

CÉCILE.

Si vraiment! et j'ai à ce sujet, docteur, des complimens à vous faire. J'ai lu ce matin, dans le journal de la cour, que le faubourg de Southwark vous avait élu hier membre de la Chambre des communes.

NEUBOROUG.

C'est vrai!... madame la comtesse.

CÉCILE.

Et porté par l'opposition!... c'est un échec pour le ministère...

NEUBOROUG.

Je ne le crois pas; on m'a jugé trop peu redoutable pour combattre une nomination, qui du reste n'aura pas de suites, car, j'y suis décidé, j'écrirai dès aujourd'hui pour remercier et refuser.

CÉCILE.

Tant pis! je vois votre parti bien malade, les médecins même l'abandonnent, et je conçois alors ce qui vous amène à la cour.

NEUBOROUG.

Moi!... vous pourriez croire...

CÉCILE.

Que vous sollicitez... comme tout le monde... il n'y a pas de mal... et si je puis vous être utile... lectrice de la reine... j'ai quelque crédit près d'elle...

NEUBOROUG.

Je ne demande rien... je ne veux rien, milady... Je viens ici chez mon ami Robert Walpole, qui a bien aussi quelque pouvoir; mais, grâce au ciel, je viens en amateur...

CÉCILE.

Chez le ministre?...

MARGUERITE, passant près d'elle.

Oui, madame, il nous a invités à venir passer la journée à Windsor, et son neveu est venu nous chercher ce matin !

CÉCILE, avec émotion.

Son neveu, lord Henri...

MARGUERITE, vivement.

Vous le connaissez?...

CÉCILE, d'un air indifférent.

Oui... je le vois tous les soirs... au cercle de la reine...

MARGUERITE.

Et il a eu la bonté de venir nous prendre lui-même, pour nous amener ici !... il est si attentif, si galant, si aimable...

NEUBOROUG, lui faisant signe.

Ma fille !...

MARGUERITE.

C'est très vrai, et milady doit le savoir, puisqu'elle le connaît... Et puis, en arrivant, il m'a offert la main... et dans les deux premiers salons que nous avons traversés, qui étaient remplis de monde, des dames, des seigneurs de la cour, c'est à moi qu'il donnait le bras... ah! que j'étais heureuse! ils m'auront prise pour une grande dame, une comtesse... ils le disaient, n'est-ce pas?

NEUBOROUG.

Mieux que cela!... ils disaient : Voilà une jolie fille!

MARGUERITE, avec joie.

Vrai!... eh! bien, je ne l'ai pas entendu! je pensais à autre chose... surtout lorsque milord nous a présentés à sa sœur, lady Juliana, qui est bonne et aimable comme lui... et qui voulait me garder près d'elle... Et puis enfin, lord Henri nous a conduits dans les jardins, en nous disant : Je vais prévenir mon oncle, attendez-le ici; et depuis une heure nous nous promenons dans le parc où tout ce que je vois me semble superbe, admirable, magnifique... Mon Dieu! que c'est beau de venir à la cour, et que je suis heureuse d'y être!

CÉCILE.

Peut-être, mon enfant, ne le diriez-vous pas longtemps... mais pour aujourd'hui, je le conçois... surtout quand on a pour cavalier un jeune et brillant seigneur que l'on voit pour la première fois.

MARGUERITE, vivement.

Mais non, madame, très souvent et pendant trois mois tous les jours...

CÉCILE, vivement.

Que dites-vous?

NEUBOROUG, *l'arrêtant.*

Ma fille!...

CÉCILE.

Je vois en effet que vous connaissez intimement Robert Walpole et tous les siens... (A Neuboroug.) Prenez-y garde, docteur, l'amitié de Walpole a souvent porté malheur; mais, en tous cas, je vous dois un avis charitable : si, quoi que vous en disiez, vous attendez de lui des places, de la fortune, des honneurs...

NEUBOROUG.

Moi!

CÉCILE.

Hâtez-vous!... car, c'est moi qui vous le dis et vous pouvez me croire, il n'a pas long-temps à rester au ministère... Adieu, docteur.

(Elle sort.)

SCÈNE IV.

MARGUERITE, NEUBOROUG.

NEUBOROUG.

Eh! mais... à qui en a-t-elle donc la petite comtesse?... Avec son air protecteur et menaçant... il me semblait entendre feu le duc de Marlboroug, son grand-père, dictant des conditions aux plénipotentiaires de Louis XIV.

MARGUERITE.

C'est égal... je voudrais bien être à sa place! Elle va le soir au cercle de la reine... et puis enfin elle est ici tous les jours!...

NEUBOROUG.

Je ne lui en ferai pas compliment.

MARGUERITE.

Et pourquoi cela?

NEUBOROUG.

Parce qu'il me tarde d'en être dehors... il y a déjà trop long-temps que j'y suis.

MARGUERITE.

A peine si nous arrivons... et vous voilà de mauvaise humeur parce qu'on vous fait attendre un peu... est-ce raisonnable?

NEUBOROUG.

Certainement... j'ai cru qu'on allait nous recevoir tout de suite, à bras ouverts; et depuis une heure que nous sommes ici et que nous nous sommes promenés dans tous les sens, avons-nous seulement entrevu Walpole?

MARGUERITE.

S'il est occupé!

NEUBOROUG.

Ce n'est pas une raison pour faire faire antichambre à un ancien ami!

MARGUERITE.

Il l'a bien fait hier chez vous!

NEUBOROUG.

Pas si long-temps! et puis tous ces gens que l'on rencontre ont l'air, comme cette comtesse, de vous regarder du haut de leur grandeur et de ne pas croire qu'on vienne déjeuner chez un ministre!... que serait-ce donc s'ils savaient qu'hier il a soupé chez moi!

Mais je n'en ai rien dit, parce qu'il faut être modeste.

MARGUERITE.

Vous avez bien fait...

NEUBOROUG.

Et parce qu'on n'a pas comme eux un habit chamarré d'étoiles et de cordons, ils semblent dire : Il n'est pas des nôtres... c'est un étranger, un bourgeois de Londres.

MARGUERITE.

Eh bien !... qu'est-ce que cela vous fait ?

NEUBOROUG.

Cela fait que c'est désagréable, que c'est humiliant... parce qu'enfin, chez moi, je suis le seul; je suis le premier... j'aime mieux ça.

MARGUERITE.

Consolez-vous ! c'est votre ami le ministre.

SCÈNE V.

MARGUERITE, NEUBOROUG, WALPOLE, QUE PLUSIEURS SOLLICITEURS ENTOURENT.

WALPOLE, à un solliciteur.

J'ai lu votre projet... je l'ai lu... et ne peux l'approuver... imposer des taxes aux colons américains...

LE SOLLICITEUR.

C'est enrichir la Grande-Bretagne.

WALPOLE.

C'est l'appauvrir; les colonies d'Amérique nous donneront plus par le commerce que par les impôts...

LE SOLLICITEUR.

Mon projet avait pour lui l'approbation de lord North.

WALPOLE.

Eh bien! qu'il le tente après moi, quand il sera ministre... et il perdra les colonies. (A un autre.) Et vous, Johnson... ah! votre place de justicier!... je vous l'ai promise, vous l'aurez... (A un autre.) Vous aussi, milord, cet emploi, vous l'aurez, vous dis-je; mais attendez au moins qu'il y ait un décès... (A part.) Il sont tous de même... il semble que j'aie quelque épidémie à mes ordres... Et vous?... (S'avançant vers Neuboroug sans le regarder.) Avez-vous un placet?... que voulez-vous?... que demandez-vous?...

NEUBOROUG.

De déjeuner le plus tôt possible.

WALPOLE.

Ah! c'est toi, Neuboroug?... te voilà!... Vous arrivez bien tard... (Aux solliciteurs.) C'est bien, messieurs... c'est bien... je ne puis achever de vous entendre aujourd'hui... (Montrant Neuboroug.) Une affaire importante avec monsieur.. Mais demain... après-demain... j'aurai l'honneur de vous recevoir... (Il salue profondément les solliciteurs qui se retirent.) — Tu vois quelle est ma vie?... Je suis ainsi depuis six heures du matin. Cette galerie, qui communique de mes appartemens à ceux du roi, est toujours encombrée de solliciteurs : je suis ainsi tous les jours; pas un instant de repos.

MARGUERITE.

Et mon père qui déjà se plaignait!

WALPOLE.

Et de quoi?...

NEUBOROUG, avec un peu d'embarras.

Je me plaignais... des gens qui te portent envie... de ces gens comme nous en avons vu tout à l'heure, qui te croiraient bien malheureux si tu perdais ta place !

WALPOLE, vivement.

Qui donc? que veux-tu dire?

NEUBOROUG.

Rien !... des discours en l'air !... Une dame de la cour, une petite comtesse... qui nous disait tout à l'heure, avec un air de satisfaction intérieure : Walpole n'a pas long-temps à rester au ministère...

WALPOLE, souriant avec ironie.

Vraiment !... depuis vingt ans qu'ils le prophétisent ! Fasse le ciel que cette fois ils aient raison !... Et cette dame, qui est-elle ?...

NEUBOROUG.

Une personne sans importance... la lectrice de la reine, la comtesse de Sunderland...

WALPOLE.

Sunderland !... Tu appelles cela sans importance !... Tu ne sais donc pas que son père, et lord Carteret, et lord Bolingbroke, mon vieil antagoniste, ont juré de me renverser, et que déjà plus d'une fois... Mais après tout, que m'importe ?

NEUBOROUG.

C'est ce que je dis !

WALPOLE.

Ce qui m'étonne, c'est l'espèce d'influence dont

semble jouir depuis quelque temps la fille de lord Sunderland... D'où cela viendrait-il? Ce n'est pas de la reine... qui ne l'aime guère, et qui m'est dévouée. Est-ce que par hasard?... Non, non, ce n'est pas possible !

NEUBOROUG.

Qu'est-ce que c'est ?

WALPOLE, se promenant.

Pourquoi pas ? Je le saurai !..

NEUBOROUG, le suivant.

Mais qu'as-tu donc ?

WALPOLE.

Rien, mon ami !... Mais vois si l'on peut jamais faire des projets !... Je m'étais levé ce matin avec les idées les plus riantes... Cette journée que j'allais passer avec vous m'offrait une perspective délicieuse... Il me semblait qu'au milieu de mes ennuis c'était un jour de congé... Et voilà que la moindre contrariété, la moindre inquiétude me rend à moi-même et me poursuit jusque dans mon bonheur !

NEUBOROUG.

Voilà justement ce qui te fait mal... Il faut chasser toutes ces idées-là... entends-tu bien ?

WALPOLE, toujours préoccupé.

Oui, mon ami...

NEUBOROUG.

N'avoir avant et après les repas que des pensées agréables qui préparent ou facilitent la digestion...

WALPOLE, avec impatience.

Bien, mon ami... (A part) S'il était vrai !... morbleu !

NEUBOROUG.

Surtout.... et je ne puis pas trop te le recommander, se mettre à table à des heures fixes et réglées! ne jamais faire attendre l'estomac, et il paraît qu'ici l'on attend beaucoup.

WALPOLE.

Non, mon ami...

SCÈNE VI.

Les précédens, UN VALET en livrée.

LE VALET.

Sa Grâce est servie!

WALPOLE.

Tu vois bien!

NEUBOROUG.

C'est heureux!

WALPOLE, se retournant vers le valet qui lui présente des papiers.

Qu'est-ce que c'est?

LE VALET.

Les journaux.

NEUBOROUG, lui prenant le bras.

Nous les lirons à table!

WALPOLE, prenant les journaux.

Tu as raison... (En déployant un.) Je veux voir seulement si on a inséré mon discours d'hier... (A Marguerite.) Vous permettez, ma jolie demoiselle...

MARGUERITE.

Comment donc, milord.

WALPOLE, tenant toujours Neuboroug sous le bras et déployant le journal qu'il parcourt.

Ah! des injures! des épigrammes...

NEUBOROUG.

Pourquoi les lire?

WALPOLE.

Parce que cela m'amuse! Si tu savais combien nous attachons peu d'importance à tout cela!... (Lisant.) « *Lord Walpole, le premier ministre, s'est rendu « hier à pied au parlement...* » (S'arrêtant.) C'est bien intéressant! « *On s'étonnait de ce que, malgré le « froid, il était vêtu fort legèrement, et n'avait même « pas le manchon de marte-zibeline qu'il porte ordi- « nairement.* » (Riant.) Comme c'est piquant!... ils ne savent que dire pour remplir leurs colonnes... (Achevant de lire.) « *Un manchon! répondit quelqu'un, à quoi « bon? il n'en a pas besoin... il a toujours ses mains « dans nos poches!...* » (Riant d'un air forcé.) Ah!... ah!... celui-là au moins est drôle!... il est original!... n'est-il pas vrai?... Ah! ah!...

MARGUERITE.

Quoi, vous riez?

WALPOLE.

J'en ai entendu bien d'autres!... ce journal-là en dit souvent d'assez gaies... c'est un indépendant qui veut qu'on l'achète, mais il n'y réussira pas... (Prenant un autre journal.) car, avec moi, aussitôt lu... aussitôt oublié.

NEUBOROUG, montrant la porte à gauche.

Alors, mon ami....

WALPOLE.

Certainement... (Lisant le journal.) « *Ses mains dans nos poches...* »

NEUBOROUG.

Est-ce que tu y penses encore ?

WALPOLE.

Du tout... (Avec colère.) Ah ! mon Dieu !

NEUBOROUG.

Qu'est-ce donc ?

WALPOLE.

Mon dernier discours... tronqué... défiguré... je peux pardonner des épigrammes, des injures... mais des fautes d'impressions... être trahi à ce point par son imprimeur !... un imprimeur du roi !!!... Je suis sûr qu'au fond du cœur il est de l'opposition... Je lui ôterai son brevet... il perdra son privilége...

NEUBOROUG.

Mon ami !...

WALPOLE, avec impatience.

Pardon !... tu meurs de faim, et moi aussi ; je me sens là des tiraillemens d'estomac... Allons, Williams. (A Marguerite lui offrant la main.) Allons, miss Marguerite, déjeunons.

NEUBOROUG, marchant devant.

Ce n'est pas sans peine.

WALPOLE, tout en donnant la main à Marguerite et se dirigeant vers la salle à manger, se dit à part.

« *Sa main dans nos poches !...* » Je saurai qui.

(Neuboroug est près de la porte de la salle à manger et veut faire passer Walpole devant lui.)

SCÈNE VII.

Les précédens, UN HUISSIER de la chambre.

L'HUISSIER, annonçant à Walpole.

Le roi, monseigneur.

WALPOLE, qui est près d'entrer dans la salle à manger, quitte brusquement la main de Marguerite, et revient sur ses pas.

Le roi !... A une pareille heure... que me veut-il ?... (A Neuboroug.) Pardon, mon ami, je suis obligé de recevoir le prince.

NEUBOROUG.

Et ton appétit ?

WALPOLE.

Il attendra !

NEUBOROUG, avec colère.

Et l'on appelle cela exister !...

SCÈNE VIII.

MARGUERITE, NEUBOROUG, WALPOLE, GEORGE, L'HUISSIER, qui reste au fond du théatre.

WALPOLE.

Je n'espérais guère et de si bon matin l'honneur que me fait Votre Majesté.

GEORGE.

Je pense, milord, que je ne vous dérange pas ?

WALPOLE.

En aucunes façons... J'étais là avec des amis... le

docteur Neuboroug, mon ancien compagnon d'études...

GEORGE.

Le docteur Neuboroug... homme de talent... que l'opposition vient d'envoyer à la Chambre des communes !

NEUBOROUG, s'inclinant avec embarras.

Oui, Sire... mais...

WALPOLE, l'interrompant vivement.

Mais quelles que soient ses opinions, ce sont celles d'un homme d'honneur et de conscience... Je dirai plus : il est tel ouvrage que depuis long-temps l'Angleterre admire, tel ouvrage que l'on attribue à nos premiers écrivains ou à nos plus grands publicistes...

NEUBOROUG, interrompant Walpole.

Robert, y penses-tu ?

WALPOLE.

Pardon, Sire, je dois respecter le voile dont il veut s'environner à tous les yeux.

GEORGE.

Pas aux miens, je l'espère... et vous me direz... Mais quelle est cette jolie personne ?

WALPOLE.

C'est sa fille, Sire, miss Marguerite, qui pour la grâce et la beauté effacerait nos plus brillantes ladys.

GEORGE, avec chaleur.

Vrai Dieu, milord a raison ! je ne connais qu'une seule personne qui pourrait lui disputer la palme !

WALPOLE, avec intention.

La reine ! Sire !

GEORGE, avec embarras et se reprenant vivement.

Oui... justement... c'est ce que je voulais dire... mais j'ai à vous parler, Walpole, à vous parler longuement.

NEUBOROUG, avec un geste d'effroi.

Ah! le malheureux!

GEORGE.

Passons dans votre cabinet... ou plutôt dans le parc, nous pourrons causer en nous promenant...

WALPOLE, s'inclinant.

A vos ordres, Sire.

GEORGE.

L'air et l'exercice nous feront du bien.

NEUBOROUG, à part.

De l'exercice à jeun!... juste ciel!

GEORGE.

Adieu, messieurs!... Adieu, miss Marguerite!...

WALPOLE, à Neuboroug.

Mon ami, je suis à toi! je reviens à l'instant... Attends-moi.

(Ils sortent par la porte du fond.)

SCÈNE IX.

MARGUERITE, NEUBOROUG, LE DOMESTIQUE,
QUI EST RESTÉ PRÈS LA PORTE DE LA SALLE A MANGER.

NEUBOROUG.

L'attendre!... pas un moment!... pas une seconde!... mon estomac n'est pas complaisant! il n'est pas courtisan!

MARGUERITE.

Mais, mon père, y pensez-vous?

NEUBOROUG.

Je ne te force pas... tu es la maîtresse!... mais moi, je veux toujours provisoirement prendre un à-compte... (Au domestique.) N'est-ce pas de ce côté?

LE DOMESTIQUE.

Oui, Monsieur, je vais vous conduire...

NEUBOROUG, au domestique.

Je vous suis, mon cher ami... je vous suis aveuglément et sans hésiter!

(Il sort par la porte à gauche avec le domestique.)

SCÈNE X.

MARGUERITE, puis HENRI.

MARGUERITE, s'apprêtant à le suivre.

Mon pauvre père n'entend pas raillerie sur ce chapitre-là!

(Au moment où elle va entrer dans la salle à manger, elle aperçoit Henri qui entre par la porte du fond, et d'un air agité.)

HENRI.

Non, je n'en puis revenir encore!...

MARGUERITE, allant à lui.

Lord Henri!... Comme il est agité!... Qu'avez-vous donc?

HENRI.

Ce que j'ai! ah! jamais plus qu'aujourd'hui je n'ai eu besoin de votre présence et de votre amitié. Je suis

ACTE II, SCÈNE X.

souvent bien tourmenté, bien malheureux! Et quand je vous ai vue... je pars presque content, ou du moins consolé.

MARGUERITE.

Consolé! vous avez donc des chagrins?

HENRI.

Vous l'ai-je dit?

MARGUERITE.

Eh oui, vraiment!... Allons, confiance tout entière!... Il me semble, à moi, que je vous dirais tout!

HENRI.

Vous, Marguerite! quelle différence! vous n'avez pas de secrets.

MARGUERITE.

Qu'en savez-vous?

HENRI.

O ciel! vous seriez comme moi, vous aimeriez quelqu'un?

MARGUERITE.

Peut-être bien!

HENRI.

Mais vous, du moins, vous avez l'espoir d'être heureuse!...

MARGUERITE.

Nullement, je vous jure! Mais moi, je ne demande pas à être aimée! j'aime toute seule et sans intérêt; on ne peut pas empêcher cela, n'est-ce pas?

HENRI.

Oh! non, sans doute. Et votre confiance fait naître la mienne! Apprenez donc qu'il y a ici... dans ce moment, une personne que j'aime et qui me désespère!

MARGUERITE, souriant.

Vraiment! contez-moi donc cela!...

HENRI.

Il semble qu'elle prenne à tâche de bouleverser ma raison!... C'est un mélange de douceur et de fierté, de froideur et de coquetterie...

MARGUERITE.

Que dites-vous?

HENRI.

Avant-hier enfin, au cercle du roi, je n'ai pas même pu obtenir d'elle la faveur d'un regard.

MARGUERITE, portant la main à son cœur.

O mon Dieu!...

HENRI.

Et tout à l'heure, à l'instant même, et pour la première fois de sa vie, elle m'a presque dit qu'elle m'aimait, ou du moins, et malgré elle, son dépit, sa jalousie me l'ont laissé deviner!

MARGUERITE, à part.

Ah! je me soutiens à peine!

HENRI.

Et ce qu'il y a de plus étonnant, c'est que ce seul moment de bonheur que j'aie eu en ma vie, c'est à vous que je le dois, mon amie, c'est vous qui en êtes cause!

MARGUERITE.

Moi!... comment cela?

HENRI.

Elle ne m'a parlé que de vous! des visites que je

vous faisais chaque jour, des trois mois que j'ai passés dans la maison de votre père... Cette jeune fille est charmante, a-t-elle ajouté; vous l'aimez, monsieur, vous l'aimez, avouez-le; et moi de me justifier et de lui attester que la seule amitié, que l'affection la plus tendre, mais la plus pure, m'attachait à vous, mais pardon! mon amitié est bien égoïste, elle ne vous entretient que de mes craintes ou de mes espérances; et les vôtres... et cet amour que vous m'avez presque avoué tout à l'heure?

MARGUERITE.

Ah!... je vous en conjure!...

HENRI.

Votre confiance n'égale donc pas la mienne? vous ne me regardez plus comme un frère!

MARGUERITE.

Un frère !... si vraiment!... toujours! mais pourquoi penser à un attachement sans espoir?...

HENRI.

Que dites-vous?...

MARGUERITE

Que je suis plus malheureuse que vous, car moi il ne m'a jamais aimée; il en aime une autre.

HENRI.

Ce n'est pas possible!... vous qui rendriez un mari si heureux, vous en qui brillent tant de qualités...

MARGUERITE.

Il ne les voit pas !

HENRI.

Comment peut-il être assez aveugle, surtout s'il

est reçu, s'il est admis chez votre père... Ah! mon Dieu, je sais qui !

MARGUERITE.

C'est fait de moi !... non, monsieur... ne croyez pas...

HENRI.

Votre cousin, ce jeune avocat, sir Thomas Kinston pour qui vous vouliez hier me solliciter...

MARGUERITE, vivement.

Oui, milord, oui, c'est lui-même ! mais silence au moins et que personne au monde... surtout lui, ne puisse jamais se douter... (Pleurant.) Je l'oublierai... je vous le promets, il n'en saura rien...

HENRI.

Pauvre enfant ! que ne puis-je sacrifier de mon bonheur pour ajouter au vôtre ! (Lui prenant la main.) Ma bonne Marguerite, mon amie, ma sœur, si vous saviez quelle part je prends à vos peines ! si vous saviez combien je vous aime...

MARGUERITE, se dégageant de ses bras en sanglotant.

Assez !... assez !... (A part.) Ah ! il me fera mourir !

HENRI.

Mon oncle !...

SCÈNE XI.

MARGUERITE, HENRI, WALPOLE.

WALPOLE, entrant sans les voir.

C'est un enfer, et je n'y puis tenir !... il faut

que je sorte de la cour, de ce palais, c'est un séjour maudit où l'on ne peut vivre!

MARGUERITE, à part.

Il a bien raison!

WALPOLE.

Je n'y resterai pas un jour de plus!

HENRI.

Eh! mon Dieu, milord, qu'avez-vous donc?

WALPOLE.

Ce que j'ai... ils veulent la guerre, maintenant!... ils la veulent, et dès demain; à les en croire, il faudrait la déclarer à l'Espagne!

HENRI.

Plût au ciel!...

WALPOLE.

Et toi aussi!...

HENRI.

Je parle en officier!...

WALPOLE.

Et moi en ministre!... Ils ne l'auront pas... Mais le roi était déjà de leur avis, tout étourdi par leurs clameurs, par leurs pétitions... Eh! par saint George! des pétitions, on sait comment elles se fabriquent... et s'il ne tient qu'à cela, s'il lui en faut, dès demain un million d'honorables signatures réclameront en faveur de la paix. Cette paix, salut de l'Angleterre, que je maintiens depuis vingt ans; il faudrait la rompre pour de vaines prérogatives blessées, pour un pavillon amiral qu'on n'a pas salué!

HENRI.

S'il était vrai cependant...

WALPOLE.

Et c'est pour cela qu'il faudrait ruiner notre industrie, notre commerce, et se lancer dans une guerre dont on ne peut pas prévoir les suites?... à mon âge, épuisé, fatigué, malade, comme je le suis.... car jamais, je crois, je n'ai plus souffert qu'aujourd'hui...

HENRI.

Mon pauvre oncle!...

WALPOLE.

Et Neuboroug... Neuboroug qui n'est pas là, j'ai la fièvre, j'ai la poitrine en feu...

HENRI.

Calmez-vous, de grâce! prenez quelque repos.

WALPOLE.

Du repos, est-ce que je le peux? ils ne veulent pas de ma démission! ils ne seront satisfaits que quand ils m'auront tué, que quand je serai mort comme un esclave, comme un condamné, au banc où ils m'ont attaché!

SCÈNE XII.

MARGUERITE, HENRI, NEUBOROUG, WALPOLE.

NEUBOROUG, accourant.

Ah! mon ami...

WALPOLE.

Qu'as-tu donc?

NEUBOROUG.

Laisse-moi reprendre mes idées et surtout reprendre haleine! Au moment où je sortais de la salle à manger par la porte qui donne sur le parc, je me trouve face à face avec Sa Majesté qui me dit : M. Neuboroug, je serais enchanté de vous parler; et sans que j'aie eu le temps de me reconnaître, il me prend le bras, et nous voilà avec ce bon roi, nous promenant bras dessus, bras dessous, sans façons, sans cérémonie, tout-à-fait à notre aise, excepté que j'étais un peu troublé, parce qu'un roi qui vous donne le bras, cela fait toujours...

MARGUERITE.

Quoi donc?

NEUBOROUG, à Marguerite.

Cela fait, mon enfant, que c'est très honorable. Il est fâcheux seulement qu'il n'y eût là personne.... parce que mes confrères, qui sont souvent si fiers et si importans, auraient vu que pour la première fois que je viens à la cour... (A Walpole.) Enfin, et pour revenir à toi, le roi m'a d'abord parlé de mon élection, et quand il a su que mon intention était de refuser, —Je ne le veux pas, s'est-il écrié, je ne le veux pas! Il nous faut à la Chambre des gens de talent, et surtout d'honnêtes gens. A ce double titre, vous resterez, je l'exige, pour moi et pour vous, car un ami de Walpole peut arriver à tout, peut tout obtenir de moi. A ce mot, il m'est arrivé une inspiration, une idée d'en haut!... celle de m'immoler pour toi... Eh bien! Sire, lui ai-je dit, vous le voulez... j'accepte; mais en revanche, j'implore une faveur de Votre Majesté.—Laquelle? parlez!—Et alors, soit que l'amitié m'inspirât, soit que déjà je me crusse à la tribune, j'ai été content de moi, j'ai été éloquent; je lui ai peint avec chaleur mes craintes, mes inquiétudes sur l'état de ta santé; je l'ai vu ému, entraîné, et je me suis écrié : Puisque vous l'aimez, ce fidèle serviteur, vous ne voudrez pas l'immoler; vous ne voudrez pas sa mort, et je vous réponds, moi, médecin, qu'il y va de sa vie!... Oui, mon ami, je l'ai dit, il y va de sa vie, s'il ne quitte pas les affaires, si vous n'acceptez pas la démission qu'il vous a offerte depuis si long-temps!

WALPOLE, avec anxiété.

Eh bien!... eh bien! le roi a refusé?

NEUBOROUG, avec enthousiasme.

Du tout!... il consent...

WALPOLE, stupéfait.

Que dis-tu?...

NEUBOROUG, tirant un papier de sa poche.

Tiens! lis!... écrit de sa main royale!

WALPOLE, prenant le papier avec émotion.

(Lisant.)

« Vous le voulez, vos amis le veulent, il y va, dit-
« on, de votre santé et de votre existence, j'accepte
« à regret la démission que vous m'offrez. »

NEUBOROUG ET HENRI.

Quel bonheur!

WALPOLE, continuant de lire.

« Je n'y mets qu'une condition, c'est qu'avant de
« vous retirer, vous me désignerez vous-même votre

« successeur et formerez le nouveau ministère qui doit
« vous succéder. »

Ah ! je ne sais ce que j'éprouve.

HENRI.

Le saisissement...

NEUBOROUG.

La surprise.

WALPOLE.

Oui, la joie... une joie imprévue... Me voilà donc libre... me voilà heureux !... cela produit un singulier effet...

NEUBOROUG.

Quand on n'en a pas l'habitude, et j'ai eu tort de t'annoncer ainsi sans ménagemens, sans préparations... que veux-tu ?... j'étais si enchanté ! mais ce ne sera rien, mon ami, ce ne sera rien ! la joie n'a jamais fait mal, et j'espère que tu es content, que tu me remercies...

WALPOLE.

Oui, mon ami, oui, certainement ; mais tu es sûr que le roi ne m'en voudra pas ?

NEUBOROUG.

En aucune façon, puisqu'il te charge de nommer ton successeur et de former toi-même le nouveau ministère.

WALPOLE.

C'est vrai !

NEUBOROUG.

Nous pouvons maintenant nous renfermer dans ta résidence de Strawberry-Hill, rêver sous ses beaux ombrages, aux bords de ses eaux jaillissantes. Nous pouvons partir sur-le-champ...

WALPOLE.

Pas aujourd'hui! il y a conseil...

NEUBOROUG.

Tu n'y as plus que faire, tu n'as plus de conseil, plus d'ennui.

WALPOLE.

Ah! oui, c'est vrai!... Henri, tu diras alors à l'envoyé de Hanovre, à qui je n'avais pu donner audience, que je suis prêt à le recevoir... je l'attendrai.

NEUBOROUG.

Mais ça ne te regarde plus, tu n'as plus besoin de t'inquiéter de cela ; ta matinée est libre...

WALPOLE.

C'est vrai!... tu as raison!... Alors, qu'est-ce que je vais faire?

NEUBOROUG.

Déjeuner d'abord... c'est l'essentiel.

WALPOLE.

Ah! c'est que je n'ai plus faim!

(Un domestique entre et remet une lettre à Henri.)

NEUBOROUG.

Voilà... ce que c'est que d'attendre trop long-temps. (Au domestique qui vient de remettre la lettre à Henri.) Faites servir votre maître! (A Walpole qui fait un geste d'impatience.) Oui, mon ami, quand tu devrais te forcer un peu...

HENRI, qui a décacheté la lettre, bas à Marguerite.

C'est d'elle!

(Lisant.)

« D'importans évènemens se préparent, il faut

ACTE II, SCÈNE XII.

« que je vous voie aujourd'hui à trois heures dans la
« grande galerie. » (Avec joie.) Un rendez-vous !

MARGUERITE, à part.

O ciel !

WALPOLE, vivement.

Qu'est-ce que c'est ? une lettre ? c'est du roi !

HENRI.

Non ! mon oncle...

NEUBOROUG, entraînant Walpole.

Du roi ou d'un autre, qu'importe ? Au diable maintenant les affaires sérieuses, il ne faut plus penser qu'au plaisir et à la joie, (A Marguerite qui essuie une larme.) n'est-ce pas, ma fille ?...

HENRI, à Marguerite.

Ah ! j'ai maintenant de l'espoir.

MARGUERITE, à part.

Et moi je n'en ai plus.

(Walpole, Neuboroug et Marguerite sortent par la porte à gauche, et Henri par la porte du fond.)

FIN DU DEUXIÈME ACTE.

ACTE TROISIÈME.

Même décoration.

SCÈNE PREMIÈRE.

WALPOLE, ENTRE EN LISANT AVEC AGITATION DES LETTRES QU'IL TIENT A LA MAIN, PUIS IL S'ASSIED SUR LE FAUTEUIL A DROITE; NEUBOROUG, ENTRANT PAR LE FOND.

NEUBOROUG, l'apercevant.

C'est lui! (S'approchant de Walpole sans que celui-ci sorte de sa rêverie, et lui frappant sur l'épaule.) Robert!

WALPOLE, levant la tête.

Qu'est-ce donc? Ah! c'est toi!...

NEUBOROUG.

A la bonne heure, au moins! te voilà dans un bon fauteuil, à te reposer et à ne rien faire! Tu commences enfin à jouir de toi-même! à être tranquille!

WALPOLE, avec impatience.

Oui, mon ami!...

NEUBOROUG.

Aussi je suis fâché de te rappeler aux affaires; mais ce sera pour la dernière fois... Le roi t'attendra vers deux heures dans son cabinet!

ACTE III, SCÈNE I.

WALPOLE.

Le roi !... tu l'as vu ?

NEUBOROUG.

A l'instant !

WALPOLE.

Tu ne le quittes donc plus ?

NEUBOROUG.

Dans ton intérêt !... Il voulait savoir de tes nouvelles ! et il m'a reçu !!! J'en suis encore tout ému !... Il m'a parlé de ma position actuelle, de mon avenir, de ma fille, il m'a répété : Un ami de Walpole peut arriver à tout. Enfin, de ces phrases qui signifient : Demandez-moi quelque chose. Mais tu sens bien que moi... D'ailleurs, qu'est-ce que je lui aurais demandé ? je n'en sais rien. Aussi je ne lui ai parlé que de toi, de la joie avec laquelle tu avais reçu sa lettre, de ta reconnaissance, et enfin de ta santé qui est déjà meilleure !

WALPOLE, qui l'a écouté avec impatience.

Eh ! morbleu !... de quoi te mêles-tu ?... tu as eu tort... (Il se lève.)

NEUBOROUG.

Moi !... et pourquoi ?

WALPOLE.

Parce que je souffre... parce que je me porte très mal...

NEUBOROUG, lui prenant le pouls.

C'est vrai !... Il y a toujours là des symptômes d'irritation et de fièvre nerveuse. Cela m'étonne.

WALPOLE.

Et le moyen qu'il en soit autrement, au milieu des

tracas, des allées et venues, des intrigues qui m'assaillent de tous côtés ! Déjà, et je ne sais comment, car c'était un secret entre nous, le bruit de ma démission s'est répandu... (Montrant les lettres qu'il tient.) Et c'est à qui, amis ou ennemis, viendra me demander ma protection pour obtenir de moi vivant un lambeau de mon héritage.

NEUBOROUG.

Que t'importe ?...

WALPOLE.

Ce qu'il m'importe... Encore faut-il avoir sa tête, son jugement, pour ne pas se laisser influencer dans son choix, car déjà le comte de Sunderland croit triompher... Tu vois bien que sa fille avait raison ce matin. Il y a entre elle et tel grand personnage des intelligences dont j'ai acquis la preuve, et l'on ne m'ôtera pas de l'idée qu'elle croit m'avoir renversé !

NEUBOROUG, riant.

Y penses-tu ? celui qui t'a renversé, c'est moi, c'est ton ami, tout le monde le sait ; c'est la volonté de ton médecin, ou plutôt la tienne. (Lui prenant la main.) Et tu as bien fait, je te l'atteste. Aussi, comme je te l'ai dit, le roi t'attend dans son cabinet pour causer de ton successeur et avoir là-dessus tes idées...

WALPOLE.

Des idées... des idées, crois-tu que j'en aie ? il faut le temps...

NEUBOROUG.

Le pays cependant ne peut pas marcher comme

ACTE III, SCÈNE I.

ça sans ministres; il n'aurait qu'à s'y habituer, vois ce que cela deviendrait!...

WALPOLE.

Je le sais bien; mais, obligé de combiner à la hâte, de recomposer ce ministère, de nommer, pour contenter le roi, sept ou huit personnes qui lui plaisent, crois-tu que ce soit facile? et où les trouver?

NEUBOROUG.

Bah!... en cherchant bien!

WALPOLE, avec impatience.

J'ai beau chercher, je ne vois pas qui pourrait se charger d'un fardeau pareil!

NEUBOROUG.

Il y aura des gens qui se dévoueront.

WALPOLE, avec impatience.

Et lesquels?... Est-ce toi?

NEUBOROUG, se récriant.

Moi!... y penses-tu? Moi te remplacer et être premier ministre! est-ce que c'est possible? Par exemple, je ne dis pas, s'il y avait quelque emploi modeste, quelque place obscure, dans les premiers rangs, je pourrais aussi bien que tout autre...

WALPOLE.

Toi, Williams! te lancer dans l'administration! toi, un médecin!

NEUBOROUG.

D'abord, je ne suis pas médecin, je suis député! et ce n'est pas d'aujourd'hui que je m'occupe des affaires publiques... Tout le monde s'en occupe en Angleterre, et j'ai fait mes preuves!

WALPOLE.

Par tes écrits, sans contredit! mais n'ayant encore excercé aucun emploi...

NEUBOROUG.

Raison de plus! pas d'antécédens, pas de système arrêté, ça peut aller à tout ce qu'on voudra! Après cela, je ne suis pas exigeant, je ne tiens pas à briller: au contraire! Il y a pour commencer, des petits ministères sans conséquence que tout le monde peut occuper et qui ne vous obligent à rien qu'à résidence! voilà ce qu'il me faut, ou même moins encore!...

WALPOLE.

Mais tes forces, ta santé...

NEUBOROUG.

Je me porte bien, et puis, en cas de danger... je saurais mieux que personne les moyens de...

WALPOLE.

Sans contredit, mais ton repos! mon ami, ta tranquillité...

NEUBOROUG.

On se sacrifie... pendant quelques années; c'est trois ou quatre ans de courage... et puis, quand on a fait ses affaires, on prend sa retraite... une bonne retraite... quelque place inamovible où l'on soit tranquille...

WALPOLE, *d'un air railleur.*

A merveille! des places, des titres... toi qui hier encore...

NEUBOROUG.

Mon Dieu!... je devine ce que tu vas me dire!... ce serait bon, si j'étais ambitieux, mais je ne le suis pas!... je ne m'échauffe pas, je ne me monte pas la tête, je ne tiens pas aux titres, aux dignités, je les méprise autant que toi... aussi, mon ami, ce que j'en fais n'est pas pour moi, c'est pour ma fille, c'est pour son établissement, parce que la fille d'un homme en place, cela se marie toujours... Après cela, je te le jure bien, je m'en vais... je me retire... dans la terre de mon gendre... ou je reviens à mes malades... qui auront profité de mon absence pour vieillir. Ceux-là du moins béniront mon administration, et je tâcherai qu'ils ne soient pas les seuls... Voilà mes plans, mes projets, et maintenant qu'as-tu à répondre?

WALPOLE.

Rien, mon ami... je parlerai de cela à Sa Majesté qui ne demandera pas mieux! On pourra te placer parmi les lords de la trésorerie ou de l'amirauté, ou dans les conseillers du roi!

NEUBOROUG, prêt à partir.

Tout ce qui te plaira, mais du silence! que cela reste entre nous! (Revenant.) Par exemple, tu pourrais peut-être, et comme une indiscrétion qui viendrait de toi, laisser deviner au roi que je suis l'auteur des *Lettres irlandaises*.

WALPOLE.

Et l'anonyme que tu voulais garder, et ta modestie...

NEUBOROUG.

Je n'en ai plus besoin, puisque je vais être en place; du reste, ce que je te dis là...

WALPOLE.

Sois tranquille!... mais laisse-moi, car je n'ai encore rien d'arrêté, et si le roi m'attend...

NEUBOROUG.

Oui, mon ami, je te laisse et je compte sur toi.

WALPOLE.

Et tu fais bien !

(Neuboroug sort.)

SCÈNE II.

WALPOLE, SEUL.

Et lui aussi !... lui aussi... ambitieux comme les autres! ils le sont tous! et je ne les comprends pas... c'est donc un vertige... un délire, une fièvre qui les saisit. Celui-là du moins ne s'aveugle pas, il se rend justice, il comprend qu'il ne peut me succéder... mais les autres... quel spectacle... quel tableau! Ce portefeuille qui n'est pas encore échappé de ma main, ils se le disputent déjà! Ah! cela me fait mal!... c'est hideux à voir et j'en rougis pour l'espèce humaine... Cependant le roi l'exige et veut que je lui désigne mon successeur !... il faut se prononcer!... il faut que ce soit moi-même qui le porte au pouvoir, qui lui serve de marchepied !... Qui choisir, mon Dieu?... le comte de Sunderland?... c'est celui-là que le roi désirerait... et moi aussi... car il est incapable, et à coup sûr il ne me ferait pas oublier... mais à cause de sa fille qui voulait me renverser... jamais!... jamais!... on croirait qu'elle a réussi! Bolingbroke... mon ancien antagoniste, homme de tête et de talent?... mais il reviendrait avec un système opposé au mien, et détruirait ce que j'ai fait. Stanhope qui est maintenant pour moi, qui est de mon parti?... mais il profiterait de mes idées... il recueillerait ce que j'ai semé... et sans se donner de peine... il irait plus loin peut-être... Qui donc choisir?... lord Carteret?... un brouillon qui ne veut que la guerre... lord North? qui n'entend rien au commerce... (S'arrêtant.) Eh mais!... (souriant) ce Neuboroug, qui me parlait tout à l'heure et qui, porté par l'opposition, pourrait donner lieu à une combinaison nouvelle... un honnête homme d'ailleurs... et qui ne serait pas dangereux... un homme de talent, un publiciste distingué, l'auteur des *Lettres irlandaises*. Oui... mais autre chose est de tenir la plume ou le gouvernail; autre chose est d'écrire ou d'agir! Neuboroug n'a ni l'habitude ni l'expérience des affaires... et puis le plus terrible, c'est que ni lui ni les autres n'ont le tact, l'instinct, le coup d'œil nécessaires!... aucun d'eux n'a... ce qui ne se donne pas, ce qui est indispensable... ce que j'ai en un mot... et parmi tout ce monde-là, je ne vois encore que moi! mais moi... c'est fini... je m'en vais.. je me retire!

(Il va s'asseoir sur le fauteuil à droite, près de la table.)

SCÈNE III.

WALPOLE, LORD HENRI.

HENRI, à part.

A trois heures... dans la grande galerie... c'est ici!

WALPOLE, l'apercevant.

Ah! te voilà!

HENRI.

Ciel! mon oncle!

WALPOLE.

Viens, mon ami, viens à mon aide, viens me conseiller!...

HENRI.

Qu'y a-t-il donc? qui vous tourmente encore?

WALPOLE.

Cette obligation que m'a imposée le roi de lui désigner mon successeur. Je suis là... je cherche... je ne sais que résoudre! moi d'abord je les prendrais tous... mais encore faut-il répondre à la confiance du roi, et laisser le pouvoir en des mains qui en soient dignes.

HENRI.

Il y a, grâce au ciel, dans notre pays tant de gens de mérite!

WALPOLE, avec ironie.

Tu crois cela!... dis-moi donc lesquels?

HENRI, regardant autour de lui avec inquiétude.

Vous les connaissez mieux que moi!... mais, à parler franchement, un tel choix entraîne après lui

ACTE III, SCÈNE III.

une responsabilité dont à votre place je craindrais les chances.

WALPOLE.

Voilà justement ce qui m'inquiète... me tourmente...

HENRI.

Eh bien alors, pourquoi accepter? refusez un pareil honneur, et que le souverain s'adresse...

WALPOLE.

A qui?

HENRI.

Au pays lui-même! il connaît mieux que personne ses véritables intérêts; et le ministre qu'il lui faut, qui lui convient, il le désignera par ses votes. Laissez-le faire et ne vous en inquiétez pas plus que moi!

WALPOLE, se levant.

Quoi! vraiment, cela ne te tourmente point?

HENRI.

En aucune façon.

WALPOLE, lentement et s'appuyant sur son épaule.

Comment... ce pouvoir qui est en mes mains et dont je peux disposer... cela ne te donne pas à rêver... cela ne fait pas naître en toi quelque idée... quelque espérance?...

HENRI.

Aucune!... je ne désire rien, vous le savez... (Regardant toujours.) ou du moins mes vœux ne sont pas là!

WALPOLE.

Mais enfin... tu es mon ami, mon neveu... presque mon fils... et cette puissance souveraine... cette place si brillante que tout le monde envie... si je te l'offrais !...

HENRI.

Je la refuserais!

WALPOLE, après un instant de silence.

Voilà l'homme qu'il nous faut! honneur... esprit, talens, tout chez lui se trouve réuni!... et puis enfin un autre moi-même!... et je ne sais pas comment j'hésitais, comment j'allais chercher ailleurs un mérite que j'ai là, chez moi... dans ma famille.

HENRI.

Je vous remercie, mon oncle... et qu'une telle pensée vous soit seulement venue... c'est plus qu'il n'en faut pour me rendre fier toute ma vie... mais je vous l'ai dit... je ne puis accepter...

WALPOLE.

Et pour quelles raisons?

HENRI, de même et avec impatience.

Ni mon caractère ni mes goûts ne me le permettent !... je ne pourrais jamais supporter ce fardeau des affaires, trop pesant pour ma jeunesse et mon inexpérience.

WALPOLE, avec joie.

Il n'y a pas de mal, mon garçon, il n'y a pas de mal à cela... ne suis-je pas là? tu n'auras rien à faire... je t'aiderai... je continuerai... sous ton nom.

HENRI.

C'est me combler de vos bontés... mais...

WALPOLE.

Tu feras ce que tu voudras... ce n'est plus moi,

c'est le roi qui se chargera de vaincre tes scrupules... il me demande un successeur... je cours lui désigner le plus capable, le plus digne, celui que j'aime... que je préfère à tout.

HENRI.

Mais, mon oncle... (Apercevant Cécile.) Dieu! c'est elle!

WALPOLE.

La comtesse Sunderland!... elle vient à propos; tu peux lui annoncer cette nouvelle, je serai enchanté que madame soit la première à l'apprendre! Adieu, je passe chez le roi qui m'attend.

(Il salue Cécile, et sort en serrant la main à Henri.)

SCÈNE IV.

CÉCILE, HENRI.

HENRI.

Il s'éloigne!... je tremblais que votre arrivée ne lui donnât quelques soupçons... auxquels, par bonheur, il n'a pas en ce moment le loisir de s'arrêter.

CÉCILE.

En effet... quelque grand projet l'occupe, et cette nouvelle qu'il vous chargeait tout haut de m'apprendre... cache à coup sûr quelque mystère qu'il veut que j'ignore.

HENRI.

Aucun!... il n'y a point de secret... moi, d'ailleurs, en aurais-je pour vous?... Sa santé l'oblige à donner sa démission... à quitter le ministère...

CÉCILE.

Je le sais....

HENRI.

Et il voulait m'y nommer à sa place.

CÉCILE.

Est-il possible!... vous, Henri, vous premier ministre... Eh bien! c'est ce que je voulais faire!

HENRI.

Dites-vous vrai?

CÉCILE.

Je voulais vous voir pour m'entendre avec vous, pour vous faire part de mes projets, de mes espérances, pour assurer enfin un triomphe où je voyais tant d'obstacles... et que j'étais loin de croire si facile.

HENRI.

Et moi je ne puis en revenir encore!... vous aviez tant d'ambition pour moi... qui en ai si peu?...

CÉCILE.

Que dites-vous?...

HENRI.

Que je ne veux pas d'un pareil titre... je l'ai déjà refusé!... je le refuserais encore, quand le roi lui-même me presserait de l'accepter!...

CÉCILE.

Mais vous n'y pensez pas!...

HENRI.

Et pourquoi donc? Vous savez les vœux que je forme! vous savez de qui dépend mon bonheur... et si je suis venu ici ému et tremblant... si en vous attendant à ce rendez-vous, mon cœur battait avec tant de violence, croyez-vous que ce fût dans la crainte de ne pas obtenir un vain titre... une place, des honneurs!... Ah! je tremblais de perdre un trésor bien plus cher, car je savais que j'allais vous voir pour la dernière fois peut-être!...

CÉCILE.

Et comment cela?

HENRI.

Il faut que mon sort se décide! il faut que vous parliez... fût-ce pour m'ôter tout espoir... et vous aurez cette franchise... Un amour comme le mien est trop vrai... trop sincère, pour ne pas désarmer la coquetterie la plus cruelle, et je vous aime tant, Cécile, que je mérite au moins l'honneur d'un refus.

CÉCILE.

Quoi! vous pourriez penser...

HENRI.

Je vous ai dit : Je vous aime!... et sans répondre à mon amour, mais aussi sans le repousser, je vous ai vue tremblante... agitée... comme en ce moment... Eh bien! répondez : voulez-vous être à moi?... J'irai demander votre main à votre père... à la reine... au roi lui-même...

CÉCILE, effrayée.

Ah! gardez-vous-en bien!...

HENRI.

Vous me le défendez, et pourquoi? je veux le savoir! craignez-vous que le sang de Churchill ne puisse s'allier au nôtre?... Craignez-vous que votre aïeule, que le comte de Sunderland, son gendre, ne s'offensent de ma demande?

CÉCILE.

Non, milord!... Ils s'en tiendraient honorés... ce n'est pas d'eux que viendrait le refus.

HENRI.

Et de qui donc? parlez, de grâce!

CÉCILE.

Eh bien!... eh bien... de moi!... de moi seule!

HENRI.

Ah! voilà donc la vérité!... c'est que vous ne m'aimez pas... c'est que vous ne m'avez jamais aimé!... c'est que vous vous faisiez un jeu de mes tourmens! et vous osez en convenir... et voilà donc, en vous quittant pour jamais, l'idée qu'il me faut emporter de vous... de vous que j'aimais tant, et qu'à présent...

CÉCILE.

Ah! n'achevez pas! milord, n'achevez pas de m'accabler... vous ne savez pas... vous ne saurez jamais à quel point je suis malheureuse!... Accusez-moi de ruse, de coquetterie, ne me revoyez plus... vous aurez raison... j'ai mérité vos reproches... non pas tous, cependant... car cette femme que vous traitez en ennemie, que vous accusez de fausseté, vous cachait ses desseins... ils est vrai... mais ses desseins les plus secrets n'avaient pour but que votre gloire et votre fortune. Persuadée, et je m'abusais, je le vois, que l'ambition de Walpole cherchait à vous éloigner du pouvoir, tous mes soins, à moi, tendaient à vous en rapprocher, et le crédit de mon père, la faveur des miens, celle dont je jouissais auprès de la reine, tout devait vous servir et vous porter à ce rang suprême que je rêvais pour vous... c'était mon ambition à moi... et je me disais : Quand il sera au faîte des honneurs... quand rien ne manquera à sa gloire et à sa puissance, alors seulement il saura que j'y ai contribué... que j'en fus la cause première... que j'ai pu renoncer à lui, mais non à son bonheur... et peut-être donnera-t-il une larme à mon souvenir... en se disant : Elle m'aimait tant !...

HENRI.

Vous m'aimez !... vous !

CÉCILE, avec douleur.

Ah !... il en doute encore !...

HENRI.

Pourquoi alors refuser l'offre de ma main ?...

CÉCILE.

Moi votre femme !... savez-vous, Henri, qu'un tel sort comblerait tous mes vœux ?... On doit être si heureuse et si fière de porter le nom de celui qu'on aime, de dire : Sa gloire est la mienne et ses succès sont les miens ! et pour refuser un tel bonheur quand il vous est offert, ne faut-il pas bien de la force d'ame... ne faut-il pas là... (montrant son cœur.) bien du courage... (avec égarement) ou plutôt bien de l'amour !

HENRI.

O ciel !... achevez !...

CÉCILE.

Eh bien ! oui... mon trouble... mon émotion... tout doit vous dire en ce moment qu'il est un secret... que je dois taire... que je ne puis révéler sans vous perdre... et maintenant... voudrez-vous encore l'exiger ?

HENRI.

Non... je ne demande plus rien ! je crois en vous, je crois en votre tendresse...

CÉCILE.

Eh bien ! s'il est vrai... j'en veux une preuve, une seule !

HENRI.

Parlez ! et je jure d'obéir à l'instant !

CÉCILE.

Eh bien ! acceptez le pouvoir qu'on vous offre !... votre mérite, vos talens vous appellent au premier rang ! Montez-y, remplissez votre destinée... prouvez qu'un tel fardeau n'est pas au-dessus de vos forces... et que, vous voyant plus grand encore que votre fortune, l'Angleterre un jour vous honore et vous admire... Voilà, Henri, la seule preuve d'amour que j'exige de vous !

HENRI.

Et comment résister à cette voix qui m'élève au-dessus de moi-même ?...

CÉCILE.

C'est bien... c'est bien... vous acceptez ! c'est tout ce que je demandais, et quel que soit maintenant mon sort... adieu !... adieu !... qu'on ne nous surprenne pas ensemble... A vous... à vous désormais, et ce soir, au cercle de la reine.

(Elle sort par la porte du fond.)

SCÈNE V.

HENRI, SEUL.

A vous!... à vous désormais!... Ah! je ne puis le croire encore!... tout ce que je viens d'entendre a laissé en mon ame un trouble... une émotion qui me laissent à peine l'usage de mes sens... et de ma raison... Elle m'aime!... elle est à moi... c'est là tout ce que je sais... c'est là tout ce que mon cœur me rappelle... (Avec regret.) Mon oncle... et le roi... quel malheur! j'avais tant besoin de rester seul avec elle et avec son souvenir...

SCÈNE VI.

HENRI, GEORGE, WALPOLE.

WALPOLE.

Oui, Sire, je vous ai expliqué les motifs d'un tel choix, et puisque Votre Majesté les approuve, voici mon neveu que je vous présente! un loyal gentilhomme tout dévoué à la personne du roi et au service du pays!...

HENRI.

Sire!...

WALPOLE.

J'ai fait part de tes craintes, de tes hésitations... à Sa Majesté, qui, grâce au ciel, n'en a tenu compte...

HENRI.

J'ai dû, avec raison, me défier de moi-même et de mes forces... mais dès que Votre Majesté l'exige, je sais quel est mon devoir...

WALPOLE, avec joie.

Il accepte !...

GEORGE.

A la bonne heure !...

WALPOLE, avec moins de joie.

Il accepte !... il est bien jeune encore... il a peu d'expérience... mais je serai là.

HENRI.

J'y compte bien !

GEORGE.

Pourquoi d'ailleurs exclure les jeunes gens des affaires ? C'est un tort selon moi !... ils ont cette chaleur d'imagination qui enfante les idées grandes et généreuses ; ils ont l'ardeur qui entreprend, l'activité qui exécute ; et les défauts mêmes qu'on leur reproche, cette loyauté, cette franchise dont s'effraient les vieux diplomates, me semblent à moi des qualités ! Le moyen d'être adroit maintenant est peut-être de dire la vérité.

WALPOLE.

C'est juste ! on ne la croirait pas ! et sous ce rapport, mon neveu est d'une adresse à déjouer toutes les chancelleries d'Europe... Heureusement je serai là... pour le rappeler de temps en temps aux bons et anciens usages...

GEORGE.

Vous le mettrez au fait de nos relations avec les puissances...

WALPOLE.

Oui, Sire... ce qui demandera quelque temps... mais d'ici là, cela me regarde.

GEORGE.

Il faudra qu'il connaisse notre situation intérieure... les ordres à donner en Écosse.

WALPOLE.

Oui, Sire... que cela ne l'inquiète pas... je m'en charge.

GEORGE.

Quant aux derniers changemens dans l'administration...

WALPOLE.

Qu'il soit tranquille... c'est mon affaire...

GEORGE.

Et pour les autres membres du conseil qu'il nous reste à nommer...

WALPOLE.

Je l'ai déjà fait... c'est comme s'il gouvernait déjà... et dès aujourd'hui il peut entrer en fonctions... Je cours chercher le portefeuille qu'il doit tenir de Votre Majesté... tout le travail y est préparé, disposé... Ce sera toujours ainsi... et demain, quand il sera au pouvoir, il n'aura plus qu'à donner...

GEORGE.

Quoi donc ?

WALPOLE.

Sa signature!... Je reviens à l'instant retrouver Sa Majesté (saluant Henri) et Son Excellence!
(Il sort.)

SCÈNE VII.

HENRI, GEORGE.

GEORGE.

Voilà votre oncle libre enfin, et bien heureux à ce que je vois.

HENRI, qui pendant toute la fin de la scène précédente est resté plongé dans ses réflexions.

Pardon, Sire, Votre Majesté a daigné m'adresser la parole...

GEORGE, souriant.

Je vois que mon nouveau ministre est sujet aux distractions... il n'y a pas de mal... cela passe souvent, dans les affaires, pour de la gravité ou de la profondeur... Je disais que Walpole est enchanté de vous... car il craignait d'abord un refus... il me l'avait formellement annoncé!

HENRI.

C'est vrai, Sire, j'y étais décidé, je me l'étais bien promis!

GEORGE.

Quoi! sincèrement vous aviez l'intention de résister aux désirs de votre oncle... aux volontés de votre roi... Ce projet se rattachait-il à des considérations d'État?

HENRI.

Non, Sire!...

GEORGE.

A quelque système que depuis vous avez abandonné?

HENRI.

Non, Sire... et je demanderai à Votre Majesté la permission de ne pas lui faire connaître les motifs qui m'ont déterminé!

GEORGE.

Et pourquoi donc?

HENRI.

Ils lui paraîtraient peut-être peu dignes de la gravité qu'elle a droit d'attendre de son ministre.

GEORGE.

Eh! mon Dieu, détrompez-vous! la gravité m'ennuie à périr, et je suis trop heureux d'y faire trève; ainsi donc... parlez sans crainte.

HENRI.

Eh bien! Sire, j'en conviens, je voulais d'abord refuser... mais une personne qui a tout pouvoir sur moi a éveillé dans mon cœur des sentimens d'ambition et de gloire qui ont triomphé de mes craintes et m'ont décidé à accepter.

GEORGE, souriant.

De l'air dont vous dites cela... je parie que cette personne-là est une femme!...

HENRI.

C'est vrai!

GEORGE, souriant.

Je l'avais deviné. Vous comprenez qu'avec votre

oncle, je ne pouvais parler que d'affaires d'État; la sévérité de son âge et de son caractère... Et puis, c'est le champion de la reine... son défenseur! il lui est tout dévoué... et moi aussi! car je la respecte et l'aime avant tout; mais à la moindre confidence il se serait cru, en sujet fidèle, obligé à des sermons, à des remontrances... c'est gênant... c'est ennuyeux... tandis qu'entre nous... (Souriant.)

HENRI, avec respect et étonnement.

Qui, moi, Sire?...

GEORGE, avec bonté.

Croyez-vous donc qu'un roi ne puisse jamais descendre des hauteurs de la politique ou de l'étiquette. Croyez-vous donc que souvent au fond du cœur il ne désire pas un ami à qui il puisse confier ses peines?...

HENRI.

Que dites-vous?

GEORGE, soupirant.

Que moi aussi... mon cher Henri, j'aurais peut-être là, (montrant son cœur.) plus d'un chagrin... (Avec bonté.) Mais il s'agit de vous! je vois que vous aimez... que vous êtes amoureux...

HENRI.

A en perdre la tête...

GEORGE, gaîment.

Je conçois cela, et vous êtes heureux?...

HENRI.

Hélas! non... elle m'aime... elle me le dit... et elle refuse ma main.

ACTE III, SCÈNE VII.

GEORGE, *de même.*

Ce n'est pas possible.

HENRI.

Elle refuse d'être à moi !

GEORGE, *avec abandon.*

Eh bien ! moi, c'est tout le contraire...

HENRI.

En vérité !...

GEORGE, *vivement.*

C'est comme je vous le dis !... Et voyez donc désormais quelle existence, quel bonheur sera le nôtre... Nous nous délasserons des affaires publiques en parlant de nos chagrins, ce sera délicieux... Moi qui redoutais l'heure du conseil, je la verrai arriver maintenant avec plaisir.

HENRI.

Et moi qui tremblais d'être ministre !

GEORGE.

Vous voyez bien que ce n'est rien !... le tout est de s'entendre. (*Lui prenant la main.*) Et nous nous entendons déjà... nous nous comprenons à merveille. (*A demi-voix.*) Dites-moi, Henri...

HENRI.

C'est mon oncle !...

GEORGE, *à part.*

Quel ennui !... (*Bas à Henri.*) Silence devant lui !

SCÈNE VIII.

HENRI, GEORGE, WALPOLE.

WALPOLE, tenant un portefeuille qu'il pose sur la table et en tirant un papier.

Voici les affaires dont il est urgent que Votre Majesté lui donne d'abord connaissance, c'est relatif à l'Espagne...

GEORGE, prenant le papier.

C'est bien, nous en parlerons! mais pas aujourd'hui... pas ce matin!... Je dois sortir à cheval avec la reine. (Bas à Henri.) Elle l'a voulu!

HENRI.

Me sera-t-il permis d'accompagner Leurs Majestés?....

GEORGE.

Certainement... c'est avec grand plaisir que je vous verrai à cette promenade. (A Walpole.) Au fait, c'est charmant, un jeune ministre... ça monte à cheval!... (A Henri.) Nous ne pourrons pas causer, la reine sera là... mais cela se retrouvera... (A voix basse.) Il y a bal ce soir à la cour, vous y viendrez...

HENRI, de même.

Oui, Sire!... je n'ai garde d'y manquer!

WALPOLE, à part.

Qu'ont-ils donc à se dire ainsi à voix basse! (Haut.) Puisque Votre Majesté ne s'occupe point de ces papiers, je les lui redemanderai...

GEORGE, les donnant à Henri.

C'est lui que cela regarde!... Tenez, Henri, voyez... examinez, et faites-moi un rapport sur cette question...

WALPOLE.

Qui est importante! car il s'agit ici de la paix ou de la guerre.

HENRI.

Je ne cache pas à Votre Majesté que je tiens à venger les injures faites au pavillon national; ce fut toujours mon avis...

WALPOLE.

Oui, quand tu n'étais pas ministre; c'étaient alors des idées de jeune homme, des idées chevaleresques, mais maintenant...

HENRI.

Maintenant, mon oncle, cela me semble un devoir; telle est du moins mon opinion...

WALPOLE.

Ce n'est pas la mienne... avant tout l'intérêt des finances....

HENRI.

Avant tout l'honneur du pays...

WALPOLE.

Et je soutiens, moi...

GEORGE, à Walpole, et montrant Henri.

Permettez, cela le regarde... c'est lui qui est responsable...

HENRI.

Pardonnez, mon oncle, d'être d'un avis différent du vôtre; mais ne me condamnez pas sans me juger;

j'expliquerai, je développerai les motifs de mon opinion dans ce rapport que Sa Majesté veut bien me demander et que je vous soumettrai d'abord...

GEORGE.

Comme vous voudrez, ou que vous me remettrez à moi-même tout uniment, car entre nous point de gêne, point d'étiquette... Que ce ne soit pas le prince et le ministre, mais seulement deux amis; et cette amitié que je vous offre... (Lui tendant la main.) l'acceptez-vous, Henri?

HENRI, s'inclinant.

Ah! Sire!... c'est à mon oncle que je dois tant de bonheur! combien je l'en remercie !

GEORGE.

Et moi plus encore!... (A Walpole.) Car voilà le ministre qu'il me fallait !

WALPOLE.

Vraiment!

GEORGE.

Oui! nous venons de causer ensemble, et vous aviez raison de me le vanter ! Tout en lui se trouve réuni : capacité, talens, connaissance des affaires... (A Henri.) Et quant à celle dont je vous parlais, et que je recommande à votre discrétion...

WALPOLE.

Laquelle?... de quoi s'agit-il?...

GEORGE.

Rien; c'est entre nous... (A Henri.) Vous avez, dit-on, à quelques lieues de Londres, une villa italienne, une campagne charmante...

HENRI.

Une maison de garçon...

GEORGE.

Demain j'irai vous y demander à déjeuner, nous y causerons plus à l'aise qu'ici... (A Walpole.) Vous, mon cher Robert, et jusqu'à ce que tous nos arrangemens soient pris, le plus grand silence avec tout le monde sur la nomination de votre neveu ! (Voyant entrer un page.) Mais on nous attend! venez ! venez ! mon cher Henri !
(De loin à Walpole, en s'en allant.) Adieu! milord!...

HENRI, de même et gaîment.

Adieu, mon oncle.

(Il sortent tous deux.)

SCÈNE IX.

WALPOLE, SE PROMENANT D'UN AIR MORNE ET RÊVEUR.

Je suis enchanté!... voilà mon neveu en faveur!... le roi l'a déjà pris en amitié et va demain déjeuner chez lui... (S'arrêtant.) Il n'est jamais venu déjeuner chez moi. Et puis cette affaire qui les occupe et pour laquelle ma présence paraissait les gêner ! Autrefois il n'avait pas de secret pour moi. Qui donc m'a ôté sa confiance? Qui m'a déjà desservi auprès de lui? Lord Henri... oh! non, je ne puis le croire, il est trop franc, trop loyal; il n'y a pas assez long-temps qu'il est aux affaires. Cependant il avait l'air d'être d'intelligence avec le roi; il a combattu devant lui mon opinion; il s'est montré mon adversaire... mon ennemi, et puis enfin ce déjeuner, il n'a rien dit, il a accepté!... l'ingrat!... lui qui me doit tout!...

SCÈNE X.

WALPOLE, NEUBOROUG.

WALPOLE, apercevant Neuboroug et lui prenant les mains.

Ah! te voilà, mon ami, mon seul ami!

NEUBOROUG.

As-tu vu le roi?...

WALPOLE.

Oui!...

NEUBOROUG.

Je m'en suis douté, car je l'ai rencontré qui sortait d'ici... et il m'a salué d'un air très agréable en traversant la terrasse qui était encombrée de courtisans...

WALPOLE.

Le roi n'était pas seul!...

NEUBOROUG.

Non, il s'appuyait affectueusement sur le bras de lord Henri, et ils disaient tous : Ce Walpole est-il en faveur, il suffit d'être son neveu, son parent, pour être traité par le roi comme un membre de la famille royale. —Sa Majesté s'est alors approchée de la terrasse au bas de laquelle étaient rassemblés des gens du peuple et des matelots qui murmuraient à haute voix : La guerre! la guerre! guerre à l'Espagne! — Vous l'entendez, Sire, s'est écrié lord Henri. Eh bien! mon brave officier, a dit le roi en lui frap-

ACTE III, SCÈNE X.

pant sur l'épaule, nous la leur donnerons, n'est-il pas vrai ?

WALPOLE.

Il a dit cela ?... il l'a promis aussi formellement ?...

NEUBOROUG.

Tout haut; devant tout le monde, et alors de toutes parts ont retenti les cris de vive le roi ! vive Walpole ! parce qu'ils croient toujours que c'est toi qui reste au ministère... et moi je riais !.... Que les hommes sont singuliers, et qu'il faut peu de chose pour les... Et dis-moi, tu as donc songé à moi ?

WALPOLE.

Oui, mon ami, oui, je t'ai mis sur une liste qui doit être soumise au roi et qu'il approuvera, j'en suis sûr...

NEUBOROUG.

M'as-tu mis dans la trésorerie, ou dans l'amirauté ?

WALPOLE, à demi-voix.

Eh ! que dirais-tu s'il y avait moyen d'arriver plus haut ! de parvenir peut-être jusqu'au premier rang !

NEUBOROUG.

Non, non, ne me tente pas !... tu sais que je n'ai pas d'ambition !... Un petit ministère inoffensif, bien tranquille, bien modeste, où je sois comme à l'abri des affaires, voilà tout ce qu'il me faut !...

WALPOLE.

Et pourquoi donc ?... tu ne te rends pas justice.. N'as-tu pas des titres ? et puis enfin, un homme mûr, raisonnable...

NEUBOROUG.

C'est vrai !

WALPOLE, avec amertume.

Ce n'est pas un jeune homme!... il ne monte pas à cheval, celui-là !

NEUBOROUG.

Jamais!...

WALPOLE, de même.

Il n'a pas de villa élégante.... de maison de campagne...

NEUBOROUG.

Pas encore!... mais cela peut venir... et si le roi le veut.

WALPOLE, lui saisissant le bras avec force.

Il le voudra, j'en réponds. Il y aura des obstacles, des obstacles terribles. Les princes ont tant de caprices, ils oublient si vite les services passés. Mais enfin, rassure-toi, dans un gouvernement tel que le nôtre, il ne suffit pas d'être le favori du roi pour faire un ministre, il faut encore du crédit, du talent...

NEUBOROUG.

Tu es bien bon !...

WALPOLE.

Il faut avoir pour soi la majorité... l'opinion publique... et l'on verra...

NEUBOROUG.

Oui, mon ami, oui, nous verrons; mais calme-toi!... car te voilà dans un état qui m'effraie... Tu avais donné ta démission pour être tranquille...

WALPOLE.

Et je le suis, mon ami, je le suis...

NEUBOROUG, remontant vers la porte du fond.

Entends-tu ces cris... c'est le roi qui part, il est à cheval, ton neveu est à côté de lui ! à sa droite.

WALPOLE, avec colère.

A sa droite... tu en es sûr ?...

NEUBOROUG.

Parbleu ! je le vois... ah ! mon Dieu !... il laisse tomber sa cravache... le roi lui offre la sienne... quel honneur !

WALPOLE, à part.

C'en est trop ! (Haut à Neuboroug.) Viens, j'y perdrai mon nom ou nous renverserons ceux qui aspirent au pouvoir.

NEUBOROUG.

Nous les renverserons...

WALPOLE.

Et puisque le roi veut décidément la guerre...

NEUBOROUG.

Nous la lui donnerons, on l'a toujours quand on veut ! ce n'est pas comme la paix !

WALPOLE, l'entraînant.

Viens, te dis-je, il faut se hâter.

(Il sort en entraînant Neuboroug par le fond.)

ACTE QUATRIÈME.

Même décor qu'au troisième acte.

SCÈNE PREMIÈRE.

LORD HENRI, MARGUERITE.

MARGUERITE, entrant par la porte à droite.

Oui, mon père, je vous attendrai ici...

HENRI, entrant par le fond et apercevant Marguerite.

Miss Marguerite, qu'il me tardait de vous voir ! je suis d'une joie !... j'éprouve un bonheur...

MARGUERITE.

Alors dites donc vite pour que j'en aie aussi.

HENRI.

Il est arrivé depuis ce matin tant de changemens, tant d'évènemens... qu'il vous suffise d'apprendre que dans ce moment j'ai tout pouvoir, j'ai la confiance, j'ai l'amitié du roi, il m'accordera tout ce que je voudrai... alors et sur-le-champ j'ai pensé à vous...

MARGUERITE.

A moi !...

HENRI.

Ou du moins à celui que vous aimez, c'est la même

chose!... j'ai fait venir votre jeune cousin Thomas Kinston...

MARGUERITE.

O ciel!

HENRI.

Je lui avais fait avoir hier un emploi... je lui en donne un aujourd'hui bien plus beau, bien plus sûr; je le place près de moi à la chancellerie, et si vous aviez vu sa reconnaissance et surtout son étonnement, car il ne peut se douter d'où lui vient sa fortune!...

MARGUERITE, à part.

Je crois bien!

HENRI.

Maintenant que vous voilà riche, lui ai-je dit, que votre avenir est assuré, ne songerez-vous pas à quelque établissement?...

MARGUERITE.

Grand Dieu!...

HENRI.

Ne craignez rien! je ne me serais pas permis un seul mot qui aurait pu vous compromettre!... mais c'est lui-même qui, s'adressant à moi comme à son protecteur, m'a donné à entendre qu'il avait des vues sur une jeune fille, sa parente, sa cousine, dont le père venait d'être nommé membre de la Chambre des communes; c'est clair, je le pense; et sans trahir un secret que votre tendresse avait confié à mon amitié, je l'ai engagé à ne pas se rebuter... à se présenter encore!...

MARGUERITE.

O mon Dieu!

HENRI.

Il va venir... (La regardant avec tendresse.) Et en vérité, Marguerite, je le trouve bien heureux, je trouve qu'il n'y a personne au monde qui ne doive envier son sort, car maintenant le voilà sûr du consentement de votre père... Sa nouvelle fortune... ma protection .. et puis la vôtre...

MARGUERITE, avec embarras.

Je ne sais... je doute encore que mon père...

HENRI.

Il le faudra bien; je saurai l'y contraindre...

MARGUERITE.

C'est trop de bontés, c'est trop vous occuper de moi, vous d'abord!... vous avant tout!!!... vous ne me parlez pas de ce qui vous est arrivé... de cette entrevue, de ce rendez-vous qu'on vous avait demandé!...

HENRI.

Ah! vous allez partager mon bonheur!... et il m'est d'autant plus doux... qu'il y a dans notre destinée comme une symphatie secrète...... qui fait que nous sommes heureux ou malheureux ensemble... je suis comme vous, je suis aimé!...

MARGUERITE.

O ciel!

HENRI.

Oui, elle m'aime... oui, je ne peux en douter... et si des obstacles, si un secret que je dois respecter l'empêchent en ce moment de me donner sa main.... je suis sûr du moins que ce mariage est maintenant l'objet de ses vœux; je viens de lui écrire pour presser encore cet heureux instant, et bientôt, je l'espère, rien ne s'opposera à notre union pas plus qu'à la vôtre... je vais attendre sa réponse... et je vous retrouverai chez ma sœur lady Juliana, n'est-il pas vrai?... Adieu, Marguerite, adieu!... gardez bien mon secret.

(Il sort.)

SCÈNE II.

MARGUERITE, METTANT LA MAIN SUR SON COEUR.

Il est là son secret... il est là qui m'acable et me tue; il est aimé! pendant qu'il parlait je me sentais mourir : par bonheur encore, il n'en a rien vu... sa joie l'empêchait de comprendre ou même d'apercevoir ma douleur... (Joignant les mains.) Qu'il soit heureux, mon Dieu!... c'est là ma seule prière!... et pour moi tout est fini...

(Se retournant et apercevant Neuboroug.)

SCÈNE III.

MARGUERITE, NEUBOROUG.

MARGUERITE.

Partons, mon père, partons!

NEUBOROUG.

Qu'est-ce qui te prend donc?... qu'est-ce que tu as?...

MARGUERITE.

Retournons à la ville! ne restons pas en ces lieux où je voudrais n'être jamais venue...

NEUBOROUG.

Toi qui ce matin trouvais ce séjour si agréable...

MARGUERITE.

Ce matin quelle différence!... je ne savais pas... c'est-à-dire je croyais... et vous-même qui parlez... vous trouviez la cour si insupportable...

NEUBOROUG.

Au premier coup d'œil... c'est vrai!... mais après on s'y fait...

MARGUERITE.

Je ne m'y ferai jamais, allons-nous-en, mon père, je souffre.

NEUBOROUG, lui prenant la main.

Est-il possible... eh! bien, nous partirons... mais encore un instant! j'attends mon ami Walpole qui a sur moi des projets... il m'a dit de ne pas m'éloigner, car il prétend qu'il y a des chances...

MARGUERITE.

Pourquoi?

NEUBOROUG.

Pour être ministre...

MARGUERITE.

Vous, mon Dieu!

NEUBOROUG.

Pourquoi pas?... comme tout le monde!... et puis ce n'est pas moi... c'est lui qui le veut, qui l'exige! comment désobliger un ami qui y met un pareil zèle... j'en conviens franchement, j'étais venu ici avec des préventions, et peu à peu, que veux-tu? l'œil se fait à cet éclat, à ce luxe qui vous environne, l'oreille s'habitue à ces titres de Votre Grâce, Votre Seigneurie, Votre Excellence, et puis encore d'autres idées... en voyant ces belles dames si bien parées, si brillantes, si enviées, je pense à toi et je me dis : Ma fille serait comme elles! Je te vois dans ma voiture, dans mon salon dont tu fais les honneurs ; je te vois dans ma loge de l'Opéra. Je les entends qui disent : C'est elle, c'est la fille du ministre. Quand je pense à tout cela, vois-tu bien, cela me trouble, ça m'éblouit, ça m'étourdit, et je ne sais plus si c'est de l'ambition ou de l'amour paternel!

MARGUERITE.

Eh bien! s'il est vrai!... si vous m'aimez, mon père, ne me laissez pas ici, car j'y mourrais.

NEUBOROUG.

Qu'est-ce que tu me dis là?... toi mourir... viens-t'en, ma fille... partons.... je t'emmène à l'instant, je donne ma démission! qu'est-ce que je ferais ici, dans mon ministère, sans mon enfant, sans mon bonheur? (Lui prenant les mains.) Mais réponds-moi! raconte tout à ton père! D'où vient l'état où je te vois... d'où viennent tes souffrances, est-ce que j'en serais cause par hasard? J'en serais bien capable!

MARGUERITE.

Non, mon bon père! non, jamais, mais hier quand vous me parliez d'aimer quelqu'un, je vous ai promis de vous dire, si ça venait... eh! bien, mon père, c'est venu!

NEUBOROUG.

Vraiment?

MARGUERITE.

Ou plutôt c'est parti!... car je ne veux plus y songer, je veux l'oublier.. c'est quelqu'un que je ne peux jamais épouser... un lord... un grand seigneur!...

NEUBOROUG, vivement.

Je le connais... car j'y ai toujours pensé... c'est toujours lui que j'ai rêvé pour gendre... lord Henri...

MARGUERITE, lui mettant la main sur la bouche.

Silence!... au nom du ciel.

NEUBOROUG.

Raison de plus pour que je sois ministre! c'est le seul moyen de rapprocher les distances.

MARGUERITE.

Impossible!...

NEUBOROUG.

Pourquoi ne pas essayer? Si nous échouons, je partirai... et tout consolé, car je partirai avec toi... Mais s'il y avait des chances... si Walpole l'emportait dans ce qu'il veut faire pour moi, vois donc combien il serait terrible de renoncer à un ministère.

MARGUERITE.

Vous y pensez encore!...

NEUBOROUG.

Eh! bien, oui, c'est plus fort que moi!... il y a dans l'air qu'on respire ici quelque chose qui monte à la tête... je me tâte le pouls, et il me semble que me voilà comme Robert était ce matin... les mêmes symptômes...

MARGUERITE.

Raison de plus pour s'éloigner.

NEUBOROUG.

C'est possible!... (Apercevant Walpole.) C'est lui, le voici!... attends-moi chez lady Juliana... Deux mots, deux mots seulement, et dans une heure, je te le jure, nous partons.

(Marguerite sort par le fond.)

SCÈNE IV.

NEUBOROUG, WALPOLE.

WALPOLE, entrant par la porte à droite, d'un air rêveur, et tenant un cahier.

Ce rapport qu'il vient de me remettre... et qu'en quelques heures il a écrit en entier de sa main... j'ai beau le relire... par saint George... c'est bien... c'est très bien!... il conclut pour la guerre... pour cette guerre d'Espagne qu'ils demandent tous! et dès demain le voilà populaire!... idole du prince... idole de la nation... et moi injurié, outragé... bien plus, oublié!... cela commence déjà!

NEUBOROUG.

Eh bien! mon cher ami?

WALPOLE.

Eh bien! cela va mal!... J'ai attendu le roi dans son cabinet au retour de sa promenade... je lui ai fait part franchement, et dans son intérêt, de mes nouvelles réflexions et de mes craintes au sujet du choix qu'il veut faire...

NEUBOROUG.

Le roi a donc quelqu'un en vue... quelqu'un qu'il protége?

WALPOLE.

Eh! oui... un membre de la Chambre haute... un jeune lord qui n'est certainement pas sans mérite, mais qui est sans expérience, et sans le desservir en rien, j'ai démontré au roi que, quels que fussent ses talens, il n'avait jusqu'à présent aucun partisan, aucun appui dans la Chambre des communes... Alors, et avec adresse, je lui ai parlé de toi qui, porté par l'opposition, pouvais la rallier au gouvernement et opérer une fusion entre les whigs et les torys... c'était enfin, et en bonne politique, un essai à tenter.

NEUBOROUG.

C'est vrai... Eh bien?...

WALPOLE.

Eh bien!... distrait et rêveur, le roi m'écoutait à peine... ou me répondait avec impatience.... C'est la première fois de ma vie que je n'ai rien pu gagner sur son esprit.

NEUBOROUG.

Que veux-tu?... il faut se faire une raison... et comme je te le disais ce matin : il y a en première ligne des emplois secondaires... dont on peut se contenter.

WALPOLE.

Et Dieu sait... si ceux-là mêmes je pourrai maintenant en disposer... car il y a là-dessous une intrigue... une trahison infernale!... Croirais-tu que les partisans du comte de Sunderland le poussaient, le protégeaient...

NEUBOROUG.

Qui?... mon concurrent?

WALPOLE, avec impatience.

Eh! oui, sans doute! lady Cécile, que je croyais abattue, est au contraire triomphante... elle avait intrigué en sa faveur!... Tout le monde est donc pour lui! j'étais donc leur jouet à tous; et je verrais arriver à ce nouveau ministère, Sunderland, Brolingbroke, et... et tous mes ennemis... non, morbleu! dussé-je y mourir, je ne t'abandonnerai pas; je n'abandonne pas ainsi la partie, j'en ai gagné de plus désespérées; je te porterai au ministère... je t'y pousserai... quand je devrais tout renverser.

NEUBOROUG.

C'en est trop, mon ami, c'en est trop! l'amitié t'aveugle et t'égare, et je ne souffrirai pas que pour moi tu t'exposes ainsi... ni que tu te mettes dans l'état où te voilà... car depuis que tu t'es retiré des affaires pour te reposer... c'est pis qu'un enfer... et j'aime mieux renoncer...

WALPOLE, le retenant.

Tu ne le peux pas... tu ne t'en iras pas!... Tout

n'est encore qu'en projets, rien n'est terminé! et, grâce au ciel, l'ordonnance n'est pas encore rendue!...

NEUBOROUG.

Qu'en sais-tu?

WALPOLE.

Je le sais! parce qu'on l'aurait envoyée à ma signature!...

NEUBOROUG.

A toi qui t'en vas?...

WALPOLE.

Eh non!... je reste ministre sans portefeuille pour contre-signer l'ordonnance qui recompose le nouveau ministère!... et après cela...

SCÈNE V.

NEUBOROUG, WALPOLE, un huissier de la chambre du roi.

L'HUISSIER, présentant un papier cacheté.

De la part du roi, milord.

(Il salue et sort.)

WALPOLE.

O ciel!...

NEUBOROUG.

Qu'y a-t-il donc?...

WALPOLE, essayant de sourire.

Rien!... c'est cette ordonnance dont je te parlais.

NEUBOROUG, lui prenant la main.

Qu'as-tu donc?... est-ce que tu te trouves mal?

WALPOLE.

Non, mon ami... ce n'est rien.

NEUBOROUG.

Si vraiment... je te sens là une sueur froide!...

WALPOLE.

Que veux-tu?... jusqu'à ce moment j'avais cru que nous l'emporterions... que je pourrais servir un ami... et on ne voit pas sans quelque émotion détruire ainsi toutes ses espérances!

NEUBOROUG.

Mon ami... mon cher Robert, ne te fais pas de peine... vrai! me voilà tout résigné!... ce n'était pas pour moi... c'était pour ma fille... et je suis philosophe!... Mais toi tu sers tes amis trop vivement... (Lui secouant la main.) Allons... allons... du courage, je vais retrouver ma fille... (A part, regardant Walpole.) Et moi qui hier encore doutais de son affection... j'étais un ingrat... (A part, en sortant.) Ah! je n'aurais jamais cru qu'il m'aimât à ce point-là!

(Il sort par la porte du fond.)

SCÈNE VI.

WALPOLE, SEUL, S'ASSEYANT PRÈS DE LA TABLE.

Oui, c'est bien cela... lord Henri... premier ministre... voilà l'ordonnance qui le nomme... (Jetant la plume.) Et quand je l'aurai contre-signée, je ne serai plus rien!... il aura pris ma place!... (Jetant la plume.) Et redemandais cette place!... si je disais au roi:

26

C'est mon bien, elle m'appartient; rendez-la-moi... car nul au monde ne pouvait me renverser... et c'est moi... moi-même qui me déshérite, qui me ravis le fruit de trente années de travaux et de peines... ce ne doit pas être... ça n'est pas juste!... le roi le saura... je cours le lui dire... (il se lève, fait quelques pas, et s'arrête) et me couvrir de ridicule, m'exposer à toutes les railleries... et qui plus est, à un refus peut-être... car maintenant, engoué comme il l'est de mon neveu, il le préfère à tout, rien ne pourra l'en détacher... Et puis, les Sunderland ne sont-ils pas là qui poussent à ma ruine dont ils se disputent les débris!... Et si le roi refuse!!! ce n'est plus une démission!... c'est une disgrâce, un exil... un renvoi!... ah! (Se remettant à la table et reprenant la plume.) Allons... il le faut... il faut se résigner!... il faut subir son sort!... est-il donc si terrible après tout? Vingt fois dans ma vie n'ai-je pas désiré ce qui m'arrive aujourd'hui? Ne l'ai-je pas demandé moi-même... et le repos, après tant d'orages, est-il donc sans douceur et sans charmes? Allons... signons!... (Il approche la plume du papier et s'arrête.) Signer son propre arrêt!... signer la réputation, la gloire d'un rival! et faire un ministre de ce favori qui m'a déjà enlevé la faveur du maître... Non... non, je ne peux pas écrire... ma main s'y refuse et se raidit!... mes nerfs se briseraient... (Jetant la plume.) C'est impossible!.., j'en mourrais plutôt... je le hais! je le déteste! tout autre au monde, pourvu que ce ne soit pas lui!

SCÈNE VII.

WALPOLE, près de la table; GEORGE, entrant par le fond, et tenant un mouchoir de femme a la main.

GEORGE, riant.

L'invention est admirable!...

WALPOLE, cherchant à se remettre.

C'est le roi!...

GEORGE, toujours riant.

C'est vous, mon cher Robert... où donc est votre neveu?

WALPOLE, à part.

Toujours lui!...

GEORGE.

Je le cherchais pour lui raconter un tour excellent... Figurez-vous que tantôt j'entre chez la reine qui était entourée de ses dames d'honneur... l'une d'elles, avec qui je causais, tenait à la main ce riche mouchoir brodé, qui dans un de ses coins artistement noué me parut renfermer un billet... sur lequel je plaisantais... On me répondit que c'était une lettre de femme... de la comtesse de Lindsay, une dame bel esprit... une élève de Pope... Curieux d'admirer son style, je demandais en grâce à en lire quelques lignes... on me refuse... j'insiste... je veux parler en roi!... on se rit de mon autorité, et toutes ces dames, à commencer par la reine, de prendre parti contre moi en me défiant de réussir! Moi je parie une agrafe en diamant qu'avant la fin du jour le billet sera dans mes mains;

on accepte, et vraiment je m'étais avancé là sans trop savoir les moyens d'en sortir à mon honneur, lorsqu'un de mes pages, qui avait entendu la discussion... un petit ambitieux qui est du parti du roi plutôt que de celui des dames, s'est emparé de ce mouchoir... Je ne sais pas comment il s'y est pris, mais à l'instant même... au moment où j'entrais dans ce salon, il me l'a remis d'un air triomphant... (Cherchant toujours à dénouer.) Mais c'est pire que le nœud gordien... et l'on voit qu'une main féminine a passé par là... Il n'y a que les femmes pour de pareils nœuds!

WALPOLE.

On se plaint rarement de leur solidité!...

GEORGE, achevant de dénouer le mouchoir.

Enfin j'ai réussi... (prenant le billet qu'il ouvre et qu'il montre à Walpole) et nous pouvons admirer la prose ou les vers de lady Lindsay.

WALPOLE, à part, après avoir jeté les yeux sur le billet.

Ciel! l'écriture de mon neveu!

GEORGE.

Qu'ai-je vu!... (Lisant à part.) Ma Cécile, ma bien aimée... point de signature... mais dans les termes les plus tendres... les plus pressans... On réclame l'exécution de ses promesses... Quelle audace... quelle insolence!... et ce billet qu'elle a reçu, dont elle m'a fait un mystère... qui a osé l'écrire?... Je le saurai!... je connaîtrai le téméraire, et malheur à lui!...

SCÈNE VIII.

HENRI, GEORGE, WALPOLE.

GEORGE, apercevant Henri.

Ah! mon ami, mon cher Henri, vous voilà! vous arrivez à propos... j'ai à vous parler... à vous consulter... sur une affaire qui m'intéresse... (se retournant et voyant Walpole) une affaire d'État!

HENRI.

Il me semble que mon oncle pourrait mieux que personne... et j'aurai droit, Sire, de me récuser... car je ne suis pas encore nommé!

GEORGE.

Peu importe!... c'est tout comme! (A Walpole.) Mon cher Robert, avez-vous contre-signé cette ordonnance que je vous ai envoyée?

WALPOLE.

Pas encore, Sire!... je voulais proposer à Votre Majesté une autre forme de rédaction.

GEORGE.

Comme vous voudrez... ce que vous jugerez convenable! Faites seulement qu'on l'expédie promptement dans vos bureaux.

WALPOLE.

O ciel!...

GEORGE.

Je reste avec votre neveu... pour conférer avec lui... pour m'entendre sur l'objet dont je parlais tout à l'heure et qui dans ce moment est de la plus haute importance.

HENRI, vivement.

L'affaire de la guerre d'Espagne !...

GEORGE, de même.

Précisément !...

HENRI.

J'ai fait sur-le-champ le rapport que Votre Majesté avait daigné me demander à ce sujet, et je l'avais soumis à mon oncle...

WALPOLE, qui a été prendre le rapport qu'il avait laissé sur la table.

Oui, Sire... (Il regarde son neveu, hésite un instant pour remettre le papier au roi, et lui dit d'un voix émue :) le voici !!... écrit entier de sa main.

GEORGE, le prenant sans le regarder.

C'est bon !...

HENRI, au roi.

Votre Majesté ne le regarde pas !

GEORGE.

Si vraiment !... (Il y jette les yeux d'un air indifférent.) O ciel !... qu'ai-je vu ?... cette écriture !... (Walpole, qui a observé le trouble du roi, jette un dernier regard sur lui et sur son neveu, puis il sort précipitamment pendant que George s'avance au bord du théâtre, en regardant toujours le billet.) C'est cela même !... c'est lui... quelle indignité !... quelle trahison !... et la perfide surtout !...

(Il remonte le théâtre et aperçoit Cécile qui entre.)

SCÈNE IX.

HENRI, GEORGE, CÉCILE.

GEORGE, à part.

La voilà!...

CÉCILE, s'adressant au roi.

Mon père le comte de Sunderland va se rendre à l'audience que vous avez daigné lui accorder.

GEORGE, contenant son émotion.

C'est bien... nous le recevrons!...

GEORGE, après un instant de silence, jette un coup d'œil sur Henri et sur Cécile qui ont échangé un regard et baissent soudain les yeux.

Lord Henri, je voulais vous parler, et je puis le faire devant milady, car je me rappelle maintenant que plusieurs fois elle a plaidé près de moi en votre faveur, et qu'elle est toute dévouée à vos intérêts...

HENRI.

C'est trop de bontés à lady Cécile et surtout à Votre Majesté...

GEORGE.

J'en aurai plus encore, et pour commencer je vous donnerai un conseil... celui d'être plus circonspect... Ce matin vous ne m'avez confié que la moitié de votre secret... j'ignorais encore quelle était celle que vous aimiez... un hasard vient de me l'apprendre... (Mouvement de Cécile.) Oui, Madame... et voyez à quoi son imprudence l'exposait, si cette lettre, par exemple, était tombée en d'autres mains que les miennes...

HENRI.

O ciel!... Eh bien! puisque mon amour vous est connu, pourquoi n'avouerais-je pas à Votre Majesté et mes projets, et mes vœux, et l'espoir de ma vie entière... Oui, Sire, c'est elle que j'aime!...

CÉCILE.

Que dites-vous?

HENRI.

Ne craignez rien... ce n'est pas au prince... ce n'est pas à mon souverain que je confie un tel secret.

CÉCILE.

Henri...

GEORGE.

Et pourquoi l'arrêter, milady?... il aime... il est aimé... il me l'a avoué ce matin!... il en est convenu!...

CÉCILE.

Est-il possible?...

HENRI.

Punissez-moi, madame! je l'ai mérité! Mais quand je parlais ainsi, je croyais que jamais votre nom ne serait connu... qu'un éternel silence ensevelirait et mon secret et l'amour que vous m'avez juré...

CÉCILE, qui a passé près de lui.

Taisez-vous! taisez-vous!

HENRI.

Et pourquoi donc?... pourquoi cet effroi? grand Dieu!

GEORGE.

Vous ne le devinez pas?... C'est qu'elle ne peut entendre ni supporter l'arrêt qui l'accable... c'est que cet amour qu'elle vous a juré... il m'appartenait... elle me l'avait donné.

CÉCILE.

Sire, au nom du ciel...

HENRI, avec fureur.

Quoi! celle que vous aimiez?...

GEORGE.

C'est elle!...

CÉCILE, au roi, et avec dignité.

Assez!... assez!... Vous m'avez frappée de mort, et maintenant je n'ai plus rien à redouter... J'ai subi de tous les supplices le plus horrible... Vous m'avez flétrie à ses yeux... J'ai perdu l'estime de celui que j'aime.

GEORGE.

Que vous aimez!...

CÉCILE.

Oui, Sire, ces nœuds que vous osez rappeler et que dès long-temps cependant j'avais brisés de moi-même, ces nœuds que l'ambition seule avait formés... je m'en accuse et j'en rougis; mais l'amour que j'avais pour lui, j'en suis fière et je m'en glorifie, car il était noble et pur... oui, c'est par amour que j'ai repoussé ses vœux, c'est par amour que je refusais sa main, moi qui aurais donné ma vie pour en être digne; et je ne dis pas cela pour m'excuser à ses yeux, pour surprendre sa pitié, ni pour regagner une tendresse que je ne mérite pas et que j'ai perdue sans retour... mais je le dis pour moi-même que vous avez voulu abaisser, je le dis devant vous qui tenez le sceptre et la couronne... celui que j'aimais, Sire... c'est lui!..

GEORGE.

Et ce mot a décidé sa perte... et vous deux qui m'avez trompé...

SCÈNE X.

HENRI, CÉCILE, GEORGE, UN HUISSIER DE LA CHAMBRE.

L'HUISSIER, annonçant.

Le comte de Sunderland !...

GEORGE.

Qu'il vienne à l'instant, qu'il vienne !

CÉCILE, s'élançant vers la porte du fond.

Ah ! mon père !...

(Elle sort comme pour l'empêcher d'entrer.)

GEORGE.

Oui... c'est à ses yeux... c'est aux yeux de tous que je veux la punir, et je vais à l'instant...

HENRI, se plaçant devant la porte du fond.

Non, Sire, Votre Majesté n'ira pas !

GEORGE.

Oser me retenir !

HENRI.

Elle n'ira pas flétrir une fille aux yeux de son père, ce n'est pas là la vengeance d'un galant homme et surtout d'un roi.

GEORGE.

Téméraire !

HENRI.

Vous êtes maître de mes jours... mais non de son honneur ; et si vous pouviez l'oublier...

GEORGE.

Je n'oublie pas de tels outrages... je vais les châtier.

HENRI, traversant le théâtre.

Et moi je vais demander justice...

GEORGE.

A qui ?...

HENRI.

A la reine !...

GEORGE, courant à lui et le retenant à son tour.

Monsieur !... restez !

SCÈNE XI.

Plusieurs lords et seigneurs de la cour, plusieurs officiers supérieurs ; WALPOLE, GEORGE, HENRI ; puis NEUBOROUG et MARGUERITE, qui entrent un instant après.

WALPOLE, entrant un instant avant tout le monde.

Je viens remettre à Votre Majesté cette ordonnance...

GEORGE, la prenant et la déchirant.

Qui est nulle et que j'anéantis ! J'ai fait un autre choix... vous le connaîtrez... (Aux officiers qui sont derrière lui et leur montrant Henri.) Milords, assurez-vous d'un téméraire qui a outragé son roi... qui l'a menacé...

MARGUERITE, qui vient d'entrer avec son père.

O ciel !...

WALPOLE.

Ce n'est pas possible.

NEUBOROUG.

De quel crime ose-t-on l'accuser?

GEORGE, avec colère et cherchant à se modérer.

Son crime!...

HENRI, froidement.

S'il est connu... ce ne sera que par vous, Sire! car au prix de mes jours, je jure de garder le silence.

GEORGE.

Et moi!... (S'arrêtant et s'adressant aux officiers.) Assurez-vous de lui... plus tard je déciderai de son sort... (Regardant autour de lui.) Walpole, Neuboroug... vous êtes de bons et fidèles serviteurs, et dans ce moment, entouré comme je le suis de traîtres et de perfides, j'ai besoin d'amis véritables; venez, venez, suivez-moi!

(Il les emmène par la porte du fond et toute la cour sort après eux.)

SCÈNE XII.

QUELQUES SOLDATS AU FOND DU THÉÂTRE; UN OFFICIER A QUI HENRI VIENT DE REMETTRE SON ÉPÉE; HENRI AU COIN DU THÉÂTRE A DROITE; MARGUERITE AUPRÈS DE LUI.

MARGUERITE, toute tremblante et joignant les mains d'effroi.

Vous! mon Dieu!... disgracié!... prisonnier!...

HENRI, prêt à partir.

Ah! ce n'est pas là le coup le plus cruel!... trahi, abusé par celle que j'aimais...

ACTE IV, SCÈNE XII.

MARGUERITE, vivement.

Que dites-vous ?

HENRI.

Indigne de moi, elle appartenait à un autre, et tout est fini entre nous !...

MARGUERITE, avec une expression de joie et portant la main à son cœur.

Ah !

(L'officier fait un signe à Henri qui tend la main à Marguerite et sort par le fond entouré par les soldats, tandis que Marguerite, immobile à la droite du théâtre, le suit des yeux jusqu'à ce qu'il ait disparu, et sort par la porte à droite.)

FIN DU QUATRIÈME ACTE.

ACTE CINQUIÈME.

Même décoration.

SCÈNE PREMIÈRE.

HENRI, NEUBOROUG.

NEUBOROUG.

Oui, mon cher ami, cela va mal pour vous... je vous en préviens, parce que j'étais là, j'ai été témoin de la colère du roi.

HENRI.

Et cependant, à l'instant même, mes arrêts viennent d'être levés... je n'ai plus pour prison que l'enceinte de ce palais, et l'on n'a exigé de moi d'autre caution que ma parole de n'en point sortir.

NEUBOROUG.

Cela m'étonne... car il y a deux heures le roi était furieux. Je ne sais pas ce que vous lui avez fait... mais voilà ce qui est arrivé. A peine étions-nous sortis de cette galerie, qu'il congédie tout le monde, en disant d'un ton brusque : Pardon, milords, il faut que je parle à M. Neuboroug, à lui seul. Me voici donc dans le cabinet du roi, en tête-à-tête avec lui. Il me dit : Asseyez-vous, asseyez-vous; puis il se promène d'un air

agité, il s'assied... il écrit... il sonne... Tenez, pour le
lord chancelier qui tout à l'heure était dans le salon.
— Puis il se retourne vers moi. — Je suis à vous dans
l'instant ; nous avons à causer du nouveau ministre.
— Je croyais que Votre Majesté avait fait un choix.
— Est-ce que vous le connaissiez ? — Non, Sire, je
sais seulement que vous aviez signé l'ordonnance.
— Je l'ai déchirée. — Et il recommence à se promener ! J'étais toujours là et j'attendais... On annonce
Walpole. — Je ne veux pas le recevoir, dit le roi ;
et à peine achevait-il ces mots, que votre oncle paraît
sur le seuil de la porte. — Je viens, dit-il, rendre un
service à Votre Majesté... Il est impossible qu'elle ait
écrit l'ordre que je viens de voir entre les mains du
lord chancelier. — Je l'ai écrit, je le ferai exécuter.
Lord Henri a manqué de respect à ma personne, il
m'a menacé... il y a crime de lèse-majesté : qui ose le
justifier est coupable. — Mettez-moi donc aussi en
accusation, car je viens le défendre !...

HENRI.

Mon pauvre oncle !

NEUBOROUG.

Oui, Sire, a-t-il ajouté ; on n'enlève pas à un brave
officier son titre et son grade pour un crime tel que
le sien. — Son crime ! s'est écrié le roi, le connaissez-
vous ? — Oui, Sire, et je m'en vais vous le dire...
— Silence, milord, a dit le roi avec un regard furieux.
Puis, s'adressant à moi : Mon ami, mon cher Neuboroug... j'avais à vous parler... mais plus tard, dans
quelques instans, je vous ferai savoir mes intentions.

— Alors, comme vous vous en doutez bien, je me suis incliné, je suis sorti; et au moment où la porte du cabinet se refermait, l'orage recommençait déjà... tous deux parlaient à la fois, et je distinguais la voix de Walpole. — Oui, je le défendrai, quand on devrait, comme autrefois, m'envoyer à la Tour... et puis, je n'ai plus rien entendu !...

HENRI.

Ah! mon oncle est trop généreux!... il va se perdre! il va attirer sur lui la colère du roi... pour une cause qui ne peut être défendue... ni justifiée...

NEUBOROUG.

C'est lui!... le voilà!

SCÈNE II.

NEUBOROUG, HENRI, WALPOLE, venant du fond.

HENRI.

Mon cher oncle!

WALPOLE.

Rassure-toi. Cela va mieux! tu es libre du moins!

HENRI.

Que dites-vous?...

WALPOLE.

J'ai eu d'abord avec le roi une discussion assez vive...

HENRI.

Je le sais.

WALPOLE.

Qui a fini assez mal, car Sa Majesté ne voulait rien

ACTE V, SCÈNE II.

entendre, et moi je soutenais toujours, dussé-je le répéter à la tribune, qu'en Angleterre on était libre... (à demi-voix, et sans que Neuboroug l'entende) libre, si on le voulait, d'enlever au roi ses maîtresses...

HENRI.

Mon oncle!...

WALPOLE.

Sur ce mot-là... il m'a congédié de son cabinet et j'ai cru que tout était fini, que tout était perdu... mais avec un roi homme d'honneur, il y a toujours de la ressource. Il paraît que depuis deux heures, et une fois le premier mouvement passé, il s'est calmé... il a réfléchi... il a senti que mes conseils n'étaient pas si déraisonnables, et il vient de me prévenir, par un billet très froid et très laconique, qu'il avait fait lever tes arrêts et qu'il te gardait seulement prisonnier ici sur parole jusqu'à ce soir.

NEUBOROUG.

A la bonne heure!

WALPOLE.

A cette lettre... en était jointe une autre dont j'ignore le contenu et qui était pour toi... Neuboroug, la voici.

NEUBOROUG.

Donne donc...

(Il la décachète en tremblant et la lit avec émotion.

WALPOLE, avec inquiétude.

Eh bien?...

NEUBOROUG.

Ah! mon ami!...

WALPOLE.

Qu'est-ce donc?

NEUBOROUG.

Laisse-moi finir... ce bon roi... (Lisant.) « D'après ce « que j'ai vu et surtout d'après ce que m'a dit Wal- « pole, je peux mettre en vous toute ma confiance. « — J'ai un important service à vous demander !... « venez, je vous attends ! »

WALPOLE.

Qu'est-ce que ce peut être?

NEUBOROUG.

Tu t'en doutes bien!... et rien n'égale ma joie! non pas tant pour la place qui est honorable, j'en conviens! mais pour autre chose encore... car enfin, ton neveu est en disgrâce, moi je suis en faveur; je vais être ministre, et il m'est permis alors d'avoir pour l'avenir des idées d'alliance... auxquelles sans cela je n'aurais jamais osé m'arrêter!

HENRI.

Ah! je ne suis pas assez heureux pour cela... (à demi-voix, à Neuboroug) ce n'est pas moi qu'on aime!...

NEUBOROUG, vivement et à voix basse.

C'est vous!

HENRI.

Est-il possible!

NEUBOROUG.

Elle me l'a avoué à moi, à son père!

HENRI, avec émotion.

Marguerite!... Mais en effet... son trouble...

(Il fait quelques pas vers Neuboroug qui vient de remonter le théâtre.)

ACTE V, SCÈNE II.

NEUBOROUG.

Plus tard... plus tard... je suis attendu... et j'ai à peine le temps de remercier cet excellent ami à qui je dois tout. (A Henri, montrant Walpole.) Vous ne savez pas tout ce qu'il a fait pour moi; c'est le triomphe de l'amitié! et si, comme je le crois maintenant, j'arrive au pouvoir, ce sera grâce à lui!

HENRI.

Comment cela?.

NEUBOROUG.

Imaginez-vous que ce matin nous avions un rival, un concurrent redoutable que les Sunderland portaient au ministère...

WALPOLE, avec un geste d'effroi.

Neuboroug! je t'en supplie!

NEUBOROUG.

Non... non, je parlerai... je ne suis pas un ingrat... je ne cache pas les services qu'on me rend... je les proclame tout haut... (A Henri.) C'était un membre de la Chambre-Haute... un lord... un jeune homme sans crédit, sans expérience... c'était du moins l'avis de Walpole qui me l'a dit... car moi je ne lui en veux pas, je ne le connais pas... mais il paraît que le roi l'aimait, le protégeait, l'avait pris en affection...

HENRI.

O ciel!...

WALPOLE, voulant l'interrompre.

Eh! de grâce!...

NEUBOROUG, à Walpole.

Enfin l'ordonnance était signée, je l'ai vue entre

tes mains et j'ai cru que tout était fini! (A Henri.) Eh bien! pas du tout, loin de se laisser abattre, mon ami Walpole a redoublé d'efforts ; je ne sais pas comment il s'y est pris... mais il a si bien fait, si bien manœuvré, qu'en quelques heures le favori a été renversé...

HENRI.

Vous, mon oncle!

WALPOLE.

Moi!... par exemple!

NEUBOROUG, riant.

Oh! tu me l'avais bien dit : Je le renverserai... voilà du dévouement, de la chaleur, voilà ce qui s'appelle servir ses amis, et si jamais je suis au pouvoir, je te prendrai pour modèle... je vous le jure à tous les deux, et si j'y manque jamais!...

SCÈNE III.

NEUBOROUG, HENRI, WALPOLE, UN HUISSIER.

L'HUISSIER.

Sa Majesté attend sir Neuboroug dans son cabinet...

NEUBOROUG.

Le roi m'attend!... adieu... adieu... je reviens vous apprendre ce qui aura été décidé!

(Il sort par le fond.)

SCÈNE IV.

HENRI, WALPOLE.

HENRI, après un instant de silence, et voyant Walpole qui détourne les yeux.

Je ne puis ajouter foi à ce qu'il vient de nous dire!...j'ai mal compris! ou il est dans l'erreur! Vous, mon oncle!... vous m'auriez desservi!... ce n'est pas possible... dites-le-moi!... et c'est vous seul que je veux croire!

WALPOLE.

Non... il t'a dit la vérité!

HENRI.

Grand Dieu!

WALPOLE.

A quoi bon feindre avec toi? je t'aimais ce matin, tu m'étais cher! tu te tenais à l'écart du pouvoir et de la fortune, j'ai été te chercher, je t'ai pris par la main pour t'y amener. Ce poste si brillant et si dangereux que j'abandonnais, cette place objet de tous les vœux, c'est moi qui te l'ai fait obtenir, c'est moi qui te l'ai donnée!

HENRI.

C'est vrai!...

WALPOLE.

Eh bien! dès que je l'ai vue entre tes mains, je ne peux dire ce que j'ai éprouvé... mon amitié s'est retirée de toi à mesure que le pouvoir t'arrivait; c'est un sentiment que je ne pouvais ni maîtriser ni vaincre... J'étais jaloux!... vois-tu, Henri, la faveur du

prince est un de ces biens qu'on ne peut partager!
c'est comme ces objets de notre amour qu'on ne veut
pas voir à d'autres, même quand on les dédaigne ou
qu'on les abandonne! Céderais-tu ta maîtresse à ton
meilleur ami, à ton frère? non!... tu le haïrais! c'est
ce que j'ai fait, tu m'étais devenu odieux...

HENRI.

Est-il possible!

WALPOLE, avec exaltation.

Oui, tant que je serai vivant, nul ne portera la
main sur mon bien, sur cette autorité acquise par
trente ans de travaux et de tourmens...... Elle m'a
coûté trop cher pour ne pas pas la défendre, et quiconque se présenterait comme obstacle sur ma route,
quiconque, ami ou ennemi, voudrait arrêter le char
de ma fortune, sera brisé par lui!...

HENRI.

Grand Dieu!

WALPOLE, revenant à lui.

Ah!... je t'effraie, tu doutes de ce que tu entends,
tu ne peux concevoir la violence d'une passion qui,
loin de s'amortir avec l'âge, prend chaque jour de
nouvelles forces. Mais cette passion est la seule que
j'aie éprouvée; je n'en ai jamais eu d'autres, laisse-
la-moi, ne me l'envie pas! elle rend si malheureux!
jamais je n'ai connu comme toi les illusions de la tendresse... jamais l'amour d'une femme n'a fait battre
mon cœur... on ne m'a jamais aimé... je n'ai aimé
personne!

HENRI.

Mon pauvre oncle!...

WALPOLE.

Ah! tu me hais!

HENRI.

Non, je vous plains!

WALPOLE.

Et tu as raison, car dès que j'ai abattu à mes pieds l'ennemi qui me résistait, semblable au soldat dont la colère s'éteint quand le combat est fini, mon ressentiment tombe avec celui qui l'avait fait naître. J'ai honte de moi, je rougis de ma frénésie, je m'en veux de mon triomphe que je cherche à expier!... Toi, par exemple, à peine renversé, je t'ai tendu la main; je t'ai rendu mon amitié; j'ai couru te défendre auprès du prince... j'aurais bravé pour toi sa vengeance, sa colère, sa disgrâce peut-être! car je t'aime maintenant, tu es redevenu mon fils, mon neveu bien-aimé! Demande-moi ma fortune, mon sang, je te les donne; mais le pouvoir!!... je l'essaierais en vain! c'est au-dessus de mes forces! Et tiens, ce Neuboroug, ce vieil ami, si honnête homme, si peu redoutable; eh bien! dans ce moment, j'ai beau me raisonner et me combattre, je ne l'aime plus... Que dis-je? tout à l'heure, pendant qu'il me parlait, j'éprouvais contre lui des mouvemens de jalousie et de haine; cette intimité, cette confiance dont le roi l'honore, tout cela le rend mon ennemi mortel!... et malgré moi, dans ce moment, je cherche déjà en mon esprit les moyens de le renverser! (Voyant Henri qui fait un geste d'étonnement.) Tais-toi, le voici!

SCÈNE V.

HENRI, MARGUERITE, NEUBOROUG, WALPOLE.

NEUBOROUG, tenant Marguerite sous le bras.

Viens-t'en, ma fille..... viens-t'en, quittons ces lieux !

HENRI.

Qu'y a-t-il donc ?

WALPOLE.

Est-ce que tu n'es pas ministre ?

NEUBOROUG.

Moi !... c'est fini !

WALPOLE, avec un mouvement de joie.

O ciel ! (Puis se retournant avec amitié du côté de Neuboroug à qui il serre la main.) Mon ami, mon pauvre ami !

HENRI.

Qu'est-il donc arrivé ?

WALPOLE.

Ce service que te demandait le roi ?

NEUBOROUG.

Tu ne t'en serais pas douté ! il voulait savoir de moi si réellement tes forces et ta santé étaient aussi altérées que je le lui avais dit, et il me demandait, sous le sceau du secret, et sans que cela eût l'air de venir de lui, si je ne pouvais pas t'engager à revenir sur ta démission !

WALPOLE, vivement.

Il serait possible !

ACTE V, SCÈNE V.

NEUBOROUG, de même.

Rassure-toi, j'ai refusé... Moi t'exposer... moi compromettre les jours d'un ami... Je lui ai dit que le choix seul d'un successeur t'avait rendu malade... (A Henri.) C'est la vérité! (A Walpole.) Et que dans ton intérêt il ne fallait même plus te charger des soucis de ce nouveau ministère. J'ai vu alors un homme fâché; dépité, qui m'a dit sèchement : N'en parlons plus... on se passera de Walpole, mon choix est fait! Alors je me suis avancé, et en balbutiant quelques mots, j'ai remercié. — Vous, docteur, est-ce que j'y ai jamais pensé! s'est-il écrié en me tournant le dos. Et comme je restais là... stupéfait, interdit, indigné... il a ajouté brusquement : C'est bien, c'est bien, je ne vous retiens plus; ce qui voulait dire : Sortez!... Et l'on croit que je resterais ici un instant de plus, que je m'exposerais, comme cette foule de courtisans et d'ambitieux, aux dédains et aux caprices d'un prince, moi! homme libre et indépendant!... Non, morbleu!... (A Walpole.) Tu avais bien raison, ce matin, de vouloir quitter la cour; nous la quitterons ensemble!... Oui, je pars à l'instant avec ma fille, (Passant près d'elle.) avec ma pauvre enfant!... (A Henri.) car maintenant, vous sentez bien, lord Henri, que tout ce que je vous ai dit...

MARGUERITE.

Quoi donc? mon père!

NEUBOROUG, à Marguerite.

Rien... rien ! (A Henri.) Oubliez-le!

HENRI, vivement.

Jamais!..... (Regardant Marguerite.) Mais laissez-moi du moins le temps de mériter un tel bonheur.

WALPOLE, qui a remonté le théâtre.

Le roi !

(Il redescend à droite.)

SCÈNE VI.

MARGUERITE, NEUBOROUG, GEORGE, HENRI, WALPOLE.

GEORGE, qui est entré en rêvant, descend lentement le théâtre ; il aperçoit Neuboroug qu'il salue affectueusement.

Pardon, mon cher Neuboroug, de vous avoir quitté tout à l'heure aussi brusquement. Croyez qu'en tout temps notre royale protection saura reconnaître votre zèle, vos conseils, et malgré nos inutiles tentatives auprès de votre ami !...

WALPOLE, s'avançant.

Mais, Sire...

GEORGE.

Il suffit, Walpole ! je n'insiste plus, et mon choix est décidément arrêté. (Après un instant de silence et se tournant vers Henri.) Lord Henri ! j'ai eu des torts envers vous !

HENRI, s'inclinant.

Ah ! Sire !...

GEORGE, avec intention.

Envers d'autres encore !... je veux tâcher de les réparer. Le comte de Sunderland quitte aujourd'hui l'Angleterre, il part avec toute sa famille pour nos États de Hanovre dont je l'ai nommé gouverneur-général...

HENRI.

Je reconnais là mon roi!

GEORGE.

Quant à vous, milord, nous avons lu le rapport que vous nous avez fait sur la situation actuelle du royaume et sur la guerre avec l'Espagne. Convaincu désormais de vos talens comme nous l'étions déjà de votre loyauté et de votre franchise, nous voulons récompenser en votre personne les longs et glorieux services de votre oncle, et puisqu'il persiste à quitter le pouvoir, puisqu'à notre grand et légitime regret, rien ne peut le retenir à la cour, c'est vous qu'à sa place nous nommons premier ministre.

(Walpole fait un geste de colère qu'il réprime aussitôt.)

NEUBORQUG.

O ciel!...

HENRI, jetant un coup d'œil sur son oncle et s'adressant au roi.

Je supplie Votre Majesté de ne pas m'en vouloir... bien décidément, Sire, je refuse.

WALPOLE, vivement.

Est-il possible!...

HENRI, lui prenant la main, et à voix basse.

Oui, mon oncle, pour que vous m'aimiez toujours. (S'adressant au roi.) Je refuse, Sire, dans votre intérêt, car, grâce au ciel, pour remplir cette place je puis vous offrir mieux que moi!

GEORGE.

Que dites-vous?...

HENRI.

J'ai depuis ce matin tant prié, tant supplié mon

oncle, qu'il veut bien encore s'immoler au salut de l'État; il renonce au repos qu'il désirait, il retire sa démission, et consent à rester aux affaires.

GEORGE.

Il serait vrai!... et c'est à vos instances que je dois un pareil sacrifice!!... (Passant près de Walpole.) Mon cher Walpole, je n'oublierai jamais une telle preuve d'amitié et de dévouement!

WALPOLE.

Votre Majesté l'exige!.... il faut donc reprendre cette chaîne que j'espérais et que je ne peux briser...

NEUBOROUG, qui a passé près de lui, à droite du spectateur.

Mais, mon cher ami, tu n'y penses pas... je te jure qu'avant un an tu en mourras!

WALPOLE.

C'est possible!... (A part.) Mais je mourrai ministre!!!...

FIN DE L'AMBITIEUX.

LES INCONSOLABLES,

COMÉDIE EN UN ACTE ET EN PROSE;

Représentée pour la première fois, à Paris, sur le Théâtre-Français le 8 décembre 1829.

PERSONNAGES.

Madame DE BLANGY, jeune veuve.
M. DE COURCELLES, receveur-général.
Le comte DE BUSSIÈRES.
SOPHIE, femme de chambre de madame de Blangy.

La scène se passe dans un pavillon du bois de Meudon.

LES INCONSOLABLES.

LES
INCONSOLABLES.

Le théâtre représente un salon de campagne. A gauche du spectateur une table ; à droite, un piano. Porte au fond, donnant sur des jardins ; portes latérales conduisant dans d'autres appartemens.

SCÈNE PREMIÈRE.

M. DE COURCELLES, SOPHIE.

SOPHIE.

Enfin vous voilà, monsieur; qu'il y a long-temps que vous n'êtes venu... trois mois pour le moins.

M. DE COURCELLES.

Huit jours tout au plus.

SOPHIE.

C'est possible! Mais au milieu des bois de Meudon; dans ce pavillon isolé où l'on ne voit personne...

M. DE COURCELLES.

Cela fait évènement! Comment se porte ta maîtresse?

SOPHIE.

Toujours de même. Conçoit-on une chose pareille! Une si jolie femme se désoler, à vingt-cinq ans, pour un mari, et un mari qui est mort encore! Je vous demande à quoi cela sert? Vous qui l'avez connu, monsieur, il était donc bien aimable?

M. DE COURCELLES.

Rien d'extraordinaire. De son vivant, c'était un mari comme un autre; mais depuis qu'il est mort, c'est bien différent! avec le temps, et dans l'éloignement, les défauts s'effacent, les bonnes qualités ressortent, et il en résulte un portrait qui ne ressemble plus qu'en beau... Les grands hommes, les artistes et les maris gagnent cent pour cent à mourir.

SOPHIE.

Je ne conçois pas alors qu'ils tiennent à vivre.

M. DE COURCELLES.

Par habitude. Notre jeune veuve est donc toujours bien désolée?

SOPHIE.

Je crois que cela augmente, ce qui est terrible, parce que nous autres femmes ne pouvons en voir pleurer une autre sans nous mettre de la partie, et cela me gagne malgré moi, sans que j'en aie envie.

M. DE COURCELLES.

Pauvre Sophie.

SOPHIE.

Que voulez-vous? cela fait plaisir à madame, et je pleure vaguement, sans but déterminé, et pour les chagrins à venir : sans compter que la maison est bonne; avec ma maîtresse, on fait ce qu'on veut, la douleur n'y regarde pas de si près; mais je dis néanmoins que pleurer toute la semaine c'est trop fort, et que si on avait seulement le dimanche pour rire...

SCÈNE I.

M. DE COURCELLES.

Cela viendra. Comment se sont passés ces huit derniers jours ?

SOPHIE.

Lundi, madame a rêvé que son mari revenait...

M. DE COURCELLES.

Quelle folie ?

SOPHIE.

Pourquoi donc? Il y a si loin d'ici en Amérique.... Il ne nous est pas encore prouvé qu'il soit défunt.

M. DE COURCELLES.

Quand, depuis plus d'un an, nous l'avons appris par les lettres du commerce et les journaux du pays.

SOPHIE.

Vous qui êtes un homme de finances, vous savez bien que le commerce se trompe quelquefois.

M. DE COURCELLES.

Bien rarement.

SOPHIE.

Oui, mais les journaux ?

M. DE COURCELLES.

Ah! je ne dis pas non.

SOPHIE.

Voilà ce qui nous donne de l'espoir. Mardi et mercredi, madame ne savait que faire, elle a passé toute la journée dans un désœuvrement et un ennui continuels, j'en bâille encore de souvenir.

M. DE COURCELLES.

Tant mieux.

SOPHIE.

Comment, tant mieux?

M. DE COURCELLES.

Les grandes douleurs n'ont pas le temps de s'ennuyer, et cela annonce un mieux sensible.

SOPHIE.

C'est ce mieux-là qui me rendrait malade. Jeudi, même état. Je conseillai à madame de se mettre à son piano... impossible.

M. DE COURCELLES.

Pourquoi?

SOPHIE, montrant le violon qui est sur le piano.

Parce que son mari n'est plus là pour l'accompagner. Vendredi elle a mis un chapeau neuf.

M. DE COURCELLES.

De la toilette! c'est bien.

SOPHIE.

Du bien perdu; car c'était pour son homme d'affaires, avec qui elle a eu une grande conférence.

M. DE COURCELLES.

Je le sais; au sujet de cette maison qu'elle veut quitter.

SOPHIE, avec joie.

Nous quitterions un lieu si triste?

M. DE COURCELLES.

Ta maîtresse le trouve trop gai, trop près de Paris; et j'ai loué pour elle, dans la forêt de Fontainebleau, au milieu des rochers, une habitation affreuse dont elle raffole.

SOPHIE.

Et vous trouvez qu'elle va mieux?

SCÈNE II.

M. DE COURCELLES.

Sans contredit. Pour bien s'affliger, tous les lieux sont bons, même les lieux les plus gais ; car tant qu'elle existe, la douleur se suffit à elle-même ; mais dès qu'elle éprouve le besoin du changement, dès qu'elle cherche à s'entourer d'objets tristes et lugubres, c'est qu'elle se sent faiblir et qu'elle appelle à son secours.

SOPHIE.

Savez-vous, monsieur, que pour un receveur-général vous connaissez bien les femmes.

M. DE COURCELLES.

C'est que nous autres financiers nous avons plus que personne l'occasion de les étudier.

SOPHIE.

Tenez, voici madame... toujours en grand deuil.

M. DE COURCELLES.

Laisse-nous.

SOPHIE, la regardant.

Déjà à soupirer ! et il n'est encore que neuf heures du matin ! la journée sera bonne.

(Elle sort.)

SCÈNE II.

M. DE COURCELLES ; MADAME DE BLANGY.

MADAME DE BLANGY, l'apercevant.

M. de Courcelles ! c'est vous, mon ami ?

M. DE COURCELLES.

Et quoi ! toujours de même ?

MADAME DE BLANGY.

Toujours. (Après un moment de silence.) Vous venez de Paris?

M. DE COURCELLES.

Oui, madame.

MADAME DE BLANGY.

Quelle nouvelle?

M. DE COURCELLES.

Aucune.

MADAME DE BLANGY.

Vous craignez de me le dire : avouez-le moi franchement, on y blâme mes projets de retraite et de solitude; l'on pense comme vous qu'ils ne dureront pas?

M. DE COURCELLES.

C'est ce qu'on a dit d'abord.

MADAME DE BLANGY.

Et maintenant que dit-on?

M. DE COURCELLES.

Rien; on n'en parle plus.

MADAME DE BLANGY.

Ah! je suis déjà oubliée?

M. DE COURCELLES.

Excepté de vos amis. Mais les évènemens se succèdent avec tant de rapidité... l'hiver a été brillant, les bals très nombreux... vous seule y manquiez, et, en conscience, si vous étiez raisonnable...

MADAME DE BLANGY.

Raisonnable! vous n'avez jamais d'autre mot, comme si cela dépendait de moi. En vérité, monsieur, vous êtes désolant.

SCÈNE II.

M. DE COURCELLES.

Désolant! l'expression est charmante, il n'y a que moi qui cherche à vous faire oublier vos chagrins, à vous consoler...

MADAME DE BLANGY.

Voilà justement ce qui me met en colère contre vous! vous savez que je n'ai qu'un plaisir, qu'un bonheur au monde, celui de m'affliger, et vous voulez le troubler.

M. DE COURCELLES.

Encore faut-il de la modération, même dans ses plaisirs, et quand depuis une année entière...

MADAME DE BLANGY.

Quoi, monsieur, après une perte pareille, vous ne croyez pas à une douleur profonde, éternelle?...

M. DE COURCELLES.

Profonde, oui; éternelle, non.

MADAME DE BLANGY.

Et pourquoi?

M. DE COURCELLES.

Parce que... heureusement ce n'est pas possible; le ciel est trop juste pour le permettre. La santé, la jeunesse, le plaisir, rien n'est stable dans la nature humaine; aucune de nos affections n'est durable. Pourquoi la douleur le serait-elle? Il n'y aurait pas de proportions. Bien plus, je lisais l'autre jour, dans La Bruyère, cette pensée que voici, ou à peu près: « Si, « au bout d'un certain temps, les personnes que nous « avons aimées et regrettées le plus, s'avisaient de

« revenir au monde, Dieu sait souvent quel accueil
« on leur ferait ! »

MADAME DE BLANGY.

Quelle indignité !

M. DE COURCELLES.

Ce n'est pas moi, madame, qui dis cela, c'est La Bruyère, et vous voyez donc bien...

MADAME DE BLANGY.

Je vois, monsieur, que vous êtes le cœur le plus froid, le plus égoïste, le plus insensible...

M. DE COURCELLES.

Insensible ! non pas, et vous le savez bien ; car long-temps avant qu'Édouard, votre mari, s'offrît à vos yeux, je vous aimais déjà; c'est même moi qui vous l'ai présenté comme mon meilleur ami, confiance qu'il a reconnue en se faisant aimer de vous.

MADAME DE BLANGY.

Ce n'était pas sa faute.

M. DE COURCELLES.

C'était peut-être la mienne ?

MADAME DE BLANGY.

Ce pauvre Édouard !

M. DE COURCELLES.

Il me semble que, dans cette occasion-là, il n'était pas le plus à plaindre; aussi depuis ce temps, j'ai pris en haine les grandes passions ; j'ai prudemment battu en retraite, moi qui ne pouvais vous offrir qu'un amour raisonnable, et jamais je n'aurais pensé à faire revivre mes anciennes prétentions, s'il ne s'agissait aujourd'hui de vos intérêts.

SCÈNE II.

MADAME DE BLANGY.

Que voulez-vous dire?

M. DE COURCELLES.

Édouard n'était pas riche, et je le suis beaucoup, ce qui ne vous a pas empêchée de me le préférer, parce que l'amour ne calcule pas; mais en allant au-delà des mers chercher la fortune, il vous a laissé des affaires très difficiles, très embrouillées, auxquelles votre douleur ne vous permettait pas de songer, et, en votre absence, c'est moi qui me suis chargé de la liquidation.

MADAME DE BLANGY.

Ah! mon ami!

M. DE COURCELLES.

Je ne dis pas cela pour qu'on me remercie, mais pour qu'on m'écoute. Tout compte fait, tout le monde payé, il vous reste à peine trois ou quatre mille livres de rente.

MADAME DE BLANGY.

C'est plus qu'il ne m'en faut pour vivre dans la solitude, et pour pleurer Édouard.

M. DE COURCELLES.

Oui, tant que vous le pleurerez; mais si vous venez à sécher vos larmes?

MADAME DE BLANGY.

Jamais! ce n'est pas possible.

M. DE COURCELLES.

Vous le croyez; mais malgré vous, et sans que vous vous en doutiez, un matin ou un soir vous serez tout étonnée de vous trouver consolée... c'est affligeant, mais c'est comme cela.

MADAME DE BLANGY.

Plutôt mourir !

M. DE COURCELLES.

Vous ne mourrez pas, et vous vous consolerez.

MADAME DE BLANGY.

Je ne me consolerai pas.

M. DE COURCELLES.

Je vous dis que si.

MADAME DE BLANGY.

Je vous dis que non.

M. DE COURCELLES.

Eh bien! ne vous fâchez pas, vous voilà justement au point où je voulais en venir : si vous restez renfermée dans votre douleur, rien de mieux; mais si vous devez en sortir, que ce soit pour vous acquitter envers moi, pour accepter ma main et les soixante mille livres de rente que je vous offre. Souscrivez-vous à mon traité ?

MADAME DE BLANGY.

A quoi bon ?... Je sens là que je n'oublierai jamais Édouard.

M. DE COURCELLES.

Soit. Je demande seulement la préférence, et j'attendrai tant que vous voudrez. Me donnez-vous votre parole ?

MADAME DE BLANGY.

Oui, je vous la donne, et je voudrais pouvoir reconnaître autrement tant d'amitié et de dévouement.

M. DE COURCELLES.

C'est moi maintenant que cela regarde, c'est à moi de tâcher de vous consoler, de vous égayer. Chaque éclat de rire avancera mon bonheur, et sera presque une déclaration.

MADAME DE BLANGY, souriant.

Vraiment?

M. DE COURCELLES.

Et voici déjà un demi-sourire que je regarde comme un à-compte.

SCÈNE III.

Les mêmes, SOPHIE.

SOPHIE.

Quand madame voudra, son déjeuner est servi.

MADAME DE BLANGY.

Il suffit; je n'ai pas faim.

SOPHIE.

C'est tous les jours de même... Le moyen de vivre ainsi?

MADAME DE BLANGY.

Que veux-tu? L'air qu'on respire ici ne vaut rien, tout m'y déplaît.

SOPHIE.

Une forêt charmante! Depuis Montalais jusqu'à Chaville, des promenades délicieuses!

MADAME DE BLANGY.

Justement, c'est pour cela. Quand je vois passer

dans nos bois ces habitans de Paris, ces heureux du jour.

SOPHIE.

Ces couples qui vont se promener le dimanche?

MADAME DE BLANGY.

Cela m'impatiente.

SOPHIE, à part.

Moi, il n'y a que cela qui m'amuse.

MADAME DE BLANGY.

Heureusement nous n'avons pas long-temps à rester ici. (A M. de Courcelles.) Vous êtes-vous occupé de ma maison de Fontainebleau?

M. DE COURCELLES.

C'est une affaire terminée.

MADAME DE BLANGY.

Tant mieux! Je pourrai donc dès demain m'y établir.

M. DE COURCELLES.

Il faut que la maison soit vacante; ce qui, malgré mes instances, n'aura peut-être lieu qu'à la fin de la semaine. Du reste, on doit vous en écrire aujourd'hui ou demain...

MADAME DE BLANGY.

Voilà qui me contrarie beaucoup.

M. DE COURCELLES.

Pourquoi donc?

MADAME DE BLANGY.

C'est que celle-ci est déjà louée.

M. DE COURCELLES.

Vraiment?

SCÈNE III.

MADAME DE BLANGY.

Le jour même où j'en avais parlé à mon homme d'affaires, un monsieur s'est présenté chez lui, qui l'a louée sur-le-champ toute meublée et telle qu'elle est... le comte de Bussières, le connaissez-vous.

M. DE COURCELLES.

M. de Bussières, un jeune pair de France, je le connais fort peu; mais des relations d'affaires m'ont lié avec son père, à qui j'ai eu le bonheur de rendre service. Pour le fils, on en parle dans le monde comme d'un charmant jeune homme! je crois même qu'il était marié, car il a épousé, ou dû épouser, il y a six mois, mademoiselle Hortense de Rinville.

MADAME DE BLANGY.

Je ne connais pas cette famille.

M. DE COURCELLES.

Moi non plus; mais cela a fait du bruit, l'hiver dernier, il y a eu un duel...

MADAME DE BLANGY.

M. de Bussières? en effet, cette affaire où il s'est si noblement conduit... Ah! c'est lui!

M. DE COURCELLES.

Oui, madame; un fou, un étourdi, dont on vante l'esprit et la gaîté... jouissant du reste d'une fortune immense.

MADAME DE BLANGY.

Ce qui m'étonne alors, c'est qu'il se contente d'un séjour aussi modeste.

M. DE COURCELLES.

Peut-être a-t-il des idées.

MADAME DE BLANGY.

Comment?

M. DE COURCELLES.

Les jeunes seigneurs de son âge et de son caractère ont souvent des habitations qu'ils n'habitent point par eux-mêmes.... et celle-ci par sa position mystérieuse...

MADAME DE BLANGY.

Il suffit, monsieur, il suffit; je ne vous demande point de détails...

SOPHIE.

Par exemple, je sais bien qui sera étonné d'entendre rire; ce sera l'appartement de madame.

MADAME DE BLANGY.

Que dites-vous?

SOPHIE.

Rien du tout, sinon que le déjeûner sera froid, et que si madame ne veut pas en entendre parler, voilà monsieur qui sera peut-être de meilleure composition.

M. DE COURCELLES.

Elle a raison, car je tombe de faiblesse, et j'espère bien que vous me tiendrez compagnie.

MADAME DE BLANGY.

A quoi bon? Je ne trouve rien d'absurde et d'humiliant comme cette obligation de soutenir des jours qui vous sont insupportables. Trop faible, ou trop timide pour m'ôter la vie, j'ai formé vingt fois le projet de me laisser mourir de faim, et ce projet-là, autant vaudrait peut-être l'exécuter dès aujourd'hui.

SOPHIE.

O ciel !

MADAME DE BLANGY.

Qu'en dites-vous ?

M. DE COURCELLES.

Je dis, madame, que si vous ne devez plus jamais manger, à la bonne heure; mais si vous devez manger un jour, je vous conseille de commencer tout de suite.

MADAME DE BLANGY.

Ah ! monsieur, qu'il y a en vous peu d'illusions.

M. DE COURCELLES, lui présentant la main.

C'est vrai, je suis pour le positif, surtout quand j'ai faim; et j'espère bien, si le déjeuner est bon, vous faire revenir à mon avis.

(Ils sortent.)

SCÈNE IV.

SOPHIE, SEULE.

Allons, c'est toujours ça de gagné, elle va déjeuner, cela soutiendra sa douleur. Mais la forêt de Fontainebleau, et les rochers en perspective, c'est terrible, et je suis bien plus malheureuse que ma maîtresse, car enfin elle a perdu son mari. Elle est veuve, c'est bien; mais moi, je ne le suis pas, et à vivre ainsi loin du monde et des humains, je n'ai pas l'espoir de jamais l'être un jour. (Écoutant.) Ah ! mon dieu ! j'entends le bruit d'une voiture. Oui, vraiment, un jeune homme en descend. Un jeune homme! quel bonheur! Mais d'où vient-il? car madame n'attend ni ne voit personne. C'est sans doute ce nouveau locataire dont on parlait tout à l'heure. Est-ce qu'il voudrait déjà prendre possession? Ma foi, tant mieux; car un jeune homme, qui est la folie et la gaîté même ça ne peut pas faire de mal. Il y a si long-temps que je n'ai vu de physionomie joyeuse, et la sienne du moins...

SCÈNE V.

SOPHIE, M. DE BUSSIÈRES, EN GRAND DEUIL, PALE, ET LE MOUCHOIR A LA MAIN.

SOPHIE.

Ah! mon dieu! quel air sinistre. Il est impossible qu'une figure comme celle-là annonce de bonnes nouvelles... Monsieur... Il soupire et s'arrête, maintenant le voilà qui se promène; et l'on dirait d'un enterrement qui se met en marche. Monsieur, que demandez-vous?

M. DE BUSSIÈRES, d'un air distrait et égaré.

Moi... rien... Vous êtes de la maison?

SOPHIE.

Oui, monsieur.

M. DE BUSSIÈRES.

Alors... (Il a l'air de réfléchir.) Laissez-moi.

(Il se jette sur un fauteuil, et cache ses yeux dans son mouchoir.)

SCÈNE V.

SOPHIE.

Il n'est pas bavard; et le voilà déjà établi comme chez lui. Est-ce que monsieur serait le comte de Bussières, celui qui a loué cettte maison?

M. DE BUSSIÈRES.

Oui, mon enfant.

SOPHIE.

Ce n'est pas possible.

M. DE BUSSIÈRES.

Et pourquoi?

SOPHIE.

Ce jeune homme qu'on disait si gai, si étourdi?

M. DE BUSSIÈRES, souriant, avec amertume.

Oui, autrefois je l'étais.

SOPHIE.

A moins que ce ne soit déjà l'air de la maison... Tenez, monsieur, sans vous connaître, je m'intéresse à vous; et s'il y a moyen de revenir sur votre marché, je vous le conseille, c'est bien l'endroit le plus triste et le plus solitaire...

M. DE BUSSIÈRES.

C'est ce qu'on m'a dit, et je suis content qu'on ne m'ait pas trompé.

SOPHIE.

Oui; mais c'est humide, c'est malsain.

M. DE BUSSIÈRES.

Tant mieux, le temps de l'exil y sera moins long.

SOPHIE.

Et puis il y a à peine un arpent; c'est très petit.

M. DE BUSSIÈRES.

Il y a toujours assez de place pour un tombeau.

SOPHIE.

Ah! mon dieu! qu'est-ce que ça signifie? vous qu'on disait si heureux et si riche? Est-ce que vous auriez perdu votre fortune?

M. DE BUSSIÈRES.

Ma fortune... hélas, non! Ces trésors, ces richesses... me restent encore.

SOPHIE.

A la bonne heure.

M. DE BUSSIÈRES.

Mais celle à qui je devais les offrir... il y a de cela six mois... à la veille de l'épouser... cette pauvre Hortense, au moment de la conduire à l'autel... la perdre pour jamais.

SOPHIE.

Et vous l'aimiez?

M. DE BUSSIÈRES.

Plus que la vie!... et j'ai juré de l'aimer toujours... Je lui ai juré de mourir de douleur.

SOPHIE.

Pauvre jeune homme!

M. DE BUSSIÈRES.

A présent, montrez-moi la maison; conduisez-moi dans la chambre à coucher... j'ai la tête pesante; je ne serais pas fâché de me jeter sur mon lit.

SOPHIE, troublée.

Tout de suite?

SCÈNE V.

M. DE BUSSIÈRES.

Eh oui! sans doute... Qu'avez-vous donc?

SOPHIE.

C'est que dans ce moment... ce lit est celui de madame.

M. DE BUSSIÈRES.

Madame!... Qu'est-ce que cela veut dire?

SOPHIE.

Madame de Blangy, celle qui vous a loué.

M. DE BUSSIÈRES.

On m'avait dit que la maison était libre, que je pouvais y entrer sur-le-champ.

SOPHIE.

Cela ne tardera pas; mais si, en attendant, monsieur veut parler à ma maîtresse?

M. DE BUSSIÈRES.

Lui parler! le ciel m'en garde. Madame de Blangy... Qu'est-ce que c'est que cela? une vieille douairière?

SOPHIE.

Non, monsieur; elle est jeune et jolie.

M. DE BUSSIÈRES.

Jeune ou vieille, peu m'importe; je suis venu ici pour ne voir personne, encore moins pour m'occuper d'affaires. Dites à votre maîtresse qu'elle en agisse à son aise, quand elle voudra, le plus tôt sera le mieux; seulement qu'elle me fasse savoir le jour, je viendrai alors.

SOPHIE.

Et mais, monsieur, vous pouvez le dire vous-même à madame; car la voilà qui sort de déjeuner.

M. DE BUSSIÈRES.

Non, chargez-vous de cela ; je vais demander mes chevaux. En attendant qu'ils soient attelés, puis-je faire le tour du parc?

SOPHIE.

Oui, monsieur, ça ne sera pas long.

M. DE BUSSIÈRES, sortant en soupirant.

Ah !

(Il sort.)

SCÈNE VI.

SOPHIE, PUIS MADAME DE BLANGY.

SOPHIE.

Il est bien malheureux qu'un si joli cavalier ait des chagrins. Ah! madame, vous voici, apprenez un évènement...

MADAME DE BLANGY.

Quel est-il?

SOPHIE.

L'évènement le plus étonnant, le plus singulier, et qui ne nous était pas arrivé ici depuis long-temps.

MADAME DE BLANGY.

Qu'est-ce donc?

SOPHIE.

Un jeune homme... une physionomie charmante, M. de Bussières, qui veut prendre possession...

MADAME DE BLANGY.

Déjà! quand j'y suis encore!

SCÈNE VI.

SOPHIE.

C'est ce que je lui ai dit; mais il m'a répondu qu'il ne voulait point gêner madame, qu'elle y resterait tant qu'elle voudrait; car il est impossible d'avoir des procédés plus gracieux, et surtout des manières plus distinguées.

MADAME DE BLANGY.

Tant pis, me voilà désolée d'être son obligée.

SOPHIE.

Et pourquoi ?

MADAME DE BLANGY.

Parce que, pendant le peu de temps que j'ai à rester ici, il sera impossible, s'il se présente, de ne pas le recevoir; et l'apparence même d'une visite est pour moi une chose si ennuyeuse...

SOPHIE.

Oh! si ce n'est que cela, rassurez-vous, il a été au-devant de vos vœux, et vous n'aurez pas même ce désagrement-là à redouter de lui.

MADAME DE BLANGY.

Comment cela ?

SOPHIE.

Il va partir pour Paris, et ne reviendra que quand vous n'y serez plus.

MADAME DE BLANGY.

A la bonne heure; mais je vais lui expliquer...

SOPHIE.

Impossible! car, à votre approche, il s'est hâté de s'éloigner, il ne veut voir personne au monde, et m'a chargée de vous le dire.

MADAME DE BLANGY.

Il en est bien le maître; mais il me semble que cela s'accorde mal avec cette politesse et ces manières distinguées dont tu me parlais tout à l'heure.

SOPHIE.

Comme il ne vous connaît pas... Il croyait d'abord que madame était une douairière.

MADAME DE BLANGY.

Je comprends.

SOPHIE.

Mais quoique je lui aie répété que vous étiez jeune et jolie, ça n'y a rien fait; et je n'ai jamais pu le décider à se présenter chez madame.

MADAME DE BLANGY.

A quoi bon, s'il vous plaît? et de quoi vous mêlez-vous? Je vous trouve bien singulière de vouloir me forcer à recevoir des gens dont je ne me soucie pas, et plus étonnant encore de vous croire obligée de leur faire les frais de ma personne, et de leur donner mon signalement. Ce monsieur vient pour voir des appartemens, des meubles, un jardin; il fallait donc lui parler de la maison, et non pas de moi; car je ne pense pas que je sois comprise dans le mobilier.

SOPHIE.

Je ne croyais pas fâcher madame en disant qu'elle est jolie, cela ne m'arrivera plus; et, si je rencontre M. de Bussières, je lui dirai tout le contraire.

MADAME DE BLANGY.

Et qui vous parle de cela? et à quoi cela ressemble-t-il? Je vous prie en grâce, qu'il ne soit question de

SCÈNE VI.

moi ni en bien ni en mal; car je vous répète que je ne veux pas entendre parler de cet étranger, et que je ne veux pas le voir.

SOPHIE, avec impatience.

Eh bien, madame, ni lui non plus.

MADAME DE BLANGY.

Tant mieux, c'est ce que je désire.

SOPHIE.

Eh bien, vous voilà d'accord, et vous n'aurez pas de dispute ensemble; car il est comme vous dans les larmes, dans les soupirs, et il ne pense à rien qu'à se désoler.

MADAME DE BLANGY.

Vraiment! Que me dis-tu?

SOPHIE.

Il a perdu une jeune personne charmante qu'il allait épouser et qu'il adorait.

MADAME DE BLANGY.

Qu'il adorait! Ah! que je le plains! qu'il doit être malheureux! Je ne lui en veux plus de son impolitesse; au contraire, cela prouve que, tout entier à sa douleur, le reste n'est rien pour lui : qu'il s'éloigne, qu'il me fuie, je le lui permets.

SOPHIE.

Tenez, tenez, madame, le voilà qui revient par cette allée.

MADAME DE BLANGY, restant à la même place.

Éloignons-nous, respectons son chagrin; car, je m'y connais, et il a l'air bien triste et bien malheureux.

SOPHIE.

Déjà! à son âge; car il a tout au plus trente ans.

MADAME DE BLANGY.

Crois-tu qu'il les ait?

SOPHIE.

Oh! oui, madame.

(Pendant ce temps, M. de Bussières est arrivé jusque sur le devant du théâtre; il aperçoit Sophie et madame de Blangy, qui sont toujours restées à la même place; il s'incline respectueusement, mais sans les regarder.)

SCÈNE VII.

Les mêmes, M. DE BUSSIÈRES.

MADAME DE BLANGY.

Pardon, Monsieur, de vous déranger dans votre promenade.

M. DE BUSSIÈRES.

A qui ai-je l'honneur de parler?

SOPHIE.

A la maîtresse de la maison, madame de Blangy.

M. DE BUSSIÈRES, la regardant.

Madame de Blangy! Eh! mon dieu! ces vêtemens de deuil! je vois que vous aussi, Madame, vous avez quelque perte à déplorer?

MADAME DE BLANGY.

Oui, monsieur, et quand j'ai appris le motif qui vous faisait rechercher la solitude, je l'ai trouvé si naturel, que j'ai été désolée de mon séjour en ces lieux, et je ne sais comment vous en demander excuse.

SCÈNE VII.

M. DE BUSSIÈRES.

Vous ne m'en devez aucune, madame.

MADAME DE BLANGY.

Ce sera pour très peu de temps; j'ai loué moi-même une campagne qui, d'un instant à l'autre, peut être libre; demain, aujourd'hui, j'espère en recevoir la nouvelle.

M. DE BUSSIÈRES.

Que cela ne vous gêne pas, madame, je puis attendre maintenant.

MADAME DE BLANGY.

Et comment cela?

M. DE BUSSIÈRES.

Tout à l'heure, en franchissant la haie du jardin, j'ai vu à cinquante pas, en face, au milieu des rochers une maisonnette où je suis entré, et comme ce pays me plaît beaucoup, je m'y établirai en attendant.

MADAME DE BLANGY.

Y pensez-vous donc? une maison de paysan; vous y serez horriblement mal.

M. DE BUSSIÈRES.

Tant mieux, on ne viendra pas m'y trouver, on m'y laissera seul, et quand je suis seul, je suis avec elle.

MADAME DE BLANGY.

Je le conçois, et ce n'est pas moi qui vous enlèverai cette consolation, j'en connais trop le prix.

M. DE BUSSIÈRES.

Quoi! votre cœur a connu comme le mien le malheur sans espoir, et les regrets éternels?

MADAME DE BLANGY.

Jugez-en, monsieur, j'ai perdu tout ce que j'aimais.

M. DE BUSSIÈRES.

C'est comme moi.

MADAME DE BLANGY.

J'en étais adorée.

M. DE BUSSIÈRES.

Comme moi.

MADAME DE BLANGY.

Ma vie entière se passera à le pleurer.

M. DE BUSSIÈRES.

Eh! bien, madame, ce sera aussi ma seule occupation.

MADAME DE BLANGY.

Je ne reviens pas de ma surprise! Une telle rencontre! une situation aussi exactement pareille!...

M. DE BUSSIÈRES.

Pareille! Oh! non, elle ne peut pas l'être. On n'a jamais vu de fatalité égale à la mienne! perdre ce qu'on aime la veille d'un mariage!

MADAME DE BLANGY.

Le perdre une année après, est bien plus cruel encore.

M. DE BUSSIÈRES.

Vous avez beau dire, il n'y a pas de comparaison, c'est moi qui souffre le plus, madame.

MADAME DE BLANGY.

C'est moi, monsieur.

SOPHIE, à part et travaillant.

S'ils pouvaient se disputer! cela les distrairait.

SCÈNE VII.

M. DE BUSSIÈRES.

Enfin, ce qu'il y a de certain, c'est que tous deux nous sommes bien à plaindre.

MADAME DE BLANGY.

Bien malheureux.

M. DE BUSSIÈRES.

Et vous le dirai-je? voilà le premier soulagement que j'ai trouvé en ma douleur, c'est de penser qu'il y a quelqu'un qui l'éprouve...

MADAME DE BLANGY.

Et surtout qui peut le comprendre; car, jusqu'à présent, je n'ai trouvé que des cœurs froids, indifférens, qui me reprochaient ma tristesse, qui semblaient m'en faire un crime. Quelle folie! quelle extravagance! disaient-ils, comme si c'était ma faute, à moi, si je suis malheureuse! Mais on fuit la douleur, on la craint; il est plus facile de blâmer ses amis que de pleurer avec eux.

M. DE BUSSIÈRES.

Votre histoire est exactement la mienne. Parmi tous ces jeunes gens à la mode, tous ces intimes à qui je donnais à dîner, je n'en ai pas trouvé un seul qui eût le temps de s'affliger avec moi... Ils s'éloignent tous sous prétexte qu'ils ont leurs affaires, leurs plaisirs, leurs maîtresses... (Pleurant.) Moi je n'en ai plus, j'ai tout perdu.

MADAME DE BLANGY.

Pauvre jeune homme!

M. DE BUSSIÈRES.

Aussi j'ai pris le séjour de Paris en horreur; j'ai juré dès aujourd'hui de n'y plus rentrer.

MADAME DE BLANGY.

Ici du moins vous trouverez des cœurs qui sauront compâtir à vos maux. Nous parlerons d'elle. C'est facile, puisque nous serons voisins.

M. DE BUSSIÈRES.

En effet, je n'aurai qu'à franchir la haie de votre jardin.

MADAME DE BLANGY.

Dites du vôtre; car il vous appartient.

M. DE BUSSIÈRES.

Eh bien! madame, du nôtre.

MADAME DE BLANGY.

C'est mieux. Nous voici à l'automne, et les soirées sont si longues...

M. DE BUSSIÈRES.

Nos souvenirs les abrégeront... Nous causerons, nous lirons ensemble.

MADAME DE BLANGY.

C'est à deux surtout qu'on peut bien apprécier le charme de la douleur.

M. DE BUSSIÈRES.

Et de la solitude. Ah! que j'ai été bien inspiré en cherchant cet asile.

MADAME DE BLANGY, avec impatience.

Qui vient là?

SCÈNE VIII.

Les mêmes, un DOMESTIQUE.

(Sophie se lève, va à lui, prend une lettre qu'il tenait à la main. Le domestique sort.)

MADAME DE BLANGY.

Qu'est-ce donc ?

SOPHIE.

Une lettre qu'on apporte ; elle est timbrée de Fontainebleau.

MADAME DE BLANGY, qui a pris la lettre, et qui l'ouvre.

De Fontainebleau ! serait-ce la réponse que j'attendais ? (Lisant.) « Madame, pressé par les instances de « M. de Courcelles, qui, se plaignait en votre nom de « notre lenteur et de nos retards, etc.... etc..... » (Elle achève de lire à voix basse.) Ah ! la maison que j'avais retenue est entièrement vacante.

M. DE BUSSIÈRES.

Ah ! mon Dieu !

MADAME DE BLANGY.

Et elle peut me recevoir dès demain.

SOPHIE.

Madame doit être bien contente, car c'est tout ce qu'elle désirait.

MADAME DE BLANGY.

Certainement ; mais M. de Courcelles, qui n'a de tact ni de mesure en rien, aura pressé ces braves gens, avec une rigueur dont je vais être responsable ; on croira que je n'ai nul égard, nul procédé...

SOPHIE.

Les procédés d'un locataire qui arrive; vous ferez à Fontainebleau ce que monsieur fait ici.

M. DE BUSSIÈRES.

Quoi, madame, votre intention serait de partir dès demain?

MADAME DE BLANGY.

Mais oui, monsieur, il le faut bien; je ne puis abuser de votre complaisance, ni rester plus long-temps chez vous.

M. DE BUSSIÈRES.

Chez moi?

MADAME DE BLANGY.

C'est le mot. Dès demain cette maison sera à votre disposition; et pour les arrangemens à prendre...

M. DE BUSSIÈRES.

Rien ne presse; nous pourrons en parler à loisir.

MADAME DE BLANGY.

A loisir, c'est-à-dire aujourd'hui... Mais je me mêle peu de mes affaires, auxquelles du reste je n'entends rien; c'est un ami de mon mari, M. de Courcelles, qui veut bien prendre ce soin.

M. DE BUSSIÈRES.

M. de Courcelles, le receveur-général?

MADAME DE BLANGY.

Oui, monsieur. Vous le connaissez?

M. DE BUSSIÈRES.

Un excellent homme, qui a rendu à ma famille d'importans services; et je serai charmé de cette occasion de renouer avec lui.

MADAME DE BLANGY.

Sophie, priez-le de venir, et dites-lui que M. de Bussières l'attend.

SOPHIE.

Oui, madame, j'y vais. C'est donc demain que décidément nous partons?

MADAME DE BLANGY, sèchement.

Sans doute!... Est-ce que cela ne vous convient pas? Est-ce que vous avez quelque chose à dire?

SOPHIE.

Rien, madame. (A part.) Je dis seulement que c'est dommage, et que voilà, selon moi, une lettre bien maladroite.

(Elle sort.)

SCÈNE IX.

Madame DE BLANGY, M. DE BUSSIÈRES.

M. DE BUSSIÈRES.

Vous le voyez, madame, je suis né pour être malheureux! dès qu'il s'offre un adoucissement à mes peines, le sort semble me l'envier.

MADAME DE BLANGY.

Que voulez-vous? il faut se résigner... Après tout, dans notre situation, qu'est-ce qu'un chagrin de plus?

M. DE BUSSIÈRES.

Vous avez raison... c'est bien prendre la chose.

MADAME DE BLANGY.

Depuis long-temps j'y suis habituée.

M. DE BUSSIÈRES.

C'est comme moi, le bonheur ne me semble plus possible, je n'y crois plus, même quand il existe; et tout à l'heure, pendant que nous formions ces projets si séduisans, je ne sais quelle voix intérieure me disait que l'instant d'après devait les détruire.

MADAME DE BLANGY.

Vous croyez donc comme moi aux fatalités, aux pressentimens?

M. DE BUSSIÈRES.

J'ai tant de raisons d'y ajouter foi. Tenez, madame, la veille du jour où elle est tombée malade...

MADAME DE BLANGY, distraite.

Qui donc?

M. DE BUSSIÈRES.

Hortense...

MADAME DE BLANGY.

Pardon!

M. DE BUSSIÈRES.

J'étais près d'elle dans un bal charmant; elle venait de danser avec un autre, et à ce sujet-là même nous avions eu une querelle...

MADAME DE BLANGY, d'un air satisfait.

Ah! vous vous disputiez donc quelquefois?

M. DE BUSSIÈRES.

Nous nous aimions tant! Et puis, elle avait un peu de coquetterie, bien innocente sans doute; car elle était si bonne! Et me voyant sombre et rêveur, poursuivi de je ne sais quelle vague inquiétude... elle me disait, en me pressant la main: Édouard! Édouard!...

SCÈNE IX.

MADAME DE BLANGY.

Ah! l'on vous nomme Édouard?

M. DE BUSSIÈRES.

Oui, madame.

MADAME DE BLANGY.

C'est singulier!

M. DE BUSSIÈRES.

Qu'avez-vous donc?

MADAME DE BLANGY.

Moi? rien.

M. DE BUSSIÈRES.

Si vraiment, vous êtes troublée. Pour quelle raison?

MADAME DE BLANGY.

Je ne puis vous le dire.

M. DE BUSSIÈRES.

Pardon, madame, de mon indiscrétion.

MADAME DE BLANGY.

Il n'y en a aucune.

M. DE BUSSIÈRES.

J'ai cependant lieu de le croire; car je vous vois d'aujourd'hui seulement, et par un charme que je ne puis rendre, j'éprouve auprès de vous une confiance qui est plus forte que moi, et dont vous, madame, savez si bien vous défendre.

MADAME DE BLANGY, avec un sourire aimable.

Vous m'accusez à tort.

M. DE BUSSIÈRES, avec joie.

Vrai?

MADAME DE BLANGY.

Mais quelle que soit l'estime, ou si vous l'aimez

mieux, la confiance que nous inspirent les gens... les connaître davantage serait souvent se préparer un regret, surtout quand on doit se séparer, ne plus se revoir.

M. DE BUSSIÈRES.

Qu'importe l'éloignement entre personnes que les mêmes chagrins, les mêmes sentimens unissent et rapprochent? Ne peut-on pas, quoique séparés, se communiquer ses pensées, ses souvenirs, les vœux que l'on forme l'un pour l'autre? Accordez-moi cette permission; elle seule, dans ces lieux où je vous ai vue, me dédommagera de votre absence; je vous le demande au nom de nos malheurs et de notre nouvelle amitié.

MADAME DE BLANGY.

N'est-ce pas là une amitié bien prompte?

M. DE BUSSIÈRES.

Faut-il donc tant de jours pour se juger, pour s'apprécier? L'amour, dit-on, peut naître d'un coup d'œil, pourquoi n'en serait-il pas de même de l'amitié? pourquoi n'aurait-elle pas les mêmes priviléges, elle qui vaut mieux? ce serait bien injuste, et ces projets que tout à l'heure nous formions ici, nous les réaliserons de loin. Les confidences, les souvenirs, les épanchemens du cœur en sont plus doux et plus faciles; le papier est discret, et c'est causer avec soi-même qu'écrire à son ami.

MADAME DE BLANGY.

Eh bien, soit; mais vous me promettez de tout me dire, de tout me confier?

SCÈNE IX.

M. DE BUSSIÈRES.

Je le jure. Vous aussi ?

MADAME DE BLANGY, s'asseyant à gauche, près de la table.

Sans cela, il y aurait trahison, et, pour commencer, voyons, mon nouvel ami, que ferez-vous dans cette solitude où je vous laisse ?

M. DE BUSSIÈRES va prendre une chaise près du piano, et vient s'asseoir près d'elle.

Mais d'abord je penserai à vous.

MADAME DE BLANGY.

Oh! non, d'abord à elle.

M. DE BUSSIÈRES.

Cela va sans dire. Et vous à lui.

MADAME DE BLANGY.

Certainement, les souvenirs qu'elle vous a laissés doivent être si doux!

M. DE BUSSIÈRES.

Moins que les vôtres, j'en suis sûr. Songez donc que je l'ai perdue à la veille d'un hymen, lorsqu'elle ne m'appartenait pas encore, lorsque son cœur m'était presque inconnu, tandis que vous, qui avez passé plusieurs mois près d'un époux adoré, quelle différence!

MADAME DE BLANGY.

Peut-être est-elle à votre avantage. Le bonheur qu'on espère est plus doux que celui qu'on possède. Plein d'amour et d'avenir, tout était bien, tout était beau à vos yeux, et, malgré votre malheur, l'espèce d'enivrement que vous éprouviez alors, vous l'éprouvez encore; un peu plus tard peut-être, le rêve pourrait se dissiper, l'illusion se détruire ; car le ménage, même le meilleur, n'est pas tel que l'amour se le représente. L'amour, c'est le ciel, et l'hymen, c'est la terre. Vous y retrouvez toutes les imperfections de ce bas monde, les petits momens de vivacité, d'humeur, de querelle...

M. DE BUSSIÈRES, souriant.

Ah! vous vous disputiez donc aussi?

MADAME DE BLANGY.

Quelquefois... il le fallait bien, ne fût-ce que pour se raccommoder.

M. DE BUSSIÈRES.

Ah! c'est vrai. Je n'aime pas cette idée-là.

MADAME DE BLANGY.

Pourquoi?

M. DE BUSSIÈRES.

Je ne sais... j'aimais mieux l'autre. Vous dites donc qu'il y avait des momens de brouille? C'est bien, mais cela m'effraie. Si, nous aussi, nous allions nous brouiller?

MADAME DE BLANGY.

Pour quel motif? puisque nous sommes convenus de tout nous dire franchement.

M. DE BUSSIÈRES.

Mais il pourrait arriver tel évènement...

MADAME DE BLANGY.

Lequel?

M. DE BUSSIÈRES.

Une veuve, telle que vous, est bientôt entourée,

SCÈNE IX.

malgré elle, de tant de gens qui aspirent à l'emploi de confident en chef et sans partage.

MADAME DE BLANGY.

Ah! quelle idée! Je croyais que mon nouvel ami avait meilleure opinion de ses amis.

M. DE BUSSIÈRES.

Celle-ci n'a rien qui doive vous offenser.

MADAME DE BLANGY.

Si vraiment; car vous devez croire à ma promesse, et j'ai juré, je jure à vous-même de conserver toujours ma liberté.

M. DE BUSSIÈRES.

C'est comme moi, j'en ai fait le serment, et je renonce à votre estime, à votre amitié, si j'y manque jamais.

MADAME DE BLANGY.

Moi de même.

M. DE BUSSIÈRES.

Il serait vrai?

MADAME DE BLANGY.

Je vous l'atteste.

M. DE BUSSIÈRES.

Ah! que je suis heureux! me voilà rassuré, et maintenant, certains l'un de l'autre, nous pouvons, sans crainte et sans danger, croire à une amitié que rien ne viendra troubler.

MADAME DE BLANGY se lève.

Oh! non, rien au monde.

M. DE BUSSIÈRES rapporte la chaise près du piano qui est ouvert, et jette les yeux sur un papier de musique.

Ah! mon dieu!

MADAME DE BLANGY.

Qu'est-ce donc?

M. DE BUSSIÈRES.

Cet air que je viens d'apercevoir sur votre piano : un air de la *Muette de Portici*.

MADAME DE BLANGY.

Eh bien, qu'y a-t-il d'étonnant, et d'où vient votre trouble?

M. DE BUSSIÈRES.

C'était celui que je lui ai entendu chanter au dernier concert où nous avons été ensemble.

MADAME DE BLANGY.

Combien je suis fâchée que le hasard vous ait offert un pareil souvenir.

M. DE BUSSIÈRES.

Non, non, il n'est pas pénible, au contraire; car depuis elle, je ne l'ai pas entendu une seule fois, sans éprouver une émotion délicieuse et indéfinissable. (Pendant qu'il parle, madame de Blangy s'est mise à son piano, et a joué les premières mesures.) Ah! que je vous remercie, que votre amitié est ingénieuse... Oui, c'est elle que je crois entendre; c'est mieux d'exécution... mais c'est égal, c'est toujours le même air, et j'éprouve un bonheur...

(Pendant qu'elle joue, il prend le violon qui est sur le piano, et l'accompagne.)

MADAME DE BLANGY, continuant à jouer, et le regardant.

Comment, monsieur, mais c'est fort bien; je ne vous aurais pas cru un pareil talent.

M. DE BUSSIÈRES, jouant toujours.

Qu'est-ce donc auprès de vous?

SCÈNE IX.

MADAME DE BLANGY, s'arrêtant.

Prenez garde, vous vous trompez; c'est un *si* naturel.

M. DE BUSSIÈRES.

Non, madame, *si bémol.*

(En ce moment entre M. de Courcelles, qui s'arrête au fond du théâtre.)

MADAME DE BLANGY.

Mais regardez donc.

M. DE BUSSIÈRES, riant.

C'est vrai, c'est vrai; je ne regardais pas le papier.

MADAME DE BLANGY, de même.

Vous êtes distrait.

M. DE BUSSIÈRES.

Je tâcherai de ne plus l'être.

MADAME DE BLANGY.

Recommençons, et faites attention.

(Ils jouent ensemble. M. de Courcelles s'assied au fond du théâtre, les bras croisés et écoutant.)

M. DE BUSSIÈRES.

Le mouvement est plus vif

MADAME DE BLANGY.

Du tout.

M. DE BUSSIÈRES.

Je vous l'atteste, c'est un air de danse, on danse sur l'air de la Princesse espagnole, et il serait impossible de danser aussi lentement.

MADAME DE BLANGY.

Rien n'est plus facile; la mesure est si marquée.

M. DE BUSSIÈRES.

Non, madame.

(Tout en chantant il forme quelques pas.)

MADAME DE BLANGY.

Et si, monsieur. (Chantant en s'accompagnant.) Tra la la la la la la la.

SCÈNE X.

Les mêmes, M. DE COURCELLES.

Bravo! bravo!

MADAME DE BLANGY ET M. DE BUSSIÈRES, s'éloignant l'un de l'autre.)

Ah! mon Dieu!

M. DE COURCELLES.

Continuez, de grâce; que je ne vous dérange pas..

MADAME DE BLANGY.

Est-ce qu'il y a long-temps que vous étiez là?

M. DE COURCELLES.

Depuis le *si bemol*, et je vous demande pardon de mon indiscrétion, car je n'étais pas invité au concert ni au bal.

MADAME DE BLANGY.

Monsieur...

M. DE COURCELLES.

Je venais pour parler d'affaires.... avec monsieur; mais nous pouvons remettre...

MADAME DE BLANGY.

Non, monsieur, et quant à ce que vous venez

SCÈNE X.

d'entendre, quand vous saurez dans quelle intention...

M. DE COURCELLES.

Eh! mon dieu! madame, vous n'avez pas besoin de justifier auprès de moi un oubli... de douleur; et je ne puis trop remercier monsieur, dont l'entretien, dont l'aimable gaîté a contribué à vous distraire.

M. DE BUSSIÈRES.

Monsieur...

MADAME DE BLANGY.

Vous avez à parler d'affaires, à renouveler connaissance, je vous laisse; j'espère que monsieur nous restera à dîner.

M. DE BUSSIÈRES.

Je n'ai garde de refuser.

M. DE COURCELLES.

A merveille, à condition que ce soir on achèvera le morceau que j'ai interrompu; j'y tiens.

MADAME DE BLANGY, souriant.

Comme monsieur voudra.

M. DE BUSSIÈRES, s'inclinant.

Je suis à vos ordres.

MADAME DE BLANGY.

A ce soir.

M. DE COURCELLES.

Vous êtes charmante.

MADAME DE BLANGY.

Vous trouvez?

M. DE COURCELLES.

Le sourire vous va si bien, (A demi-voix.) qu'il y a

long-temps que vous devriez être consolée, ne fût-ce que par coquetterie.

MADAME DE BLANGY.

Voilà en effet un motif déterminant; j'y songerai.

(Elle le salue, et sort.)

SCÈNE XI.

M. DE BUSSIÈRES, M. DE COURCELLES.

M. DE BUSSIÈRES.

Que je suis heureux de vous retrouver chez madame de Blangy! vous, monsieur, un ami de mon père; car il me parlait souvent de vous, de sa fortune qu'il vous devait; et j'ai pu paraître bien ingrat en vous négligeant ainsi.

M. DE COURCELLES.

En aucune façon; vous êtes plus jeune que moi, et à votre âge, les plaisirs... Car vous avez été long-temps absent?

M. DE BUSSIÈRES.

Oui, monsieur, ce qui ne m'excuse point.

M. DE COURCELLES.

Si vraiment; en amitié, il est toujours temps de commencer, et si vous vous croyez en retard, vous me rendrez tout à la fois, intérêt et capital... Je vous parle là en style de receveur-général.

M. DE BUSSIÈRES.

C'est le plus solide.

SCÈNE XI.

M. DE COURCELLES.

N'est-il pas vrai? Ah! ça, il s'agit d'affaires. Vous louez donc la maison de madame de Blangy?

M. DE BUSSIÈRES.

Oui, monsieur. (Avec un peu d'embarras.) Y a-t-il long-temps que vous la connaissez?

M. DE COURCELLES.

Cette propriété?

M. DE BUSSIÈRES.

Non. Celle qui l'habitait.

M. DE COURCELLES.

J'étais l'ami de sa famille et de son mari. Une femme adorable, qui mériterait les hommages du monde entier. Si vous la connaissiez comme moi, si vous saviez quel charmant caractère, que de vertus, que de talens, et comme elle s'est conduit envers son mari. Un excellent garçon, j'en conviens; mais qui, après tout, n'était pas aimable tous les jours.

M. DE BUSSIÈRES.

On me l'avait dit.

M. DE COURCELLES.

Bon cœur, mais une tête chaude; un homme terrible quand il était en colère, et il avait tant d'occasions de s'y mettre. De fausses spéculations, de mauvaises affaires...

M. DE BUSSIÈRES.

Que dites-vous là... Et nous souffririons que madame de Blangy...

M. DE COURCELLES.

Avec son caractère, avec sa fierté, elle n'a besoin

de rien, elle ne veut rien. Sans cela, monsieur, je vous prie de le croire, elle ne manquerait pas d'amis qui seraient trop heureux... Mais revenons à notre affaire... Vous avez loué combien ?

M. DE BUSSIÈRES.

Ce que vous voudrez.... ce qu'il vous plaira.... le plus sera le mieux.

M. DE COURCELLES.

Non, monsieur, le prix qu'elle en donnait elle-même : douze cents francs.

M. DE BUSSIÈRES.

Soit ; je vous les remettrai... Mais vous disiez que ses amis... elle en a beaucoup ?

M. DE COURCELLES.

Tous ceux qui la connaissent. Quant à ses adorateurs, tous ceux qui la voient, et il n'aurait tenu qu'à elle d'accepter les partis les plus beaux, les plus riches...

M. DE BUSSIÈRES.

Il serait possible ?

M. DE COURCELLES.

J'en sais quelque chose; car c'est toujours à moi que les soupirans s'adressent... Il faut croire qu'il y a dans ma physionomie quelque chose de paternel qui les attire et les encourage ; mais elle les a tous refusés.

M. DE BUSSIÈRES, *gaiement*.

Quoi ! tous ?

M. DE COURCELLES.

L'un après l'autre... elle ne veut aucun de ces messieurs.

SCÈNE XI.

M. DE BUSSIÈRES, riant.

C'est charmant!

M. DE COURCELLES, confidentiellement.

Car si elle se prononce, je sais en faveur de qui...

M. DE BUSSIÈRES, avec émotion.

Ah! vous savez?...

M. DE COURCELLES.

Oui, mon jeune ami, quelqu'un qui a sa parole, sa promesse formelle, et elle n'y a jamais manqué.

M. DE BUSSIÈRES, troublé.

Vous connaissez cette personne?

M. DE COURCELLES.

C'est moi.

M. DE BUSSIÈRES.

Que me dites-vous là?

M. DE COURCELLES.

Je dois l'épouser dès qu'elle sera consolée, et déjà cela va mieux; déjà, grâce au ciel, sa douleur éternelle a des absences : témoin, tout à l'heure à ce piano où elle oubliait de s'affliger; c'est à vous que je le dois, je le sais; mais je voudrais vous devoir plus encore, et puisque vous avez daigné me parler d'amitié... je viens vous en demander une preuve.

M. DE BUSSIÈRES.

Monsieur...

M. DE COURCELLES.

Il n'y a que moi, auprès d'elle, qui plaide en ma faveur, et on a toujours l'air gauche quand on parle à la première personne. J'ai beau lui répéter que je suis un honnête homme, que j'ai quelques bonnes qualités, un bon caractère, elle peut croire que je suis seul de son avis; mais si ma proprosition était appuyée, si j'avais une voix de plus... la vôtre, par exemple!

M. DE BUSSIÈRES.

Moi! monsieur?...

M. DE COURCELLES.

Le tout est de la décider... Elle y viendra, j'en suis sûr; car elle m'aime au fond, elle me le disait encore ce matin.

M. DE BUSSIÈRES.

Ce matin?

M. DE COURCELLES.

Mais les convenances... le respect humain...

M. DE BUSSIÈRES.

Quoi! cette retraite, ce deuil qu'elle s'était imposés...

M. DE COURCELLES.

Voilà la seule chose qui l'arrête, je le parierais.

M. DE BUSSIÈRES, avec dépit.

Croyez donc après cela aux douleurs éternelles?... Cela ne m'étonne pas, les femmes sont toutes ainsi.

M. DE COURCELLES.

Et nous aussi.

M. DE BUSSIÈRES.

Non, monsieur, non, ne le croyez pas; il est des hommes chez qui les sentimens profonds ne s'effacent point aussi aisément.

M DE COURCELLES, avec indifférence.

C'est possible! mais cela m'est égal. (Avec chaleur.) Pour en revenir à madame de Blangy, elle ne me croira peut-être pas, j'y suis trop intéressé... vous, c'est différent... et puis un grand avantage que vous avez, c'est que vous l'amusez, vous la faites rire, et cela avance mes affaires.

M. DE BUSSIÈRES.

Je suis trop heureux d'être bon à quelque chose, et s'il ne tient qu'à hâter les bonnes dispositions où l'on est pour vous, je tâcherai de me tirer avec honneur de la mission que vous voulez bien me confier.

M. DE COURCELLES.

Je ne sais comment vous remercier.

M. DE BUSSIÈRES.

En aucune façon... cela m'amusera.

M. DE COURCELLES.

Je crois que le moment est favorable, elle est seule, et, si avant de vous mettre à table, vous obteniez pour moi une bonne réponse, il me semble que je dînerais mieux.

M. DE BUSSIÈRES.

Il est de fait que voilà une raison...

M. DE COURCELLES.

Positive, n'est-il pas vrai? Adieu, mon jeune ami, du courage. (Lui donnant une poignée de main.) Et à charge de revanche dans l'occasion.

(M. de Bussières sort.)

SCÈNE XII.

M. DE COURCELLES, SEUL.

Je crois que j'ai eu là une bonne idée! En affaire, en diplomatie, tout dépend du choix de l'avocat ou de l'ambassadeur! c'est peut-être pour cela que depuis quelque temps il s'est perdu tant de bonnes causes, et c'est pour cela que je gagnerai la mienne! Madame de Blangy tient à l'opinion du monde; mais pour une jolie femme, le monde, ce sont les gens à la mode, c'est la jeunesse... corps respectable dont je ne suis plus; mais c'est égal, la jeunesse est pour moi, je l'ai pour alliée, elle parle en ma faveur, cela revient au même!

SCÈNE XIII.

M. DE COURCELLES, SOPHIE.

M. DE COURCELLES.

Qu'est-ce que c'est, mademoiselle Sophie?

SOPHIE.

C'est aujourd'hui le jour aux visites; en voici une nouvelle.

M. DE COURCELLES.

Pour madame de Blangy?

SOPHIE.

Ou pour vous, si cela vous convient.

SCÈNE XIII.

M. DE COURCELLES.

Qu'est-ce que cela veut dire?

SOPHIE.

Qu'il y a chez Duval, le jardinier, un monsieur, un jeune homme...

M. DE COURCELLES.

Encore un! nous sommes déjà ici assez de jeunes gens. Qui l'amène?

SOPHIE.

Il ne voudrait pas déranger madame, mais il désirerait parler à quelqu'un de la maison; et comme c'est probablement pour affaires, si vous vouliez voir...

M. DE COURCELLES.

Des affaires! je n'ai pas le temps. J'en ai une en ce moment qui m'intéresse personnellement, une réponse que j'attends de madame de Blangy.

SOPHIE, regardant de côté.

Justement elle vient de ce côté; elle salue M. de Bussières qui vient de la quitter.

M. DE COURCELLES.

Il vient de la quitter, allons lui demander ce qui s'est passé.

(Il sort par la porte du fond.)

SCÈNE XIV.

SOPHIE, MADAME DE BLANGY.

SOPHIE, regardant sortir M. de Courcelles.

Eh bien! eh bien! lui qui voulait parler à madame, s'en va quand elle arrive. Est-il singulier? et lui aussi qui a des caprices.

MADAME DE BLANGY, entrant de l'autre côté, et sans voir Sophie.

Je ne reviens pas de ma surprise! quel changement dans son ton et dans ses manières; cet air d'ironie en me parlant de mes chagrins, de ma douleur... Eh mais, sans doute, j'en ai beaucoup, de m'être ainsi trompée sur son compte.

SOPHIE.

Madame...

MADAME DE BLANGY, sans l'entendre.

Et puis quel ton d'amertume, et presque de reproche, en me rappelant la promesse que j'ai faite ce matin à M. de Courcelles, qui, à coup sûr, est plus aimable que lui, qui a un meilleur caractère. Un homme excellent!

SOPHIE, de même.

Madame...

MADAME DE BLANGY.

Et me parler en sa faveur! me presser d'un air si leste, si dégagé, comme s'il suffisait de sa recommandation pour me décider, ce qui serait peut-être, après tout, le parti le plus sage; mais qui lui demandait son avis? personne. Je sais ce que j'ai à faire, et je n'ai pas besoin que l'on règle ma conduite ou mes sentimens.

SOPHIE, plus haut.

Madame...

MADAME DE BLANGY, avec impatience.

Qu'est-ce que c'est?

SOPHIE.

Voilà trois fois que j'ai pris la liberté de vous adresser la parole.

MADAME DE BLANGY.

Qu'y a-t-il?

SOPHIE.

Quelqu'un demande à vous parler.

MADAME DE BLANGY, avec dépit.

M. de Bussières... tant pis!

SOPHIE.

Non, madame.

MADAME DE BLANGY, avec impatience.

Ah! M. de Courcelles?

SOPHIE.

Non, madame.

MADAME DE BLANGY.

Tant mieux!

SOPHIE.

C'est une autre personne, un étranger.

MADAME DE BLANGY.

Je n'y suis pas, je ne puis recevoir.

SOPHIE.

C'est qu'il attend... là-bas, chez le jardinier.

MADAME DE BLANGY, avec impatience.

Voyez alors ce que c'est; parlez-lui, répondez-lui, pourvu que je ne le voie pas, car tout le monde m'excède, et il me tarde d'être seule.

SOPHIE.

Madame sera satisfaite, car il paraît que M. de Bussières a demandé sa voiture.

MADAME DE BLANGY.

Ah!

SOPHIE, regardant par la porte du fond.

Du moins les chevaux sont attelés.

MADAME DE BLANGY.

C'est bien, laissez-moi.

SCÈNE XV.

MADAME DE BLANGY, M. DE BUSSIÈRES.

M. DE BUSSIÈRES.

Je viens, madame, de faire part à M. de Courcelles de vos bonnes intentions à son égard.

MADAME DE BLANGY, froidement.

Vous avez bien fait.

M. DE BUSSIÈRES.

J'ai ajouté que vous n'étiez pas du tout éloignée de tenir la promesse que vous lui aviez faite ce matin...

MADAME DE BLANGY.

Moi!

SCÈNE XV.

M. DE BUSSIÈRES.

Du moins vous me l'aviez dit.

MADAME DE BLANGY.

Allons, me voilà engagée avec lui.

M. DE BUSSIÈRES.

Et dans sa joie, dans son ravissement, il vous demande la permission de se présenter devant vous pour vous remercier.

MADAME DE BLANGY, à part.

Me remercier! il ne manquait plus que cela. (Haut.) Eh! monsieur, qui vous avait chargé de ce soin?

M. DE BUSSIÈRES.

Mon amitié pour lui et pour vous, madame.

MADAME DE BLANGY.

Je vous suis obligée.

M. DE BUSSIÈRES.

C'est ce que je voulais vous annoncer, avant d'avoir l'honneur de prendre congé de vous.

MADAME DE BLANGY.

Ah! vous partez?

M. DE BUSSIÈRES.

Une affaire importante me rappelle à Paris.

MADAME DE BLANGY.

Liberté entière.

M. DE BUSSIÈRES salue madame de Blangy, qui lui fait la révérence.

Adieu, madame. (Il reste à la même place, et après un instant de silence, il salue une seconde fois, et prêt à partir il s'arrête.) Madame n'a pas d'ordre à me donner?

MADAME DE BLANGY.

Aucun. J'avais des lettres, que je n'ai pas encore écrites, croyant que vous nous resteriez à dîner.

M. DE BUSSIÈRES.

J'ai dû changer d'avis : j'étais venu chercher ici la solitude et la douleur, je dois fuir quand la joie et le bonheur arrivent. Pauvre Hortense, jamais je n'ai senti plus vivement la perte que j'ai faite.

MADAME DE BLANGY.

Et moi donc! *Lui*, du moins, savait *autrement* reconnaître mon estime et ma confiance.

M. DE BUSSIÈRES.

Ce n'est pas elle qui m'eût abandonné!

MADAME DE BLANGY.

Ce n'est pas lui qui se fût conduit ainsi! qui m'eût traitée avec tant d'injustice!

M. DE BUSSIÈRES.

Moi, injuste? Rappelez-vous que ce matin encore nous jurions ici que notre vie entière se passerait dans un éternel veuvage : notre amitié était à ce prix. Eh bien! ce serment, qui de nous deux y a manqué?

MADAME DE BLANGY.

N'est-ce pas vous, en me parlant en faveur d'une personne à laquelle je n'aurais jamais pensé?

M. DE BUSSIÈRES.

Et cependant cette promesse, vous la lui avez faite?

MADAME DE BLANGY.

Dans le cas où je renoncerais à ma liberté; mais comme j'y tiens plus que jamais...

SCÈNE XV.

M. DE BUSSIÈRES.

Il serait possible?

MADAME DE BLANGY.

Oui, monsieur, et j'y tiendrai toujours; car tous les hommes me sont odieux, à commencer par vous. Êtes-vous content maintenant.

M. DE BUSSIÈRES.

Ah! que vous êtes bonne! et que je suis coupable!....

MADAME DE BLANGY.

Bien coupable, sans doute; car enfin, entre amis, on parle franchement, on demande des explications. Est-ce que je vous les aurais refusées?

M. DE BUSSIÈRES.

Oui, vous avez raison; mais je ne puis vous exprimer ce que j'éprouvais... ce qui s'est passé en moi, quand j'ai entendu M. de Courcelles se vanter d'une préférence que l'ancienneté de son amitié lui méritait peut-être; mais enfin, moi aussi, j'étais votre ami, j'espérais que personne au monde ne l'était plus que moi, et voir un autre me disputer ce titre!... L'amitié a aussi sa jalousie.

MADAME DE BLANGY.

Encore faudrait-il qu'elle ne ressemblât pas à de la tyrannie... vous, que ce matin encore je trouvais si bon, si aimable!

M. DE BUSSIÈRES.

Que dites-vous?

MADAME DE BLANGY.

Je ne vous reconnaissais plus, c'était du dépit, de la colère, de l'impatience, on aurait dit d'un mari!

M. DE BUSSIÈRES.

Vraiment! c'est inconcevable!... comme l'amitié nous change! jusqu'à ce pauvre M. de Courcelles que, sans savoir pourquoi, je détestais intérieurement! mais en revanche, je vais l'aimer, je vais l'adorer, je lui voue dès ce moment une affection!...

MADAME DE BLANGY.

Qui va me faire du tort, et c'est moi qui, à mon tour, serai jalouse...

M. DE BUSSIÈRES.

Oh! non, ce que j'éprouve pour vous est un sentiment à part, qui ne peut se définir, qui ne ressemble à rien... cela est si différent de ce que j'éprouvais pour Hortense!

MADAME DE BLANGY, sévèrement.

Je l'espère bien.

M. DE BUSSIÈRES.

Il n'y a aucune comparaison... c'est quelque chose de... de bien mieux encore.

MADAME DE BLANGY.

A la bonne heure! Sans cela songez-y bien, je le dis à vous comme je le dirai à M. de Courcelles, il faudrait à l'instant même se quitter, ne plus se voir! De l'amitié, rien que de l'amitié! et comme la mienne n'est pas exigeante, je vous reppellerai que votre voiture vous attend.

M. DE BUSSIÈRES.

Ah! madame!

MADAME DE BLANGY.

Il ne faut vous gêner en rien, et puisque vous avez à Paris des affaires importantes...

SCÈNE XV.

M. DE BUSSIÈRES.

Ma seule affaire, c'était d'être fâché avec vous... et comme, grâce au ciel, elle est terminée...

MADAME DE BLANGY.

Vous restez?

M. DE BUSSIÈRES.

J'en ai bien envie; et si vous le désiriez...

MADAME DE BLANGY.

Est-ce que je ne vous l'ai pas dit?

M. DE BUSSIERES, vivement.

Que vous êtes bonne! Dieu! M. de Courcelles qui vient de ce côté! quel ennui!

MADAME DE BLANGY.

Vous qui deviez tant l'aimer...

M. DE BUSSIÈRES.

Pas quand il vient. Ah! mon dieu! c'est pour vous remercier de ce que je lui ai dit.

MADAME DE BLANGY.

Voyez ce dont vous êtes cause... Comment faire à présent?

M. DE BUSSIÈRES.

Je n'en sais rien. Songez que s'il y a de la justice, vous devez, comme à moi, lui ôter tout espoir.

SCÈNE XVI.

LES MÊMES, M. DE COURCELLES.

M. DE COURCELLES, bas à M. de Bussières.

Puis-je entrer?

M. DE BUSSIÈRES.

Oui, sans doute; je vous laisse.

(Il sort en faisant à madame de Blangy des signes d'intelligence.)

SCÈNE XVII.

MADAME DE BLANGY, M. DE COURCELLES.

M. DE COURCELLES.

Ah! madame, comment m'acquitter jamais de ce que je dois à vous et à M. de Bussières?

MADAME DE BLANGY, à part.

Pauvre homme!

M. DE COURCELLES.

Je suis si ému que, pour vous remercier, je ne puis trouver de phrases... d'ailleurs, je n'ai jamais su en faire, et j'irai droit au but! Quand la fin du deuil? quand notre mariage? le jour est-il fixé?

MADAME DE BLANGY.

Pas encore.

M. DE COURCELLES.

Est-ce bientôt?

SCÈNE XVII.

MADAME DE BLANGY.

Non, mon ami, avec vous je dois parler avec franchise, et je sens là, quoi qu'on ait pu me dire, que je ne suis pas du tout déterminée...

M. DE COURCELLES.

Il ne faut pas que cela vous fâche, j'attendrai...

MADAME DE BLANGY, avec embarras, et d'un air suppliant.

Non, n'attendez pas.

M. DE COURCELLES.

Et pourquoi?

MADAME DE BLANGY.

Parce que, *décidément*, j'ai idée que je ne me *déciderai* jamais.

M. DE COURCELLES.

Vous vous trompez.

MADAME DE BLANGY.

Je ne le pense pas.

M. DE COURCELLES.

Je vous dis que si... je m'y connais... d'aujourd'hui déjà, et sans que vous vous en doutiez, il y a dans votre état un mieux sensible.

MADAME DE BLANGY.

Vous croyez?

M. DE COURCELLES.

J'en suis sûr, et quoique vous refusiez d'en convenir, votre conversation avec M. de Bussières a avancé mes affaires.

MADAME DE BLANGY.

Au contraire.

M. DE COURCELLES.

Qu'est-ce que cela signifie?

MADAME DE BLANGY.

Cela m'a confirmée plus que jamais dans l'idée de rester libre.

M. DE COURCELLES.

Comment, lorsqu'il vous parlait... et de si près... ce n'était pas pour mon compte?

MADAME DE BLANGY, avec embarras.

Il l'avait fait d'abord... et puis...

M. DE COURCELLES.

Il a parlé pour le sien?

MADAME DE BLANGY.

Pas comme vous l'entendez.

M. DE COURCELLES, brusquement.

Il me semble qu'il n'y a pas deux manières de s'entendre.

MADAME DE BLANGY, vivement.

Si vraiment, vous êtes dans l'erreur, vous ne savez donc pas qu'il a perdu aussi quelqu'un qu'il aimait, et qu'il aimera toujours?... et la même situation, le même malheur... c'était charmant! De sorte que du premier moment, du premier coup d'œil, il semblait que depuis long-temps nous nous connaissions tous deux.

M. DE COURCELLES.

Vraiment?

MADAME DE BLANGY.

Le malheur vieillit si vite! et puis la douleur dispose à l'amitié.

M. DE COURCELLES.

De l'amitié! Vous en êtes déjà là?

MADAME DE BLANGY.

Eh! pourquoi pas? Rien que de l'amitié, je vous l'atteste, jamais autre chose.

SCÈNE XVIII.

Les mêmes, SOPHIE.

SOPHIE.

Ah! par exemple! si je sais ce que cela veut dire...

MADAME DE BLANGY.

Qu'est-ce donc?

SOPHIE.

Je viens du logement du jardinier où, depuis un quart d'heure, attendait ce monsieur, dont on vous a parlé, une trentaine d'années, une figure agréable; mais moins bien cependant que notre visite de ce matin, que M. le comte de Bussières...

MADAME DE BLANGY, avec impatience.

Après?

SOPHIE.

Beaucoup moins bien certainement... — Madame de Blangy est donc ici? — Oui, monsieur. — Êtes-vous à son service? — Depuis trois mois. — Alors, je vous prie, prévenez-la... Puis il s'est arrêté en ajoutant: Non, je crains pour elle la surprise, l'émotion... il vaut mieux lui écrire. Il trace à la hâte quelques lignes, puis il les a rayées, en a écrit d'autres, s'est levé, a déchiré le papier, s'est promené en long, en large, en répétant: En vérité, je ne sais que faire. Puis, s'adressant à moi: Attendez, m'a-t-il dit, je reviens... Et il s'est élancé vivement dans l'autre pièce...

M. DE COURCELLES.

Qu'est-ce que cela veut dire ?

MADAME DE BLANGY.

Voilà qui commence à m'inquiéter... Achevez...

SOPHIE.

Il est sorti quelques temps après en me disant : Décidément, portez cette lettre à votre maîtresse, j'attendrai ici qu'elle l'ait lue avant de me présenter chez elle. J'ai pris ce billet, je l'apporte, et le voici.

MADAME DE BLANGY.

Et donnez donc. (Jetant les yeux sur l'adresse.) Dieu.

M. DE COURCELLES, la voyant prête à se trouver mal, et courant à elle.

Qu'avez-vous donc ?

MADAME DE BLANGY.

Ce que j'ai ?... Tenez, tenez, voyez plutôt...

(Elle lui donne la lettre.)

M. DE COURCELLES, poussant un cri.

O ciel! c'est lui! c'est son écriture! c'est M. de Blangy !

SOPHIE.

Cet époux si chéri! si long-temps regretté!... Madame, vous vous trouvez mal !...

MADAME DE BLANGY, se levant vivement.

Moi!... du tout... Mais la joie, l'émotion... (A M. de Courcelles.) Mon ami, conseillez-moi... que faire ?

M. DE COURCELLES.

Courons au-devant de lui!... Ce cher ami!

MADAME DE BLANGY, hors d'elle-même.

Oui, vous avez raison... courons... venez... soutenez-moi... (Elle fait quelques pas pour sortir.) Dieu! M. de Bussières!

SCÈNE XIX.

Les mêmes, M. DE BUSSIÈRES, entrant d'un air agité.

M. DE BUSSIÈRES, vivement, à madame de Blangy.

Je n'y tiens plus, il faut que je connaisse mon sort.

M. DE COURCELLES.

Qu'y a-t-il donc?

M. DE BUSSIÈRES.

J'ignore ce que madame vous a dit, ce que vous avez décidé; mais pendant ce temps, je me suis rendu compte de ce que j'éprouvais; j'ai vu clair dans mon cœur. Oui, madame, dussiez-vous me bannir de votre présence, vous connaîtrez la vérité. Cette amitié dont je me vantais n'était qu'un vain mot, un prétexte; je l'avoue ici devant vous, devant monsieur... je vous aime!

MADAME DE BLANGY.

Monsieur!

M. DE BUSSIÈRES.

De l'amour le plus tendre, le plus ardent; je vous offre ma main, ma fortune, tout ce que je possède... ne me réduisez pas au désespoir. De grâce, monsieur, parlez en ma faveur.

M. DE COURCELLES.

Moi?

M. DE BUSSIÈRES.

J'ai bien parlé pour vous.

M. DE COURCELLES.

Eh! monsieur, ce n'est plus à moi qu'il faut vous adresser, c'est à son mari.

M. DE BUSSIÈRES.

Son mari?

SOPHIE.

Il est de retour, il est ici.

M. DE BUSSIÈRES, atterré.

M. de Blangy!

M. DE COURCELLES.

Lui-même.

MADAME DE BLANGY, avec émotion.

Oui, monsieur, il est des devoirs qui me sont imposés, devoirs que je respecte, que je chéris... Et vous sentez que votre présence en ces lieux...

M. DE BUSSIÈRES, après un moment de silence.

Je suis anéanti, frappé de la foudre; mais puisque je suis voué au malheur, puisque le sort s'acharne à me poursuivre, je mériterai du moins sa rigueur. Adieu.

MADAME DE BLANGY.

Où allez-vous?

M. DE BUSSIÈRES.

Je n'ai plus rien à perdre, rien à ménager; la vie m'est importune.

SCÈNE XIX.

M. DE COURCELLES, l'arrêtant.

Jeune homme, y pensez-vous?

MADAME DE BLANGY.

Je vous en supplie, Édouard! Ah! qu'ai-je dit? pas ce nom-là. Mon ami, mon ami, daignez m'écouter.

M. DE BUSSIÈRES.

Je suis trop malheureux!

MADAME DE BLANGY.

Eh! monsieur, ne le suis-je pas moi-même?

M. DE BUSSIÈRES, avec joie.

O ciel!

MADAME DE BLANGY, vivement.

Du désespoir où je vous vois. Mais voulez-vous me perdre, me compromettre, m'ôter le seul bien qui me reste? Vous qui prétendez m'aimer, (geste de M. de Bussières) je le crois, monsieur, je veux bien le croire; le ciel m'est témoin que je n'y suis pour rien, et j'ignore encore comment cela a pu arriver; enfin ce n'est pas votre faute, je veux bien vous le pardonner, à une condition, c'est que vous partirez à l'instant même, et que jamais je ne vous reverrai.

M. DE BUSSIÈRES.

Quoi, madame!

MADAME DE BLANGY.

C'est tout ce que je puis faire pour vous, c'est beaucoup encore... Mon ami, venez, guidez-moi. (Ils vont pour sortir.) Partons.

SOPHIE.

Mais si avant de le voir, vous lisiez ce qu'il vous écrit?

M. DE COURCELLES.

Elle a raison, tenez.

MADAME DE BLANGY.

C'est vrai... Je ne sais plus où j'en suis; lisez, mon ami, lisez vous-même.

M. DE COURCELLES, décachetant la lettre.

« Ma chère Élise, ma femme. » C'est bien de lui.

MADAME DE BLANGY.

C'est de lui!

M. DE COURCELLES, à part, et regardant madame de Blangy.

Elle a frémi... Ce mari que ce matin encore... Oh! La Bruyère! (Haut.) Lisons : « Ma chère Élise, ma « femme, toi qui aimais tant un époux qui le méritait « si peu ; toi, que mes emportemens, mon caractère « et mes folles dissipations ont dû rendre si malheu- « reuse... Quand tu recevras cette lettre, je n'existerai « plus. »

TOUS.

O ciel!

M. DE BUSSIÈRES.

Achevez.

SOPHIE.

Qu'est-ce que cela veut dire?

M. DE COURCELLES, qui a parcouru la lettre.

Que la lettre est datée de New-Yorck, écrite par lui, à ses derniers momens.

M. DE BUSSIÈRES.

Il serait vrai?

M. DE COURCELLES.

Et qu'il en a chargé le fils de son associé ; un jeune

SCÈNE XXI.

homme qui, plus tard, doit se rendre en France, pour régler et liquider avec vous ses affaires de commerce.

M. DE BUSSIÈRES, hors de lui.

Ah! Sophie! ah! monsieur! que je suis heureux!

MADAME DE BLANGY, à M. de Courcelles.

Et moi, mon ami, je n'ose lever les yeux sur vous... Qu'allez-vous penser du trouble où tout à l'heure vous m'avez vue?

M. DE COURCELLES.

Je penserai qu'un peu plus tôt, un peu plus tard, cela devait être ainsi. Quand je vous disais ce matin, qu'un beau jour, et sans que vous vous en doutiez, vous vous trouveriez consolée; j'avais raison, mais je croyais que vous le seriez par moi, et j'avais tort.

MADAME DE BLANGY, vivement.

Je vous jure cependant que j'ignore encore ce que je ferai, ce que je déciderai.

M. DE COURCELLES.

Oui, c'est possible, mais nous... (Regardant M. de Bussières.) N'est-il pas vrai, nous le savons? et quelque peine que j'en éprouve, il y a si long-temps que je suis votre ami, que c'est une habitude dont je ne pourrai pas me défaire, et qui mourra avec moi.

M. DE BUSSIÈRES, à M. de Courcelles.

Ah! monsieur, comment reconnaître tant de générosité... je vous dois le bonheur de ma vie; car s'il avait fallu renoncer à elle, rien au monde ne m'en aurait consolé.

M. DE COURCELLES, à part, et secouant la tête.

Peut-être.

M. DE BUSSIÈRES ET MADAME DE BLANGY.

Que dites-vous?

M. DE COURCELLES.

Rien, rien, mes amis; tout est pour le mieux dans le meilleur des mondes, et je me le répéterai chaque fois que je reverrai ces lieux.

M. DE BUSSIÈRES.

Nous y reviendrons souvent, car je veux l'acheter, y établir un château, un parc.

M. DE COURCELLES.

Et, à cette place, j'élèverai un pavillon consacré à deux divinités.

MADAME DE BLANGY.

Lesquelles?

M. DE COURCELLES.

Le Temps et l'Amour, avec cette inscription:

AUX DEUX CONSOLATEURS!

FIN DES INCONSOLABLES.

DISCOURS

DE RÉCEPTION

A L'ACADÉMIE FRANÇAISE,

PRONONCÉ

DANS LA SÉANCE DU 28 JANVIER 1836.

DISCOURS

DE RÉCEPTION

A L'ACADÉMIE FRANÇAISE.

MESSIEURS,

Vous avez lu que la république de Gênes ayant osé braver Louis XIV, le doge fut forcé de venir à Versailles implorer la clémence du grand roi; et pendant qu'il admirait ces jardins où partout la nature est vaincue, ces eaux jaillissantes, ces forêts d'orangers, ces terrasses suspendues dans les airs, on lui demanda ce qu'il trouvait de plus extraordinaire à Versailles. Il répondit : C'est de m'y voir.

Et moi aussi, Messieurs, au milieu de toutes les illustrations qui m'entourent, au milieu de toutes les pompes littéraires qui viennent ici s'offrir à mes souvenirs ou à mes yeux, ce qui devrait m'étonner le plus, ce serait ma présence, si une réflexion n'était venue me rassurer et m'enhardir.

L'Académie, cette chambre représentative de la littérature, a voulu que tous les genres, reconnus par la charte de Boileau et les lois du bon goût, eussent dans son sein des mandataires nommés par elle, et comme dans nos assemblées législatives où l'élu d'une faible bourgade siége sur les mêmes bancs que les députés des grandes villes, l'Académie, en me donnant entrée dans cette enceinte, vient d'élever et d'agrandir l'humble genre dont je suis le représentant et qui désormais m'inspirerait de l'orgueil, si un auteur de vaudevilles pouvait en avoir

Oui, Messieurs, je ne m'abuse point sur la nature de mon mandat : si pendant long-temps j'ai, sur une scène secondaire, essayé de peindre Thalie en miniature, si parfois sur un théâtre plus élevé j'ai tâché de tracer quelques tableaux d'une plus grande dimension, de pareils efforts ne me donnent pas le droit de me regarder ici comme un des représentans de la comédie. Vous n'aviez pas besoin d'en appeler de nouveaux dans cette assemblée où brillaient déjà l'auteur du *Tyran domestique*, l'auteur de *l'Avocat*, l'auteur des *Deux Gendres*, l'auteur de *l'École des Vieillards*. Seulement vous n'avez pas voulu que le fauteuil jadis occupé par Laujon restât vide plus long-temps.

Vous aviez déjà accordé en sa personne des lettres de noblesse à la chanson, vous avez voulu me les transmettre, et c'est à ce titre seulement que je m'assieds parmi vous.

Peut-être après cela, ce genre, si futile en apparence et dont le nom même semble étonné de retentir sous les voûtes classiques de cette salle, peut-être, dis-je, ce genre n'est-il pas tout-à-fait indigne d'attirer vos regards, et par justice, ou du moins par reconnaissance, je devrais chercher à défendre celui qui fut mon protecteur, je devrais vous retracer ici l'histoire du Val-de-Vire, depuis son origine jusqu'à nos jours, si en ce moment un soin plus imposant et plus solennel n'appelait d'abord toutes mes pensées et ne venait retenir sur mes lèvres les refrains joyeux près de s'en échaper.

Il y a bien long-temps que, pour la première fois de ma vie, j'entrai dans cette salle; j'étais alors au Lycée Napoléon (1), et c'est ici même, dans ces lieux où rien n'est changé, que l'on nous distribuait les prix du concours général : dans ces tribunes étaient nos camarades, nos rivaux, nos amis; ils étaient là... comme aujourd'hui encore. Plus loin nos parens, nos sœurs, nos mères. Heureux qui peut avoir sa mère pour témoin de son triomphe!... Ce bonheur, je l'avais alors! De ce côté étaient placés nos maîtres, nos supérieurs, de hauts dignitaires de la littérature ou de l'empire; car ces palmes, décernées à de faibles mérites, c'était, comme aujourd'hui encore, le mé-

---

(1) Notre collège Sainte-Barbe suivait alors les cours du Lycée Napoléon.

rite qui les distribuait. Je demandai à l'un de mes voisins quel était le président. On me répondit : C'est le grand-maître, M. de Fontanes. — Et à côté de lui, cette figure si belle et si imposante ? — Le secrétaire-général de l'Université, M. Arnault; l'auteur de *Marius à Minturnes*; de cette tragédie dont nous savions par cœur tous les beaux vers. L'auteur de *Marius à Minturnes !* je me levai pour le regarder, ne me doutant pas que l'écolier siégerait un jour à la place du maître, et que je viendrais dans cette même enceinte déposer une branche de cyprès sur la tombe de celui qui nous distribuait alors des couronnes.

Pourquoi du moins une voix plus puissante que la mienne n'est-elle pas appelée à vous faire l'éloge de l'homme de bien et du poète que vous regrettez ? Par quel dernier malheur pour lui, faut-il que soit réservé à un disciple de la chanson le difficile honneur d'apprécier les productions d'une muse tragique !

Entraîné dès l'âge le plus tendre par un penchant irrésistible pour la poésie, M. Arnault était bien jeune encore quand il donna *Marius*, son premier ouvrage. C'était déjà une entreprise hardie, surtout pour un jeune homme de vingt-quatre ans, de vouloir appeler l'intérêt sur un personnage aussi odieux que Marius, qui couvrit l'Italie de sang et de proscriptions, qui se déshonora par le vol et le pillage, et qui, aussi barbare dans ses vengeances, mais moins courageux que Sylla, n'eut pas comme lui la grandeur d'ame de s'arrêter et l'audace de descendre. Mais M. Arnault avait compris qu'aux yeux des hommes rassemblés, le malheur absout de tous les crimes. Il avait choisi pour son héros non pas Marius proscripteur, mais Marius proscrit, mais le vainqueur des Cimbres errant et fugitif; il avait senti que s'il est au monde un noble et beau spectacle, c'est la gloire aux prises avec le malheur, c'est une grande infortune supportée avec courage. Il avait deviné juste : et, sans imiter les auteurs qui avaient traité ce sujet avant lui, sans appeler à son aide aucune intrigue étrangère, aucun personnage de femme, aucun amour de tragédie, abordant dans toute sa sévérité et dans sa simplicité antique ce sujet qui n'offrait qu'une scène, il en a fait un tableau d'histoire où partout domine cette grande figure de Marius; et rappelez-vous, Messieurs, quel effet produisait cet esclave, ce Cimbre qui, reculant épouvanté à l'aspect de ce front consulaire et de quarante ans de gloire, jetait son poignard et s'enfuyait en répétant:

Je ne pourrai jamais égorger Marius !

Cette tragédie fut dédiée à Monsieur, comte de Provence, depuis Louis XVIII. M. Arnault s'était attaché à la maison de ce prince, ami des lettres, et dont la protection devait être utile au jeune poète; car alors pour réussir, même en littérature, c'était chose presque nécessaire que le patronage d'un homme puissant. Les temps sont changés, grâce au ciel! Aujourd'hui un homme de lettres n'a plus besoin de dire à un grand seigneur : Daignez me protéger!

il trouve dans son travail la gloire et mieux encore, s'il est possible... l'indépendance.

Au commencement de la révolution, le comte de Provence se réfugia en pays étranger, et M. Arnault, que cette fuite exposait à de grands dangers, se hâta de passer en Angleterre. Singulière destinée que la sienne! Ce protecteur qu'il s'était donné, prince alors et plus tard devenu roi, oblige deux fois M. Arnault à sortir de France : en 1792, par son départ ; en 1815, par son retour.

M. Arnault chercha bientôt à revoir son pays. Arrêté à Dunkerque comme émigré, jeté dans un cachot, il en sort par un décret du comité de salut public qui, juste cette fois, déclare la loi sur l'émigration non applicable à un homme de lettres, à l'auteur de *Marius à Minturnes*, supposant sans doute par une heureuse fiction que l'univers appartient au poète et que partout est sa patrie.

Des jours meilleurs vinrent luire pour la France. C'était encore la république ; mais ce n'étaient plus les faisceaux sanglans des décemvirs ; ce n'était plus même l'austérité de Rome ou de Sparte. A son goût effréné pour le luxe et les plaisirs, à son oubli du passé, à son insouciance de l'avenir, on eût dit la république d'Athènes, si l'on eût osé comparer Barras à Périclès. L'on était sous le Directoire, sous ce gouvernement faible, joyeux et dissolu, que j'appellerais presque la régence de la révolution.

Rendu à ses travaux littéraires, M. Arnault donna successivement sa tragédie d'*Oscar*, où il retrace avec tant de charmes les doux épanchemens de l'amour et de l'amitié, et sa tragédie des *Vénitiens*, dont le cinquième acte est un des plus beaux du théâtre moderne : disons cependant, en historien fidèle, que M. Arnault n'est pas seul auteur de ce cinquième acte. Dans l'origine il avait donné à son ouvrage un dénouement heureux. Montcassin, son héros, ne mourait pas. Il était sauvé du supplice par son rival. Ce dénouement ne plut pas à un membre de l'Institut que M. Arnault avait connu en Italie, et à qui il faisait lecture de sa tragédie. Ce membre de l'Institut, c'était le général Bonaparte, qui avait en littérature des idées aussi arrêtées qu'en politique. Il détestait Voltaire ; il avait le malheur de ne pas aimer beaucoup Racine, mais il aurait fait Corneille premier ministre. Il était pour les dénouemens énergiques, et voulait que, même au théâtre, toutes les difficultés fussent enlevées à la baïonnette. Le cinquième acte des *Vénitiens* ne lui paraissait pas attaqué franchement ; il le trouvait affaibli et gâté par le bonheur des deux amans. Si leur malheur eût été irréparable, disait-il à M. Arnault, l'émotion passagère qu'ils m'ont causée m'aurait poursuivi jusqu'à ce soir, jusqu'au lendemain. Il faut que le héros meure ! Il faut le tuer !... tuez-le !

Montcassin fut donc mis à mort par ordre de Napoléon et à la grande satisfaction du public, qui par ses applaudissemens confirma la sentence. Il est inutile de dire que la tragédie des *Vénitiens* fut dédiée au général Bonaparte ; c'était justice.

Bonaparte aimait M. Arnault, et cette amitié ne s'est jamais démentie. Soit que, lui confiant d'importantes missions, il le charge de l'organisation des îles Ioniennes; soit que, dans son hôtel de la rue Chantereine, il l'admette à ces conversations familières et prophétiques qui déjà étaient de l'histoire; soit que plus tard, à bord du vaisseau amiral qui conduisait en Égypte César et sa fortune, ils discutent ensemble sur Ossian et sur Homère; soit enfin que, devenu empereur, il place M. Arnault dans les premiers rangs de l'Université, Napoléon fut toujours constant dans son estime pour lui, bien que plus d'une fois il eût à se plaindre de ses traits satiriques et de son énergique franchise. Celui qui d'un seul coup d'œil savait si bien deviner et apprécier le mérite, avait, dès le premier jour en Italie et de sa main victorieuse, écrit sur ses tablettes le nom de M. Arnault, et vingt-trois ans plus tard, sa main mourante l'écrivait encore sur son testament, daté des rochers de Sainte-Hélène!

Que pourrais-je ajouter à un pareil témoignage?

Après la catastrophe des cent jours, M. Arnault fut exilé; et, ce qu'on aura peine à croire, on le destitua de la place qu'il occupait parmi vous et que vos suffrages lui avaient donnée. En fait de vers et de poésie, Molière avait dit

Hors qu'un commandement exprès du roi ne vienne.....

Le commandement vint, qui raya M. Arnault de l'Institut. Violant le sanctuaire des lettres, oubliant que le plus grand de vos priviléges est d'être inamovibles, et que la gloire littéraire n'est point révocable, un ordre vint, qui supprima *Marius à Minturnes* et *les Vénitiens*; et en vertu d'une ordonnance, contre-signée par un ministre, il fut décidé que ces deux beaux succès n'avaient jamais existé.

Pendant son exil, qu'il supporta avec dignité et courage, M. Arnault composa la dernière partie de ses fables, son plus beau titre littéraire, selon moi; car il a créé un nouveau genre qui restera comme modèle par cela même qu'il n'a cherché à imiter ni La Fontaine ni Florian; ce n'est point la naïve bonhomie du premier, ni la sensibilité élégante et gracieuse du second; c'est de l'épigramme, c'est de la satire, c'est Juvénal qui s'est fait fabuliste! comme lui, — peut-être,

Poussant jusqu'à l'excès sa mordante hyperbole,

M. Arnault a-t-il fait la société trop vicieuse et les hommes trop méchans. On a reproché avec raison à Florian d'avoir mis dans ses bergeries trop de *moutons*; peut-être dans les fables de M. Arnault y a-t-il un peu trop de *loups*.

C'est encore pendant son exil que M. Arnault fit jouer à Paris *Germanicus*, qui, vainqueur le premier jour, fut le lendemain banni du théâtre comme l'auteur l'avait été de la France; et lorsqu'enfin le jour de la justice avait brillé pour lui, lorsque, après cinq ans de proscription, il était rentré dans sa patrie et plus tard parmi vous... un coup imprévu l'a de nouveau et pour jamais enlevé à votre amitié! Le plus jeune de ses fils venait d'éprouver une perte cruelle: c'est pour le consoler que son père était accouru auprès de lui et avait entrepris ce voyage qui devait lui être si fatal. M. Arnault avait l'habitude des longues promenades; c'est en marchant qu'il composa presque tous ces ouvrages. Le matin même et par une excessive chaleur, il avait fait en travaillant une marche forcée. Il rentra fatigué, et s'étendant sur un lit de repos, il dit à sa fille : « Mets-toi au piano, » et la jeune fille obéit ; pendant que son père reposait, pendant que sa tête appesantie tombait sur son sein, elle jouait toujours... et son père n'était plus!... il venait de s'éteindre sans souffrances, sans agonie, le sourire sur les lèvres, rêvant à ses travaux du matin, à ses enfans, à ses amis... à vous, peut-être, Messieurs.

Il est mort, laissant trois fils, son espérance et la nôtre! trois fils qui dans la carrière des lettres, des armes et de la magistrature, soutiennent dignement l'honneur du nom paternel. L'un d'eux, l'auteur de *Régulus*, a prouvé qu'il est des familles où la gloire est héréditaire, et que la noblesse des lettres peut, comme celle des armes, instituer des majorats.

Quoique rien ne dût faire prévoir pour M. Arnault une fin aussi soudaine, depuis quelque temps cependant sa santé était visiblement altérée. Certaines attaques violentes et passionnées qui frappaient sans ménagement l'homme et l'écrivain avaient froissé cette organisation puissante, mais sensible et irritable. Il est de nos jours une critique acerbe qui vous atteint au cœur. Celle-là on ne l'a point épargnée à M. Arnault, et malgré sa vieillesse et ses triomphes passés, il n'a pu, comme Marius à Minturnes, désarmer le Cimbre qui venait le frapper.

Il faut le dire aussi, l'on s'est souvent mépris sur le caractère de M. Arnault. C'était un homme chez qui restait profondément gravé le souvenir soit du bien, soit du mal. Si personne n'oubliait moins que lui une mauvaise action, personne non plus ne portait plus avant dans son cœur la reconnaissance d'un service ou d'un bienfait. Avouons aussi que la tournure vive et piquante de son esprit ne lui permettait guère de résister au plaisir d'un bon mot : ajoutez à ce tort celui d'une extrême franchise, et l'on aura aisément une idée des ennemis qu'il dut se faire. Et pourtant rien n'égalait la bonté de son cœur : plus d'une fois il l'a prouvé; plus d'une fois, dans les fonctions importantes qu'il remplissait à l'Université, il tendit la main au talent repoussé, ou au mérite qui se tenait à l'écart : c'est lui qui accueillit dans ses bureaux notre poète Béranger, que lui seul alors avait deviné.

La conversation de M. Arnault était semée d'expressions hardies et pittoresques, presque toujours empreinte d'une verve maligne que l'on trouve dans ses fables, dans ses poésies diverses, et même dans des chansons de la gaieté la plus originale.... Oui, Messieurs, des chansons de M. Arnault, des chansons d'un auteur tragique! circonstance dont j'étais trop fier pour ne pas me hâter d'en prendre acte; car c'était une autorité puissante, c'était une preuve de plus en faveur de ce genre que j'ai entrepris, témérairement peut-être, de réhabiliter devant vous.

Pour cela, Messieurs, il me faudrait dérouler à vos yeux ce que j'appellerai les temps héroïques de la chanson, lorsqu'elle marchait au combat avec Roland et les preux de Charlemagne, ou lorsque, avec les troubadours, elles se présentait la harpe à la main aux portes des palais, et s'asseyait à la table du seigneur châtelain. Je vous montrerais ensuite la chanson partant pour la croisade, revenant avec les premiers barons chrétiens, s'installant près du foyer gothique, et, par ses refrains du sultan Saladin, égayant les veillées des nobles dames. Plus tard, vous la verriez, tendre et guerrière avec Agnès Sorel, apprendre à Charles VII comment on regagne un royaume; ou bien, satirique et galante avec François Ier, écrire ses joyeuses devises sur les vitraux de Chambord; puis tout à coup fanatique et séditieuse, elle vous apparaîtrait portant la croix de la Ligue ou les couleurs de la Fronde, attaquant les rois, renversant les ministres, changeant les parlemens; et peut-être, en voulant écrire l'histoire de la chanson, on se trouverait, sans y penser, avoir esquissé l'histoire de France.

Dans un discours célèbre rempli d'idées fines et ingénieuses, un de nos premiers auteurs dramatiques a soutenu dans cette enceinte que si quelque grande catastrophe faisait disparaître de la surface du globe tous les documens historiques et ne laissait intact que le recueil de nos comédies, ce recueil suffirait pour remplacer nos annales. La liberté littéraire qui règne dans l'Académie me permettra-t-elle de ne pas partager entièrement cette opinion. Je ne pense pas que l'auteur comique soit historien : ce n'est pas là sa mission : je ne crois pas que dans Molière lui-même on puisse retrouver l'histoire de notre pays. La comédie de Molière, ou de ses contemporains, nous instruit-elle des grands évènemens du siècle de Louis XIV ? nous dit-elle un mot des erreurs, des faiblesses ou des fautes du grand roi ? nous parle-t-elle de la révocation de l'édit de Nantes ? Non, Messieurs, pas plus que la comédie de Louis XV ne nous parle du partage de la Pologne, pas plus que la comédie de l'empire ne parle de la manie des conquêtes ? Mais si nous supposions, par une nouvelle invraisemblance, et l'on m'en a si souvent reproché dans mes fictions, qu'il peut m'être permis d'en risquer une de plus, dans l'intérêt de la vérité... si nous supposions à notre tour que, semblable à ce lieutenant de Mahomet qui brûla toute la bibliothèque d'Alexandrie, et ne conserva que le livre du prophète, il se rencontrât de nos jours un conquérant kalmouk ou tartare qui, ami de la gaieté et fanatique de la chanson, comme Omar l'était de l'Alcoran, brûlât tous les livres d'histoire et n'épargnât que le recueil des virelais, noëls, ponts-neufs et vaudevilles satiriques imprimés jusqu'à nos jours... voyons si par hasard et avec ces seuls documens, il serait tout-à-fait impossible de rétablir les principaux faits de notre histoire. Peut-être suis-je dans l'erreur; peut-être n'est-ce qu'un paradoxe : mais il me semble qu'à l'aide de ces joyeuses archives, de ces annales chantantes, on pourrait facilement retrouver des noms, des dates, des évènemens oubliés par la comédie, ou des personnages historiques épargnés par elle.

Une pareille fidélité était impossible à la muse comique : je le sais : aussi n'est-ce pas un reproche que je lui adresse, mais un fait que je voudrais essayer de constater. Je sais que Louis XIV, que Louis XV, que Napoléon n'auraient pas souffert au théâtre ces grands enseignemens de l'histoire, ou n'auraient pas permis de traduire sur la scène des ridicules qui les touchaient de trop près. Je sais même qu'aujourd'hui l'auteur comique n'a guère plus d'avantages que ses devanciers, car, de nos jours, la susceptibilité des partis a remplacé celle du pouvoir. Dans ce siècle de liberté, on n'a pas celle de peindre sur la scène tous les ridicules. Chaque parti défend les siens, et ne permet de prendre que chez le voisin; la presse elle-même, ce pouvoir absolu des gouvernemens libres, la presse veut bien dire la vérité à tout le monde, mais, comme tous les souverains, elle n'aime pas qu'on la lui dise. Et par cette thèse, j'ai entendu, non pas attaquer, mais justifier la comédie, et prouver qu'on lui demandait plus qu'elle ne pouvait donner, en exigeant qu'elle remplaçât l'histoire.

Mais du moins la comédie peindra les mœurs? Oui : je conviens qu'elle est plus près de la vérité des mœurs que de la vérité historique; et cependant, excepté quelques ouvrages bien rares, Turcaret, par exemple, chef-d'œuvre de fidélité, il se trouve, par une fatalité assez bizarre, que presque toujours le théâtre et la société ont été en contradiction directe. Ainsi, Messieurs, et puisqu'il s'agit de mœurs... prenons l'époque de la régence? Si la comédie était constamment l'expression de la société, la comédie d'alors aurait dû nous offrir d'étranges licences ou de joyeuses saturnales. Point du tout. — Elle est froide, correcte, prétentieuse, mais décente. C'est Destouche, la comédie qui ne rit point ou qui rit peu; c'est La Chaussée, la comédie qui pleure. Sous Louis XV, ou plutôt sous Voltaire, au moment où se discutaient ces grandes questions qui changeaient toutes les idées sociales, au milieu du mouvement rapide qui entraînait ce dix-huitième siècle, si rempli de présent et d'avenir, nous voyons apparaître au théâtre Dorat, Marivaux, de la Noue, c'est-à-dire, l'esprit, le roman et le vide.

Dans la révolution, pendant ses plus horribles périodes, quand la tragédie, comme on l'a dit, courait les rues, que vous offrait le théâtre? des scènes d'humanité et de bienfaisance, de la sensiblerie; *les Femmes* et *l'Amour filial*; en janvier 93, pendant le procès de Louis XVI, *la Belle fermière*, comédie agricole et sentimentale !!! Sous l'empire, règne de gloire et de conquêtes, la comédie n'était ni conquérante, ni belliqueuse ! Sous la restauration, gouvernement pacifique, les lauriers, les guerriers, les habits militaires avaient envahi la scène, Thalie portait des épaulettes. Et de nos jours, à l'heure où je vous parle, je me représente un étranger, un nouvel Anacharsis, tombant tout à coup au milieu de notre civilisation et courant au théâtre pour connaître d'une manière certaine et positive les mœurs parisiennes de 1835. Voyez-vous l'effroi de cet honnête étranger qui n'ose plus s'aventurer dans Paris que bien armé, qui n'ose faire un pas dans le monde, de crainte de se heurter contre quelque meurtre, quelque adultère, quelque inceste, car on lui a dit que le théâtre était toujours l'expression de la société?

Que si quelqu'un, cependant, prenant cet étranger par la main, le présentait dans nos salons, ou le faisait admettre dans nos familles, quel serait son étonnement en voyant qu'à aucune époque peut-être, nos mœurs intérieures n'ont été plus régulières, que sauf quelques exceptions dont le scandale même prouve la rareté, jamais le foyer domestique n'a été l'asile de plus de vertus! Et si on lui disait qu'autrefois c'était les hautes classes qui donnaient l'exemple du vice, que souvent c'était de la cour elle-même que partaient les outrages à l'honnêteté et à la morale publiques; si on lui disait qu'aujourd'hui les vertus viennent d'en haut et se reflètent du trône sur la société : se réconciliant alors avec cette société qu'il ne connaissait pas et qu'il accusait, vous entendriez l'étranger s'écrier avec joie : Oui, l'on m'a trompé! oui, grâce au ciel, le théâtre ne peint pas toujours les mœurs!

Comment donc expliquer, Messieurs, cette opposition constante, ce contraste presque continuel entre le théâtre et la société? Serait-ce l'effet du hasard? ou ne serait-ce pas plutôt celui de vos goûts et de vos penchans que les auteurs ont su deviner et exploiter? Vous courez au théâtre, non pour vous instruire ou vous corriger, mais pour vous distraire et vous divertir. Or, ce qui vous divertit le mieux, ce n'est pas la vérité, c'est la fiction. Vous retracer ce que vous avez chaque jour sous les yeux n'est pas le moyen de vous plaire; mais ce qui ne se présente point à vous dans la vie habituelle, l'extraordinaire, le romanesque, voilà ce qui vous charme, et c'est là ce qu'on s'empresse de vous offrir. Ainsi, dans la terreur, c'était justement parce que vos yeux étaient affligés par des scènes de sang et de carnage, que vous étiez heureux de retrouver au théâtre l'humanité et la bienfaisance, qui étaient alors des fictions. De même, sous la restauration, où l'Europe entière venait de vous opprimer, on vous rappelait le temps où vous donniez des lois à l'Europe, et le passé vous consolait du présent.

Le théâtre est donc bien rarement l'expression de la société, ou du moins, et comme vous l'avez vu, il en est souvent l'expression inverse, et c'est dans ce qu'il ne dit pas qu'il faut chercher ou deviner ce qui existait. La comédie peint les passions de tous les temps, comme l'a fait Molière; ou bien comme Dancourt et Picard l'ont fait avec tant de gaieté, Colin d'Harleville avec tant de charme, Andrieux avec tant d'esprit, elle peint des travers exceptionnels, des ridicules d'un instant. Sous le rideau qu'elle soulève à peine, elle peut nous montrer un coin de la société; mais les mœurs de tout un peuple, ses mœurs de chaque époque, qui vous les montrera élégantes ou grossières, libertines ou dévotes, sanguinaires ou héroïques? qui vous les offrira, bonnes ou mauvaises, telles qu'elles étaient? Qui vous les offrira, Messieurs, les annales dont je vous parlais tout à l'heure,

Ces peintures naïves
Des malices du siècle immortelles archives?

La chanson, qui n'avait aucun intérêt à déguiser la vérité; et qui, au contraire, n'apparaissait que pour la dire. Ainsi, Messieurs, repassons rapidement les temps que nous venons de parcourir. Commençons par la régence, si mal définie par les auteurs comiques de l'époque; adressons-nous aux chansonniers, et voyons s'ils seront des peintres plus fidèles: Collé, par exemple, dans ces couplets:

Chansonniers, mes confrères,
Le cœur,
L'honneur
Ce sont des chimères;
Dans vos chansons légères,
Traitez de vieux abus
Ces vertus
Qu'on n'a plus....

N'ayez pas peur, Messieurs, je ne citerai qu'un

couplet, et encore n'en donnerai-je que des fragmens :

> L'amour est mort en France :
> C'est un
> Défunt
> Mort de trop d'aisance.
> . . . .
> Et tous ces nigauds
> Qui font des madrigaux
> Supposent à nos dames
> Des cœurs,
> Des mœurs,
> Des vertus, des âmes !
> Et remplissent de flammes
> Nos amans presque éteints,
> Ces pantins
> Libertins !

N'est-ce pas là, Messieurs, la régence tout entière ? Et que serait-ce donc si j'achevais la chanson !

Voulez-vous connaître la société du dix-huitième siècle, cette société élégante et spirituelle, raisonneuse et sceptique, qui croyait au plaisir et ne croyait pas en Dieu ? voulez-vous avoir une idée de ses mœurs, de sa philosophie et de ses petits soupers ? Ne vous adressez pas à la comédie, elle ne vous dirait rien : lisez les chansons de Voisenon, de Boufflers et du cardinal de Bernis.

Allons plus loin encore : arrivons à des temps où il semblerait que la chanson épouvantée eût dû briser ses pipeaux ; et loin qu'elle se taise, loin qu'elle cesse de peindre les mœurs de son temps, elle est toujours là comme un écho fidèle, qui, à chaque époque retentissante, reçoit les sons, les répète et nous les transmet. Ainsi, dans notre révolution, qui se divise en deux moitiés bien distinctes, la partie hideuse est reproduite dans les chants impurs de 93 (1), la partie héroïque et glorieuse dans ces hymnes guerriers qui ont conduit nos soldats à la conquête de l'Europe.

Je ne vous parle point de la gloire de l'empire : elle a eu pour historiographes tous les chansonniers de l'époque, à commencer par Désaugiers, le premier chansonnier peut-être de tous les temps, Désaugiers, qui faisait des chansons comme La Fontaine faisait des fables.

Quant aux fautes ou aux erreurs de la restauration, si vous tenez à vous les rappeler, ne consultez point nos théâtres, n'interrogez pas les colonnes du *Moniteur :* nous avons là les œuvres de Béranger.

Ce serait déjà un assez grand honneur pour la chanson de pouvoir retracer les évènemens et les mœurs, et de servir ainsi à la fois d'auxiliaire à l'histoire et à la comédie; mais ce n'est pas là encore le premier de ses titres, il est un autre point de vue plus grave et plus profond sous lequel on peut l'envisager : c'est qu'en France et sous nos rois, la chanson fut longtemps la seule opposition possible. On définissait le gouvernement d'alors une monarchie absolue tempérée par des chansons; et c'était là en effet le seul contre-poids, la seule résistance aux empiétemens de l'autorité. Oui, Messieurs, la liberté du chant a pré-

---

(1) Les Carmagnoles et les Ça ira.

cédé celle de la presse et l'a préparée. Sous Mazarin, le peuple payait... il est vrai; mais il chantait... c'est-à-dire, il protestait. Il protestait déjà contre l'abus du pouvoir et du budget; et protester, c'est réserver ses droits, jusqu'au jour où une nation se lève et les fait valoir. Or, ces droits imprescriptibles, c'est la chanson qui seule alors se chargeait de les défendre, et, sentinelle vigilante, vous la trouverez toujours placée à l'avant-garde pour avertir ou pour combattre!

Se rangeant toujours du côté des vaincus, elle a, comme la presse, ses nobles résistances, ses triomphes, et, comme elle aussi, elle a ses excès. Elle attaque tour à tour Henri III, les Guises et le Béarnais; toujours de l'opposition, toujours anti-ministérielle, elle empêche Richelieu de dormir et Mazarin de dîner; elle fait la guerre de la Fronde, guerre civile pour elle, car la chanson était dans les deux camps; et enfin elle arrive en présence de Louis XIV, ce roi devant qui tremblait l'Europe et la France, ce roi qui disait: L'état... c'est moi! ce roi que personne n'osait attaquer, la chanson l'attaque à tous les momens de son règne, dans ses amours, dans ses maîtresses; témoin les fameux couplets de Bussy-Rabutin (1); elle l'attaque dans ces généraux, dans ses favoris, dans

---

(1) Que Deodatus est heureux
De baiser ce bec amoureux
Qui d'une oreille à l'autre va.
Alleluia !

Villeroi fait prisonnier pendant que son armée chassait l'ennemi de Crémone.

> Palsembleu ! la nouvelle est bonne,
> Et notre bonheur sans égal,
> Nous avons recouvré Crémoune,
> Et perdu notre général !

Elle l'attaque dans ses alliés, dans ses hôtes de Saint-Germain, dans ce roi Jacques II qui cède à son gendre Guillaume trois couronnes pour une messe.

> Quand je veux rimer à Guillaume,
> Je trouve aisément.... un royaume
> Qu'il a su mettre sous ses lois !
> Mais quand je veux rimer à Jacques....
> J'ai beau chercher.... mordre mes doigts !
> Je trouve qu'il a fait ses pâques !

Plus redoutable, enfin, à Louis XIV que Marlborough et le prince Eugène, la chanson l'attaque sur son administration intérieure, sur le désordre de ses finances.

> Dans ses coffres pas un doublon !
> Il est si pauvre en son ménage
> Qu'on dit que la veuve Scarron
> A fait un mauvais mariage !

Ce n'est rien encore, Messieurs ; c'est sous le règne

suivant que la chanson devient un pouvoir. Seule digue contre la corruption qui déborde de toutes parts, elle défend la France qu'on laisse avilir, elle brave les lettres de cachet, et crayonne sur les murs de la Bastille ces refrains vengeurs qui poursuivent jusque dans le sérail de Versailles et les ministres et le roi, et bien plus encore les hardies courtisanes qui régnaient alors. Ces refrains audacieux, je ne vous les citerai point, Messieurs : les tableaux qu'ils nous offrent sont trop exacts. Les peintres comme les modèles avaient déchiré la gaze.

Mais s'il y avait alors peu de mérite à attaquer un faible monarque, voici la chanson aux prises avec un bien autre adversaire. Nous voici à cette époque de gloire si fatale à la liberté, sous l'empire, Messieurs, sous ce règne de silence, car tout se taisait alors.

Tout se taisait, excepté le chansonnier.

C'est sous le règne d'un conquérant que la chanson frondait et tournait en ridicule la manie des conquêtes; c'est sous cet empereur, dont le front portait tant de couronnes, qu'apparaissait ce bon roi d'Yvetot :

> Se levant tard, se couchant tôt,
> Vivant fort bien sans gloire,
> Et couronné par Jeanneton
> D'un simple bonnet de coton.

C'est sous ce guerrier terrible, qui décimait la

France, et mettait sa population en coupe réglée, que brillait la physionomie pacifique et paternelle du roi d'Yvetot,

> Qui ne levait jamais de ban
> Que pour tirer quatre fois l'an
> Au blanc.

Disons aussi, Messieurs, que lorsque le conquérant fut tombé, la chanson ne vit plus en lui le despote, mais le héros, le grand homme malheureux, et elle le défendit comme elle avait défendu nos droits qu'il foulait aux pieds.

Ainsi, et combattant toujours pour la liberté, la chanson l'a conduite à travers mille écueils, depuis les premiers temps de la monarchie jusqu'aux jours où la cause qu'elle défendait depuis si long-temps a enfin triomphé, et alors son œuvre a été terminée. Qu'aurait-elle fait de ses allégories satiriques, de ses allusions malignes, de ses demi-mots piquants, lorsque autour d'elle et sans obstacles la pensée jaillissait de toutes parts? Aussi voyant venir à elle la liberté de la presse, sa puissante alliée, la chanson s'est reposée, n'ayant plus rien à faire. Ainsi dans les rues de nos cités on estime ces phares légers et mobiles, dont la faible lueur nous guida pendant la nuit, mais quand luit le grand jour, quand brille le soleil, on éteint le fanal.

Fasse le ciel qu'on n'ait point à le rallumer!

Lorsque, dans tous les temps, le tombeau de la tyrannie a été celui de la chanson, désirons pour le bonheur du pays, qu'elle n'ait jamais occasion de renaître, que nos libertés soient toujours défendues par d'autres que par elle, et que son éloge que je viens de prononcer soit son oraison funèbre !

FIN DU DISCOURS ET DU QUINZIÈME VOLUME.

TABLE

DES PIÈCES CONTENUES DANS CE VOLUME.

	PAGES.
Bertrand et Raton.	1
La Passion secrète.	173
L'Ambitieux.	287
Les Inconsolables.	429
Discours de réception à l'Académie française.	499

FIN DE LA TABLE.

www.ingramcontent.com/pod-product-compliance
Lightning Source LLC
Chambersburg PA
CBHW060801230426
43667CB00010B/1660